한국 영화와 문학 속의 타자의 그림자

**저자약력**

❙김 승 구

　　서울대 국어국문학과와 대학원을 졸업했으며 2015년 현재 세종대 국어국문학과 부교수로 재직하고 있으며 현대문학 과목들을 강의하고 있다.

　　저서로 『이상, 욕망의 기호월인, 2004』, 『빠르게 읽는 현대소설천재교육, 2006, 공저』, 『식민지시대 시의 이념과 풍경지식과교양, 2012』, 『식민지 조선의 또 다른 이름, 시네마 천국책과함께, 2012』, 『문화론의 시각에서 본 문학과 영화박문사, 2013』 등이 있다.

## 한국 영화와 문학 속의 타자의 그림자

| | |
|---|---|
| **초 판 인 쇄** | 2015년 10월 15일 |
| **초 판 발 행** | 2015년 10월 21일 |
| **저　　　자** | 김 승 구 |
| **발 행 인** | 윤 석 현 |
| **발 행 처** | 도서출판 박문사 |
| **책 임 편 집** | 최인노 · 김선은 |
| **등 록 번 호** | 제2009-11호 |
| **우 편 주 소** | 서울시 도봉구 우이천로 353 성주빌딩 3층 |
| **대 표 전 화** | 02) 992 / 3253 |
| **전　　　송** | 02) 991 / 1285 |
| **홈 페 이 지** | http://www.jncbms.co.kr |
| **전 자 우 편** | bakmunsa@hanmail.net |

ⓒ 김승구, 2015. Printed in KOREA

ISBN 978-89-98468-78-1 93680　　　　　　　　　　정가 17,000원

# 한국 영화와
# 문학 속의
# 타자의 그림자

김승구

박문사

# 머리말

최근 몇 년 간의 연구 성과를 중심으로 또 한 권의 책을 엮어내게 되었다. 마지막 책이 나온 지 2년 반 정도의 시간밖에 지나지 않았으므로 제대로 연구 성과가 나오기에는 한참 이른 때다. 그럼에도 불구하고 이렇게 또 한 권의 책을 내게 된 데 특별한 이유가 있지는 않다. 그동안 막연한 성취감에 젖어 있던 시간들을 냉정히 되돌아보고 앞으로 무엇을 할 것인가를 생각해보는 기회가 될 수 있다는 것, 이것 외에는 굳이 이 작업을 해야 할 이유는 없는 듯하다.

Ⅰ부는 내 연구 영역의 하나였던 식민지 조선영화와 관련된 성과 3편으로 구성되어 있다. 일제강점기는 내 연구의 출발점이었다. 지금은 거기서 멀어져 다른 쪽을 향하고 있으나 언젠가 다시 돌아가게 될 것같은 느낌을 주는 영역이다.

1장 「타자의 시선에 비친 식민지 조선 영화계」는 일제강점기 재조 일본인들이 조선영화를 어떻게 보았는가를 살펴보고 있다. 일제강점기의 삶이란 항상 인종간의 뒤섞임을 전제로 한다. 그러나 우리는 항상 그렇지 않은 것처럼 생각하며 써왔다. 누추하고 보잘것 없는 조선영화에 대해서 그들이 일방적인 편견을 갖고 보지 않았다는 사실을 새삼 강조하고 싶다.

2장 「1930년대 후반 식민지 조선에 끼친 프랑스영화의 영향」은 일제강점기 할리우드영화와는 다른 차원에 있으면서 할리우드영화의 변방에서 끊임없이 우리를 손짓했던 프랑스영화를 우리 관객이, 그리고 우리 영화계가 어떻게 수용했는가를 살펴보았다. 손이 많이 가는 일차적 작업의 성격을 띤 이 글은 그동안 사람들이 기피한 작업을 시도했다는 점에서 조만간 과거로 되돌려질 것이다. 그러나 그것만으로 보람은 충분하다. 이 작업은 내가 연구년을 수행하던 2013년에 집중적으로 이루어졌는데, 한동안 잊었던 프랑스어 문법서를 새삼스레 뒤적이면서 관련 서적을 조금씩 읽어간 땀의 결실이라는 점에서 내 공부의 특징인 몸으로 공부하기의 전형적인 성과라고 할 것이다.

3장 「최인규 아동영화와 외국영화의 관련성」은 2장의 성과를 바탕으로 한 결과물이다. 최인규는 일제강점 말기와 해방기를 대표하는 영화감독이다. 일제강점 말기 그의 대표작이 하나같이 아동영화의 범주에 든다는 사실은 이런 특성을 세계영화사적인 감각에서 보도록 나를 추동했다. 이 작업을 하면서 할리우드영화, 일본영화, 프랑스영화. 소련영화 등 많은 영화들을 봐야 했다. 국내에 출시되지 않은 영화들이 대부분이었다. 자막이 없는 건 당연했고 지역코드를 수시로 변경하면서 영화를 봐야 했다. 그뿐만 아니라 소련영화는 화면과 분위기로 영화를 파악해야 했다. 황당한 모험들의 연속이었다.

II부는 보통 사람에게는 낯선 일본인 두 사람에 관한 글을 모았다. 두 사람 다 시대는 다르지만 한반도에 관심을 가지면서 시를 쓰거나 영화를 찍었다.

4장「사토 기요시佐藤清 시에 나타난 식민지 조선의 전통예술」은 일제강점기 경성제국대학 영문학과 교수이자 시인으로 활동했던 사토 기요시의 시 세계를 다룬 글이다. 그에 대해 내가 관심을 가지게 된 첫째 이유는 그가 대표적인 친일 잡지『국민문학』에 관계했다는 점이다. 나는 한동안 친일문학에 관심을 가지고 다양한 문인들의 문학을 검토한 적이 있는데 그 과정에서 일제강점 말기 상당히 많은 일본인들이 식민지 문단에 관여했다는 사실을 알게 되었다. 그런데 그 정점에 있었던 이가 사토 기요시였던 것이다. 그러나 그는 그 흔한 애국시인 류의 일본인은 아니었다. 또 하나의 이유는 그가 경성제국대학 영문과 교수였다는 사실인데, 나는 종종 최재서나 임학수의 위치에 나를 대입해보곤 했다.

5장「오시마 나기사大島渚 영화와 한국의 관련 양상」은 1960~70년대 일본의 대표적인 전위 영화감독으로 왕성한 활동을 했던 오시마 나기사의 영화 세계 중 한국과 관련된 부분을 검토한 글이다. 오시마는 평생 영화 검열에 맞서 표현을 자유를 옹골차게 주장한 반골 감독인데, 언젠가부터 나는 한두 편씩 그의 영화를 보기 시작했다. 편 수를 더해가면서 나는 그의 영화가 단순히 일본이라는 일국적 상황의 산물이 아님을 알게 되었고 그때부터 이 글을 구상하게 되었다. 그의 영화들 중에서도「잊혀진 황군」,「윤복이의 일기」,「교사형」,「돌아온 주정뱅이」은 1960년대 한국 사회에 들이댄 충격적인 반사경이었다. 나는 그의 영화들을 더 많은 한국 사람들이 볼 필요가 있다고 생각한다.

Ⅲ부에 묶은 4편의 글은 내 본연의 전공인 한국현대시와 관련된 글이다. 6장 「고정희 초기시의 음악적 모티프」는 논문 형식의 글이고 7~9장은 비평 형식의 글이다.

고정희 시에 관해서는 이전에도 한 편 글을 쓴 적이 있다. 이번에도 논의의 대상으로 삼은 시들이 그가 초기에 쓴 시들에 한정된다는 점은 지난 번 글과 마찬가지이다. 나는 고정희의 외향적이고 선명한 시들보다는 내면적이고 불투명한 시들에서 훨씬 더 시적인 무언가를 느끼는 듯하다. 이번 글은 그의 시를 음악과 연관시켜 살펴보고 있다. 이 작업에는 소위 클래식이라고 하는 음악들에 대한 상당한 섭렵이 요구되었다. 틈만 나면 나는 음악을 들어야 했지만 들어야 한다는 사실이 부담이 되지는 않았다. 젊은 시절 고정희는 말러, 바그너, 브람스, 바흐 사이에서 흔들리며 흔들리며 있었던 것 같다.

7~9장은 다른 글들에 비해서 무척 짧은데 이것은 이 글들이 비평문으로 씌어진 것들이기 때문이다. 문학비평은 내게 가장 자신 없고 지금껏 의욕적으로 노력한 적도 없는 영역이다. 다만 누군가의 청탁에 따라 응해서 간신히 몇 편 쓴 것들이 이렇게 남았을 뿐이다. 지금 다시 돌아보니 과연 내가 쓴 게 맞는가 싶을 정도로 이질감을 느낀다. 아마도 그동안 내가 논문 형식의 글에 나 자신을 맞추다 보니 생긴 느낌이 아닌가 싶다. 이 글들에서 다른 시인들은 전적으로 내 주관적인 기호에 따라 선택되었다. 이 글들을 통해서 내 나름으로 시단에 기대를 걸어보기도 했고 때로는 우려를 표명하기도 했다. 그러나 너무나 작고 가늘고 희미한 목소리여서 그 효과는 전무

에 가깝지 않았을까 싶다.

책 한 권을 묶기까지 그 과정은 지난하다. 그 우선 그 글들이 씌어져야 하고, 또 적당한 질서에 따라 그것들이 정리되어야 하고, 출판사에서는 책의 태가 나도록 손봐야 한다. 그런 과정을 다 거치고 책으로 나왔을 때, 그 책이 그동안의 수고에 값하게 될지 아닐지는 누구도 알 수 없다. 다만, 내 수고를 스스로 위로하고, 시답지 않은 책을 출간해준 출판사 측에 감사를 표할 따름이다.

2015.10.
저자

# 목 차

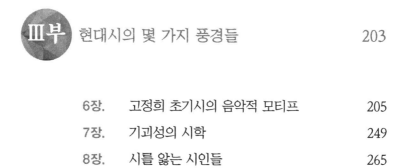

한국 영화와
문학 속의
타자의 그림자

# 식민지 조선영화의
# 로컬과 글로벌

한국 영화와
문학 속의
타자의 그림자

# 1장

# 타자의 시선에 비친
# 식민지 조선 영화계

## 1. 서론

　한국 사회에서 다문화 현상이 본격적으로 관심의 대상이 된 것은 21세기에 접어들어서이다. 산업화의 심화로 인한 저임금 위험 노동력의 부족 현상과 농촌의 공동화 현상이 불러온 결혼 적령기 여성의 부족 현상은 중국이나 동남아 각국으로부터의 이주를 촉진시키는 계기가 되었다. 그러면서 한국 사회에서 다문화 가정의 숫자가 늘어가고 이로 인해 발생하는 사회적 문제들을 해결해야 할 필요성을 본격적으로 인식하게 되었다. 한국 사회의 주류를 형성하고 있는 한국인들은 이민자들을 우월적인 시각에서 바라보면서 그들의 문화를 경시하는 경향이 있고, 이로 인해 차별의 문제가 발생하고 있다.

* 그림 1 야나기 무네요시

한국 사회에서 다문화 현상의 기원은 20세기 초라고 할 수 있다. 한일병합으로 인해 이 땅에 일본인들이 본격적으로 거주하면서 한국 사회는 다문화 사회의 시초적인 현상을 보여주기 시작했다. 이 당시 다문화 사회라는 것은 일본의 정치 권력에 의한 강제적인 성격의 것이므로 요즘의 다문화 사회와는 그 생성 동학의 측면에서 근본적인 차이가 있다고 할 것이다. 이 땅의 주류를 형성하고 있던 우리 민족이 인구의 극소수에 지나지 않는 일본 민족에 의해서 지배받는 형태 하에서 형성되었던 것이다. 그러나 인구상의 다수/소수 여부를 논외로 하면 우월감과 차별 의식이 사회적 문제가 될 수밖에 없는 사회라는 점에서는 현재와 동일하다. 다만 그 해결책으로 일제가 일방적인 동화를 근본 정책으로 삼았다는 점에서 요즘 우리가 말하는 문화적 다양성의 포용이라는 방향성과는 다르다고 할 것이다.

재조 일본인在朝 日本人은 관료, 교육자, 사업가, 농민 등 다양한 계층에 걸쳐 있는데 이들은 기본적으로 식민지 조선에서의 삶을 새로운 기회라는 측면에서 생각하고 있었다. 그들은 전반적으로 발전된 문명국민이라는 자긍심을 가지고 있었고 식민지 조선에서 조선인들을 자신들보다 아래에 있는 존재라고 생각하고 있었다. 물론 일부에는 야나기 무네요시柳宗悅처럼 식민지 조선의 상황에 대한 동정심이 강하고 조선을 이해하려는 노력을 기울인 사람들도 없지는 않았지만 말이다.

이 글에서는 한국 사회가 민족이나 인종이 다른 환경에 놓여 갈등의 양상을 표출하던 원점이라고 할 일제강점기에 일본인이 식민지 조선의 영화를 어떤 시선으로 포착하고 있었는가 하는 점을 중점적으로 검토하고자 한다. 그동안 한국영화사 연구나 기타 연구에서 이런 방향의 연구는 거의 없었던 것으로 생각된다. 이는 비단 영화뿐만이 아니라 문학, 미술, 무용 등의 인접 예술 분야도 사정은 비슷해 보인다. 이는 우선적으로 이런 연구의 기본 자료에 접근하기가 쉽지 않기 때문이다. 그런데 최근 들어 일본인들이 조선영화를 어떻게 바라보았는가를 이해할 수 있는 자료들이 출판되면서 연구의 활로가 트이고 있다. 이 글은 이와 같은 최근의 자료집 발간의 성과에 힘입은 바가 크다.

# 2. 식민지 조선의 극장과 관객

## 2.1. 불결한 상영관 설비

식민지 조선에서 일본인들이 가장 많이 거주한 곳은 조선총독부가 있던 경성이다. 경성이 행정과 상업, 문화의 중심지 기능을 하면서 기회의 땅 조선을 찾은 일본인들이 경성에 집단적으로 거주하였다. 전체 인구 비율로 따졌을 때 경성 인구의 극소수에 지나지 않는 숫자였지만, 이들은 청계천 이남 즉 남촌을 중심으로 경성의 식민지 자본주의화를 이끄는 중추 기능을 하였다. 한일병합 초창기에 일본 자본가들은 남촌에 자본을 투자하여 극장이나 영화관을 신축하여 재조 일본인들 위주의 흥행 산업을 형성하기 시작하였다. 1910년대 초반 이미 남촌에는 몇 개의 극장이 들어서서 일본의 흥행 산업의 연장선상에서 사업을 진행하였다. 이들 극장은 신파극이나 가부키, 시대극 영화를 주요 흥행물로 하여 극장을 운영하였다. 그러나 일부 고급 관객들에게는 이들 흥행물들이 저급하게 느껴졌다. 그 당시 일본의 인텔리 층은 자신의 문화적 위계에 걸맞은 것으로 인식된 서양영화에 대한 갈증을 가지고 있었다. 경성에서 서양영화를 전문적으로 상영하는 극장은 일본인 전용관이 아니라 조선인 전용관인 우미관, 단성사, 조선극장이었다. 이들 3개 극장은 북촌에 자리 잡고 있는 조선인 전용관이었다. 그러나 그 당시 남촌과 북촌이라는 지역적 구획이 문화적 혼합을 가로막지는 않았다. 조선인들도 일본인 전용관을 찾기도 했고 일본인들도 조선인 전용관을 찾기도 했다. 이런 현상은 일제강점이 안착화된 1930년 대 이후 본격화되었다.

재조 일본인들도 서양을 문화적으로 동경한다는 측면에서는 조선인들과 마찬가지였기 때문에 북촌의 조선인 전용관을 찾기도 했던 것이다. 그러나 재조 일본인들의 조선인 전용관에 대한 인상은 그다지 호의적이지 않았다.

> 경성에서 가장 고급스런 서양극을 상영하는 상설관은 2개가 있다. 2개관은 아직도 세상 사람들에게 잘 알려지지 않았다. 하나는 우미관이다. 또 하나는 단성사이다. 이 두 상설관은 조선에서 최고로 손꼽히는 고급 서양극전문관이다. 그렇지만, 아쉬운 것은 1층과 2층이 너무 불결하다는 것이다. 그리고 객석은 물론이고 상설관 전체가 이상한 냄새로 가득 차 있다. 또 성질 나쁜 사람들과 인간에게 해로운 벌레가 있는 것은 심히 유감스럽다.
>
> 마쓰모토 기호, 「경성 키네마계」, 『조선공론朝鮮公論』 102, 1921.9.[1]

일제강점기 경성에서 발간되던 일본어 잡지 『조선공론』에는 위와 같은 글이 발표되었다. 이 글의 필자인 마쓰모토 기호는 우미관과 단성사를 "조선에서 최고로 손꼽히는 고급 서양극 전문관"이라고 평가하고 있다. 이 글이 1921년에 발표된 글임을 감안할 때 그가 이미 조선인 전용관을 자주 방문했을 것임을 추측할 수 있다. 그는

---

1 김계자 편, 『일본어잡지로 보는 식민지 영화1』, 문, 2012, 103쪽(이후 『식민지 영화』 권수, 쪽수로 약칭함.)

■ 그림 2 『조선공론』

아마도 일본인 전용관에서는 기대하기 힘든 서양의 고급문화를 체
험하려는 목적에서 조선인 전용관을 방문했을 것이다.

그런데 이 글에서 그는 몇 가지 아쉬운 점을 지적하고 있다. 첫째
는 극장의 청결 상태, 둘째는 관객의 태도에 관한 것이다. 극장 내
부가 전반적으로 불결하고 '이상한' 냄새로 가득 차 있고, 해충도
보인다는 것이다. 청결이 몸에 배인 일본인들의 입장에서 조선인
들의 위생 관념에 대한 불신이 엿보이는 대목이다. 당시는 극장의

청결에 관한 규제가 시행되기 전이라는 점을 감안할 필요가 있다. 극장의 운영과 관련된 규제가 1930년대에 본격적으로 시행되면서 채광, 환기 등의 문제는 서서히 해결되어 갔다.

## 2.2. 차분한 응시를 방해하는 시끄러운 관객

앞의 글에서 문제 삼은 두 번째 문제는 '성질 나쁜 사람들'에 관한 것이다. 마쓰모토는 이 두 번째 문제에 대해서는 자세한 언급을 회피하고 있다. 아마도 조선인 관객에게서 무언가 꺼림칙한 면을 그가 발견한 것으로 생각되지만 공적인 발언은 꺼리고 있는 듯하다. 그가 무엇을 문제 삼고자 하였는지를 짐작할 수 있는 다른 한 편의 글이 있다.

경성에 극동영화구락부라는 큰 이름을 가진 조그만 영화 촬영 그룹이 있다. 그 구락부가 제작한 영화에 『국경』은 압록강을 배경으로 촬영한 약 10권 정도의 작품으로 최근에 시내 ×××에서 상영되었다. 그런데 일부 학생 관객들이 너무나 야유를 많이 보내 급기야는 중지할 수밖에 없는 상황에 이르렀다고 한다. 아무리 영화가 형편없는 것일지라도 직접적인 야유를 보내 중지시켰다는 것은 심히 좋지 않은 일이다. 이것이 조선인이다.

마쓰모토 데루카, 「영화 야화 나전책상에 기대어 하는 이야기」,
『조선공론』 119, 1923.2.[2]

2 『식민지 영화1』, 279쪽.

이 글은 그의 필명인 마쓰모토 데루카라는 이름으로 1923년에 발표된 글의 일부이다. 이 글에서 그는 「국경國境. 1923」에 관해서 언급하고 있는데, 한때 이 영화는 윤백남尹白南의 「월하月下의 맹서盟誓. 1923」보다 앞선 조선영화가 아닌가 하는 논란이 있었다.[3] 이 영화는 개봉 후 돌연 상영이 중지된 것으로 알려져 있을 뿐 자세한 내막은 알 수 없다. 그런데 위 글에서는 그 당시의 정황을 짐작케 하는 풍경이 묘사되어 있다. 이 영화가 상영되자 영화에 대해 학생들이 야유를 심하게 하는 바람에 상영이 중지된 것이다. 이런 풍경을 지켜본 마쓰모토는 조선인 관객의 태도를 부정적으로 바라보고 있다. 아무리 영화가 '형편없는' 것이라 할지라도 야유를 해서 상영을 중지시키는 것은 바람직하지 않다는 것이다. 그는 문화인으로서 영화를 대하는 자세의 문제를 거론하면서 "이것이 조선인이다."라는 식으로 조선인들에 대한 경멸감을 표시하고 있다. 이 글에서 그가 묘사하고 있는 이 학생들이 혹시 그가 말한 '성질 나쁜 사람들'은 아닐까. 물론 다른 관객을 배려하지 않은 일부 학생들의 태도에는 문제가 있다고 볼 수도 있지만, 「국경」이라는 영화의 내용이 어떤 것이며 조선인 학생들이 왜 그와 같은 태도를 보이게 되었는가 하는 피지배 민족의 감수성에 대한 고려가 전무한 채 조선인들을 매도하기에 바쁜 마쓰모토의 태도도 그리 바람직한 것은 아닐 것이다.

---

3  이 작품에 조선 배우가 출연하고 있지만, 제작, 감독, 주연, 각본, 촬영 등 영화 제작 전반이 쇼치쿠[松竹]에 의해 이뤄진 것이기에 조선영화라고 할 수 없다. 이영일, 『한국영화전사』, 소도, 2003, 59쪽 참고.

마쓰모토 외에도 조선인 전용관을 다니면서 느낀 바를 글로 적어 보내는 사람들이 있었는데 어떤 일본인은 극장에서 관객을 찾는 전화 때문에 겪는 고통을 토로하기도 하였다. 그 당시 극장에서는 관객을 찾는 전화가 극장 측에 걸려오곤 했는데, 극장 측에서도 당연한 일이라는 듯이 영화를 관람하고 있는 관내에 안내방송을 했다. 요즘이라면 상상도 할 수 없는 일인데, 어떤 일본인 관객은 ""무슨 무슨 씨, 전화입니다."라는 방송입니다. 조선 사람은 정말로 시끄러워서 귀에 거슬립니다. 때로는 기분을 망치고 맙니다."(「영화팬의 속삭임」,『조선공론』130, 1923.12)[4]라고 불만을 표출하고 있다. 이 글에서 우리가 먼저 염두에 두어야 할 점은 관내 안내 방송이 조선인 전용관만의 관습이 아니었다는 점이다. 일본인 전용관 역시 이런 안내 방송을 하고 있었던 것이다. 그런데 이 글의 필자는 유독 조선인 전용관에만 노골적으로 불만을 표시하고 있다. "조선 사람은 정말로 시끄러워서 귀에 거슬립니다."(「영화팬의 속삭임」,『조선공론』130, 1923.12)[5]라는 표현에서 우리는 지배민족으로서의 인종적 우월감마저 느끼게 된다.

## 2.3. 서양명화의 전당으로서의 조선 극장들

위에서 살펴본 의견들은 대체로 재조 일본인들 중에서도 상층을 형성하고 있는 고급 인텔리 층에서 나온 것이라고 볼 수 있다. 그들

---

4  『식민지 영화1』, 382쪽.
5  같은 곳.

은 조선인 전용관이 위생이나 관람 문화면에서 분명히 자신들의 기준을 충족시키지 못함에도 불구하고 끊임없이 조선인 전용관을 찾았다. 그런데 여기에는 그럴 만한 사정이 있었다. 이는 앞에서도 잠시 언급한 것처럼 조선인 전용관에서 유수의 서양 명작들을 제공하고 있었기 때문이다.

> 얻기 어려운 명작 영화를 아까울 정도로 차례차례 공개하고 있는 조선극장의 경영자 하야카와 마스타로 군의 존엄한 희생적인 분투와 노력 앞에 경의와 감사를 받치고 싶다. 조선극장 이곳은 조선인 천지이다. 그러나 조선어를 이해하고 타이틀을 읽을 수 있는 내지인 팬들은 볼 기회를 놓치면 평생 한으로 남기라도 하듯이 열심히 점점 더 몰려간다. 그렇지만 그것은 일부가 그런 것이고 내지인 일반 민중의 관람으로는 이어지지 않고 그대로 다음으로 넘어가 버리는 것은 심히 유감이 아닐 수 없다. 조선인은 이렇게까지 좋은 환경에 있는데, 내지인은 왜 그렇지 아니한가?
>
> 「키네마계 왕래(8)」,『조선공론』138, 1924.9.[6]

1922년 일본인 자본의 조선극장이 운영을 시작함으로써 조선인 전용관은 기존의 우미관, 단성사과 더불어 3개로 늘어났다. 치열한 삼파전을 벌이면서 관객 획득 경쟁은 가열화될 수밖에 없었다. 더 많은 관객을 획득하기 위해서는 양질의 영화를 제공할 수밖에 없었고 관객에 대한 서비스에도 신경을 쓸 수밖에 없었다. 그러나 무

6 『식민지 영화2』, 110쪽.

엇보다도 명화라고 일컫는 영화는 관객 서비스의 중심이었기 때문에 극장들은 명화 쟁탈전이라고 불리는 화제작에 대한 선점 활동에 열을 올렸다. 그러다 보니 때로는 고가에 영화를 매입함으로써 극장 경영에 부담으로 작용하기도 했다.

위의 글은 1922년 개관한 조선극장의 체험을 서술하고 있다. 이 글의 필자는 조선극장의 경영주 하야카와 마스타로早川增太郎에게 일단 경의를 표하고 명작 영화를 감상할 기회가 일부 재조 일본인들에게만 한정되고 있는 사실을 안타깝게 생각하고 있다. 이 글의 필자에 의하면 조선극장은 '조선인 천지'이다. 이는 조선극장이 조선인 전용관 역할을 하고 있었기 때문에 너무나 당연한 일이었다. 여기에는 일본인들이 조선인들처럼 명작 영화를 감상할 기회를 갖지 못하는 것에 대한 안타까움이 녹아 있다. 그 당시 조선극장을 찾을 수 있었던 일본인들은 아마도 조선인 변사의 말을 알아들을 수 있거나 아니면 영화 속 영어 자막을 해독할 수 있는 지극히 일부에 지나지 않았을 것이다. 그 당시 일본인들 중에 조선어 해득자는 거의 존재하지 않았을 것이므로 조선극장을 찾은 일본인들이라고 해봤자 기껏해야 영어를 어느 정도 해득할 수 있는 평범한 식자층일 것이고 이중에서도 영화에 관심이 많은 젊은 계층의 일본인들이었을 것이다.

그들이 일본인 전용관을 마다하고 불결하고 시끄러운 조선인들과 뒤섞여서 서양영화를 감상하고자 한 것은 일본인 전용관이 주로 시대극 영화를 상영하고 있었기 때문이다. 1930년대 중반 현대극 영화가 인기를 끌기 전까지 일본의 평범한 관객들이 가장 선호

했던 장르는 시대극이었다.[7] 이런 사정은 경성이라고 해서 특별히 다르지 않았다. 따라서 일본인 전용관에서는 주로 시대극을 상영하고 부수적으로 신파극을 상영하고 있었다. 이는 새롭고 현대적인 영화를 원하는 젊은 일본 관객의 기호와는 부합하지 않는 것이었다. 위 글의 필자 역시 그런 부류의 한 사람으로 보인다. 그에게 있어 적어도 경성에 있어서만큼은 일본인에 비해 조선인이 월등한 문화적 혜택을 받고 있는 것으로 비춰졌던 것이다. 아마 이는 영화를 제외한 다른 영역과는 상당히 다른 양상이라고 해도 좋을 것이다.

그 당시 조선인들이 어떤 영화를 선호하느냐 하는 문제는 일본인들에게도 관심이 있는 문제였다. 왜냐하면 조선인 관객의 영화 기호는 점차 확대되어 가는 영화 흥행업의 진로를 탐색하는 중요한 근거가 되기 때문이다. 1930년대 초반의 일본 잡지에 실린 기사에 의하면[8] 조선인들 중 고급 팬은 대체로 서양영화를 좋아했다. 서영영화는 크게 유럽영화와 미국영화로 구분되는데 이중에서 고급 팬은 독일영화를 선호한다고 했다. 이는 1920년대 신문지면을 장식한 독일영화 관련 글들을 훑어보면 충분히 이해할 수 있는 대목이다. 그 당시 지식인들은 독일영화의 예술성을 높게 평가하였던 것이다.[9] 물론 이는 지극히 일부 계층에 한정된 것이어서 일본

---

7  시대극은 영화 초창기부터 1930년대 중반까지 일본 내에서 성인뿐만 아니라 아동들도 좋아하는 가장 대중적인 장르였다. 사토 다다오 저, 유현목 역, 『일본영화이야기』, 다보, 1993, 117쪽 참조.
8  기자, 「영화 감상에 나타난 조선인의 방향」, 『조선급만주(朝鮮及滿洲)』 300, 1932.11.(『식민지 영화2』, 339쪽.)
9  일제강점기 식민지 조선의 지식인들은 독일영화의 예술성에 대해서 매우 긍정

대중의 영화 기호를 바꿔놓는 데까지는 이르지 못했다. 흥행적으로 성공한 독일영화가 드물었다는 사실은 이를 잘 보여준다. 독일 영화가 고급 팬의 기호에 맞는 것이라면 미국영화는 평범한 관객의 기호에 맞는 영화였다. 미국영화 중에서도 서부영화, 채플린 류의 희극이 광범위한 팬 층을 형성하고 있었고 소비에트영화는 그 당시 세계 유일의 사회주의 국가의 영화라는 차원에서 관심을 모으고 있었다.

그리고 일본인으로서 관심을 가질만한 문제, 즉 일본영화에 대한 조선인의 반응은 어떠한가에 대해서도 언급이 이루어지고 있는데, 일본영화를 시대극과 현대극으로 구분한다면 조선인 관객은 시대극에 더 흥미를 가지는 것 같다고 보고 있다. 이의 원인으로는 현대극은 일본영화가 서양영화를 따라갈 수 없음에 반해 시대극은 그 나름의 개성을 확보할 수 있는 영역이라는 점을 꼽고 있다.[10] 이런 현상은 일본과도 별로 다르지 않은 것으로 보인다. 일본영화에서 현대극이 상당한 성과를 보인 것이 쇼치쿠나 도호東寶의 현대극 제작이 왕성하던 1930년대 중반임을 감안하면 이 글이 씌어진 1930년대 초반은 여전히 시대극 중심으로 영화 제작이 이루어지던 시대였던 것이다.

그런데 조선인 관객의 서양영화 편애 현상에 대해서 관계 당국에서는 그다지 호의적이지 않았다. 그 당시 식민지 조선 내에서 상

---

적이고 호의적인 태도를 보여주었다. 김승구, 「식민지 시대 독일영화의 수용 양상 연구」, 『인문논총』 64집, 서울대학교 인문학연구원. 2010.12, 31~32쪽 참조.
10  기자, 「영화 감상에 나타난 조선인의 방향」, 『조선급만주』 300, 1932.11.(『식민지 영화2』, 339쪽.)

영되는 영화의 검열을 맡고 있던 담당자인 오카 시게마쓰岡重松는 그런 태도를 보인 대표적인 인사였다. 그는 1930년대 초 조선총독부 경무국 검열계 주임으로 일하면서 때때로 저널리즘에 검열 소회를 밝히는 글을 발표한 바 있는데 아래의 글은 그 중 일부분이다.

> 원래 조선 영화계에는 예부터 묘한 풍습이 있어서 상설관 등은 내지인 측과 조선인 측이 명확히 구별되어 있다. 내지인 측 상설관에 일본영화가 상영되는 것처럼 당연히 조선인 측에서는 서양물, 순조선물 이외에는 상영된 예가 없다. 요즘은 완전히 일본물 보이콧이다. 그런데도 조선물 영화는 일 년에 하나 아니면 둘 정도밖에 만들어지지 않으므로 결국 2천만 조선 대중은 영화라고 하면 외국물만 접하고 있는 것이 된다. 원래 문학예술에는 국경이 없는 법이니까 외국영화만 본다고 해서 이러쿵저러쿵 말할 거리는 아닐 테지만 적어도 국민 사조를 논하고 사회 선도를 생각하는 거라면 간과할 수 없는 문제가 아닐까.
> 오카 시게마쓰, 「영화검열 잡감」, 『조선급만주』 305, 1933.4.[11]

오카는 문학예술에 국경선이 존재할 수 없다는 사실을 전제하면서도 조선인 관객이 일본영화를 도외시하는 현상에 대해서 심각한 우려를 표하고 있다. 그에 따르면 조선인 전용관에서는 1930년대 초반까지 일본영화를 상영한 예가 전혀 없다는 것이다. 평범한 조선인 관객을 상대하는 조선인 전용관에서 굳이 인기가 없는 일본

11 『식민지 영화2』, 351쪽.

영화를 내 걸만한 필연적인 이유는 없었다. 낯섦을 확연하게 느끼게 하는 시대극을 수용할 만한 문화적 자원이 있을 리 없고 또 일본의 현대극 영화는 서양영화에 비해서 수준 미달이었다. 조선영화의 제작이 1년에 불과 몇 편에 한정된 상황이었지만 조선인 관객들은 조선영화라는 단 하나의 이유만으로 조선영화를 기꺼이 보는 형편이었다. 또 서양영화는 엄청난 종수를 확보하고 있었기 때문에 수급에도 전혀 문제가 없었다. 이런 상황은 식민지 문화를 통제하는 입장에 있는 검열관인 오카에게는 일종의 자존심의 상처가 됐을 것이다. 그는 '국민 사조', '사회 선도'라는 측면에서 이 문제의 개선이 요망된다는 의견을 피력하고 있기는 하지만 일본영화의 관람이 그가 말한 명분과 그대로 직결되는 것은 아니기에 정치적 지배 하에서의 피지배자들의 문화적 일탈은 식민지배자의 자존심을 붕괴시키는 요인으로 작용하고 있다고 볼 것이다.

## 2.4. 통제의 확대와 관객의 인종적 구분의 해체

오카의 이런 문제의식은 다른 일본인들도 공유하고 있었던 것으로 보이는데, 『조선공론』의 한 기자는 지금까지 조선인 전용관에서 유일한 영화는 스즈키 시게요시鈴木重吉 감독의 경향영화로 잘 알려진 「무엇이 그녀를 그렇게 하게 했는가何が彼女をさうさせたか, 1930」 한 편 뿐임을 강조하고 있다. 그러면서 그는 이어 이렇게 한탄하고 있다. "그 외는 유명한 만주사변이든 어대전 기념식이든 울부짖는 아시아든, 또 최근은 아라키 육군대장이 '비상시 일본'을 토키로 아

무리 호소해도 조선 민중은 전혀 모른다."[12] 오카에 비해서 『조선공론』 기자의 논조는 한층 구체적이고 좀 더 선명하다. 기자는 일본의 시국의 변화에 맞춰 제작된 일본영화들을 열거하면서 조선인들의 무관심과 피지배자들의 '불성실'을 안타까워하고 있다.

이렇게 볼 때 1934년 시행된 「활동사진영화취체규칙活動寫眞映畵取締規則」은 단순히 일본영화의 상업적 확대라는 경제적 이익만을 염두에 둔 것으로 보기는 어려울 듯하다. 이 규칙은 서양영화의 상영 비율을 단계적으로 축소함으로써 국산영화, 문화영화의 일정 비율 이상을 상영을 강제하는 조항을 담고 있는데, 이는 일본영화 산업의 활성화라는 경제적 요구를 반영하고는 있지만 이에 못지않게 정치적 목적도 가지고 있다. 문화영화라고 지칭된 뉴스릴 등을 강제 상영함으로써 조선인을 일본의 정치적 목적에 한층 더 강하게 종속시키고자 한 것이다. 그 당시 일본은 만주사변을 필두로 대륙으로의 확장 정책을 추진하고 있었는데, 영화라는 문화적 도구는 정치적 목적 실현에 중요한 요소로 부각되고 있었던 것이다.

1934년부터 시행된 이 규칙으로 인해 해를 거듭할수록 식민주의 이념은 극장 속을 파고들게 되었다. 이제 일본의 식민지 지배체제를 벗어날 수 있는 유일한 보루였던 조선인 전용관마저도 더 이상 그 역할을 다할 수 없게 된 것이다. 1936년에는 이미 서양영화와 국산영화(대부분은 일본영화)의 비율이 2:1로 조정되어 있었다. 이 당시에는 조선인 관객의 영화 취향도 상당히 변해서 서양영화 일

---

12 기자, 「필름 검열로 본 조선 영화계의 근황」, 『조선공론』, 1933.7.(『식민지 영화2』, 365쪽.)

변도에서 일본영화에 대해서 어느 정도 친숙함을 느끼는 정도에 이르렀다.

> 내지의 모든 문화는 지금 거침없이 조선을 뒤덮고 있으며, 보통학교(소학교)에 다니고 있는 조선 아동은 전부 국어를 자유롭게 이야기하고 문화적으로 내지화되고 있으며 내지영화에 대해 이미 친밀감을 가지고 있다. 또한 1934년부터 국산영화 옹호로 인해 조선인 상설관에서도 내지국산영화를 매주 상영하고 있기 때문에 니카츠, 쇼치쿠, 신코 등의 영화에 익숙하며, "성은 단게, 이름은 사젠", "히가시야마 36봉"이라는 대사는 친숙하며 또한 「곤지키야샤」, 「다케오와 나미코」 등도 알려져 있다. 한편 모던걸, 모던보이들은 P.C.L, 외국영화의 팬도 많이 있다.
>
> 마쓰야마 구사히라, 「조선의 영화계」, 『조선공론』 278, 1936.5.[13]

위에서 알 수 있듯이 1934년의 「활동사진영화취체규칙」은 조선인 관객의 영화 취향에 상당한 변화를 주었던 것으로 보인다. 일본적인 성격이 강한 시대극이나 신파극에 대해서도 조선인 관객들이 어느 정도의 친숙함을 갖게 되었고 쇼치쿠의 현대극에 이어 P.C.L(이후 도호)의 현대극 영화도 팬 층을 형성하게 되었다. 1930년대 중반이 되면 그동안 영화의 국적에 따라 관행적으로 구분되었던 영화관의 인종적 구분도 다소 완화되어 조선인 전용관이라든가 일본인 전용관이라는 개념도 희미해졌다. 왜냐하면 조선인 전용관에

13 『식민지 영화3』, 122쪽.

서도 일정 비율 이상의 일본영화가 상영되게 되었고, 일본인 전용관에서도 서양영화나 일본의 현대극영화와 같이 조선인 인텔리 층의 기호에 맞는 영화들이 상영되었기 때문이다. 특히 조선극장처럼 서양영화 전문관 역할을 하던 극장이 화재로 인해서 사라지고 단성사가 경영난으로 연극전용관인 대륙극장으로 바뀐 후 이런 현상은 두드러졌다. 그 당시 조선극장이나 단성사가 해온 조선인 전용관의 역할은 소멸된 것이나 마찬가지였다. 이제 조선인 관객은 약초영화극장若草映畵劇場이나 명치좌明治座처럼 좀 더 현대적인 설비를 갖춘 일본인 전용관을 찾게 되었다. 특히 명치좌는 1930년대 후반 명화의 전당과 같은 이미지를 형성하게 되었다.

> 명치좌의 하베씨의 이야기에 의하면, 또한 종로 쪽의 대륙극장은 별개로 치고, 명치좌의 조선인 팬도 최근 급증하는 상황이라고 한다. 우리들이 보는 한에서는 조선인 인텔리 계급은 최근의 우리영화, 특히 문예영화에 상당한 흥미와 연구적인 태도를 갖고 있는 것은 아닐까 하고 생각되는 점이 있다. 그 외의 일반은 역시 시대물인 '찬바라'나 외화 「타잔」 등의 활극물을 선호하는 것은 이전부터 변함없는 모양이다.
>
> 일부암, 「경성영화계 들여다보기」, 『조선급만주』 388, 1940.3.[14]

위의 글의 필자는 1940년경 일본영화에 대한 조선인 인텔리 층의 관심이 주로 문예영화를 중심으로 확대되고 있는 것으로 보인

---

14 『식민지 영화3』, 355쪽.

다는 추측을 제시하고 있다. 이는 흥행 결과에 기반을 둔 것으로 볼 수 있겠는데, 그 당시 조선인 측 저널리즘을 살펴보더라도 이와 같은 추측은 어느 정도 사실에 근거한 것으로 보인다. 1930년대 중반 이후 일본 각 스튜디오에서는 앞을 다투어 주목할 만한 영화들을 많이 내놓은 바 있다. 이는 시대물 중심이던 니카츠日活가 훌륭한 시나리오에 근거한 현대극 제작을 활발히 하고 후발주자인 도호가 현대물로서 참신한 작품들을 많이 내놓은 결과라고 할 수 있다. 그 당시 조선인 측 저널리즘에는 이런 작품들에 대한 언급이 종종 눈에 띄는데 이는 식민지 조선의 인텔리 층이 일본영화의 작품적 성가를 인정하기 시작했음을 반증하는 것이라고 할 수 있다.

# 3. 조선영화에 대한 비평

## 3.1. 1920년대 조선영화─「사랑을 찾아서」, 「개척자開拓者」

1920년대 조선영화에서 나운규羅雲奎의 존재는 절대적이었다. 그는 1920년대 초반부터 배우로 등장한 이후 「아리랑1926」에서 각본, 감독, 주연을 맡으면서 본격적으로 자신의 존재를 부각시켰다. 1920년대 후반 발표된 일련의 나운규 영화들에 대해서는 재조 일본인들도 상당한 관심을 가지고 있었던 듯한데, 그 중 나운규 영화의 한계를 비판하는 글이 있어 분석해 볼 필요가 있다.

33

세계 도보 여행가인 주인공이 사랑하는 젊은 두 연인을 구하고 자신은 흉탄에 맞아 쓰러져 얼어붙은 두만강의 하얀 눈 위를 피로 빨갛게 물들인다는 비장한 이야기에 적절한 코미디를 첨가하여 흥행 가치의 안전성을 노렸는데, 졸렬한 각색과 영화 후반에 템포가 늘어져 그 흥미가 반감되었다. 게다가 멀리 국경까지 가서 현지 촬영을 했는데도 부주의한 구도로 북선의 분위기를 전혀 느낄 수 없으며 천편일률적이고 단조로운 장면의 연속이었다. 모쿠아미의 권선징악적 희곡과도 비슷한 나운규 특유의 영화는 그를 일종의 영웅주의에 빠지게 했고, 전편에 흐르는 그의 과장된 '골목대장'식 연기는 보는 이로 하여금 매우 불쾌한 기분을 느끼게 한다. 인기에 연연하지 말고 자중해서 영화의 길에 매진해야 할 것이다.

「조선영화를 둘러싸고」, 『키네마순보キネマ旬報』 306, 1928.9.1.[15]

위의 글은 1928년 9월 『키네마순보』에 발표된 평론의 일부이다. 위에서 간략하게 언급한 줄거리로 보아 그해 4월에 조선극장에서 개봉된 「사랑을 찾아서1928」를 보고 난 후의 것으로 보인다. 이 영화는 나운규프로덕션 3회 작품으로 나운규가 각본, 감독, 주연을 맡고 이금룡李錦龍, 윤봉춘尹逢春, 전옥全玉, 이경선李慶善, 주삼손朱三孫 등이 출연한 작품이다. 이 영화의 각본은 애초 '두만강을 건너서'라고 되어 있었으나 검열 과정에서 '사랑을 찾아서'로 개명되었다. 이 영화는 각종 사연을 품고 만주로 이주하는 조선인들과 이들을 쫓는 무리들을 나운규가 분한 동민이 물리치고 결국 두만강에서 죽는다

15 『조선영화2』, 39쪽.

<sup></sup> 그림 3 「사랑을 찾아서」의 나운규

는 내용의 이야기이다.

　나운규의 고향 부근을 배경으로 한 「사랑을 찾아서」는 식민지 조선의 하층민이 겪는 고뇌를 표현하고자 하는 민족주의적 색채를 보이고 있는데, 이 점이 검열 과정에서 문제가 되었던 것이다. 이 영화의 촬영을 위해서 나운규는 촬영대를 두만강까지 움직였다. 이 영화는 이야기의 메인 플롯을 식민지 조선의 하층민들의 비극적인 상황에 맞추고 동민으로 분한 나운규를 중심으로 한 희극적인 요소를 가미한 것인데, 이 영화는 14권 분량의, 그 당시로서는 상영 시간이 꽤 긴 영화였다.

이 영화에 대해서 『키네마순보』의 기자는 몇 가지 문제를 지적하고 있다. 첫 번째 문제는 각색의 졸렬성이다. 전문적인 시나리오 작가라고 할 수 없는 나운규가 각본을 맡았고, 그가 감독과 주연까지 겸하고 있었으므로 온전한 의미의 시나리오가 존재했을 리가 없다. 또한 검열로 커트된 영화만을 본 이 글의 기자가 시나리오의 수준을 논하기에는 한계가 있다고 할 수 있다. 아마도 이 기자는 이야기의 비극성을 온전히 살려나가지 않고 다분히 권선징악적 구조로 환원된 스토리에 불만을 가진 것으로 보인다. 여기에는 나운규가 감독한 영화들 특유의 과장된 코미디와 영웅주의에 대한 불만도 내포된 것으로 보인다.

두 번째 문제는 영화의 속도다. 영화의 속도는 일차적으로 편집의 문제라고 할 수 있다. 그리고 편집의 문제에 앞서 연기나 대사의 문제이기도 하다. 그 당시 조선영화는 전문적인 영화 연기 교육이 전무한 상태에서 아마추어들이 연기를 맡음으로써 쳐진 템포를 가질 수밖에 없었다. 영화의 속도에 관한 문제는 이후에도 일본인들에 의해서 조선적인 특수성의 문제와 결부해서 지속적으로 논의되는 주제가 되었는데, 일본의 영화 평론가들은 대체로 조선영화가 쓸데없이 길다고 느꼈다. 좌파 연극인 무라야마 토모요시村山知義는 그 원인을 "춤을 봐도 아악을 들어도 유행가를 들어도 템포가 느리다. 경성의 마을에서조차 급하게 걸어 다니는 조선인은 없다. 제스처라든가 실생활이 느리다. 거기에서 나왔다고도 할 수 있다."라고 지적하고 있다.[16] 일본의 문화인들은 조선영화의 느린 속도의 문제가 조선어에 대한 무지나 조선 풍속에 대한 자신들의 몰이해에서 비롯되는 것일 수도 있다는 점을 인정한다. 「군용열차軍用列車, 1938」의 감독 서광제徐光霽가 조선영화의 유장한 리듬은 조선인만이 느낄 수 있는 감정의 표현에서 비롯되는 필수적인 것이라는 의견을 거론하면서 말이다. 그럼에도 불구하고 그들은 조선영화가 일본인들도 이해할 수 있는 방식으로 제작되기를 희망했다.[17]

세 번째 문제는 로케 촬영의 현장감이다. 이 영화는 두만강 로케로 촬영된 작품임에도 불구하고 현장감이 제대로 살아나지 못하고 있다는 지적이다. 나운규가 무리하게 촬영을 두만강 로케로 진행한 데는 분명 현장감을 고려한 측면이 있을 것이다. 그러나 그렇다 하더라도 그 당시는 스튜디오 촬영이 전무한 상황이었다는 점을 고려하면 로케 촬영은 나운규 입장에서는 부득이한 측면이 없지 않았던 것인데, 『키네마순보』의 기자는 이 점은 도외시하고 촬영 기술의 미숙성만을 지적하고 있다.

이처럼 『키네마순보』의 기자가 바라본 조선영화는 각본, 촬영, 연기, 편집 등 전반에 걸쳐 미숙한 측면을 내보이고 있다. 「사랑을 찾아서」가 「아리랑」이 발표된 지 2년 후의 작품임에도 불구하고 조선영화는 초창기부터의 한계를 그대로 안고 있었던 것이다. 특히 여러 분야 중에서도 영화의 기본이라고 할 수 있는 연기나 촬

16 「조선영화의 현상을 말한다」, 『일본영화(日本映畫)』, 1939.8.1.(『조선영화2』, 207쪽.)
17 「조선영화론」, 『신영화(新映畫)』, 1938.1.(『조선영화2』, 260쪽.)

영 면의 미숙성은 일본인들이 보기에 조선영화의 가장 큰 결함이
었다.

1925년에 개봉한 이광수李光洙 원작, 이경손李慶孫 감독의 「개척자
1925」에 대한 다음과 같은 비평을 살펴보자.

> 너무 어이없는 묘사이다. 남자배우는 상당히 표정도 있고 특히 노
> 인이 된 배우는 뛰어나다. 그러나 여자배우는 완전히 무표정이라고
> 해도 좋을 정도였다. 게다가 뛰어난 카메라워크도 없고 전체적으로
> 서양 분위기가 다분히 있으며 어떠한 독창적인 수법도 보이지 않았
> 다. (중략) 때때로 편지를 읽는 장면이 있는데 그러한 장면은 역시 클
> 로즈업하는 것이 통상의 방법일 것이다.
>
> A.W.소생, 「조선인 측의 영화에 대해서」,
>
> 『조선급만주』 252, 1928.11.[18]

위의 글은 주로 배우의 연기를 평가하고 있다. 「개척자」에는 남
자 배우로 남궁운南宮雲, 주인규朱仁奎, 여자 배우로 김정숙金貞淑이 출
연하고 있는데 이 글의 필자는 남자 배우의 연기에 대해서는 어느
정도 긍정적으로 평가하고 있는데, 여자 배우의 연기에 대해서는
혹평을 가하고 있다. 김정숙의 연기를 '완전히 무표정'이라고 표현
하고 있다. 지금 이 영화는 남아 있지 않기 때문에 연기의 수준을
정확히 가늠할 수는 없다.

그러나 현재 남아 있는 1930년대 후반의 조선영화는 「개척자」의

18 『식민지 영화2』, 310쪽.

연기 수준을 가늠하는 데 도움이 될 것이다. 1930년대 이후 조선영화에서 주연 여배우 역할을 많이 했던 문예봉文藝峰의 경우를 보더라도 대사는 어느 정도 소화하는 듯하지만 표정 연기는 거의 이루어지지 않고 있다. 주로 대사를 통한 연기에 의존하다 보니 관객으로 하여금 '무표정'의 답답함을 느끼게 할만 했다. 그런데 조선영화 초창기의 작품인 「개척자」처럼 무성영화의 경우 표정 연기의 필요성은 절대적이라고 할 것인데, 표정의 변화를 드러내지 않는 연기는 거의 연기라고 할 수 없을 정도로 느껴졌을 것이다. 연기의 부적절성과 더불어 기초적인 촬영 기법의 미숙도 문제가 되었다. 서양영화라면 의례 등장인물이 편지를 읽는 장면은 클로즈업으로 찍는 게 상식이었는데도 「개척자」에는 그런 방법을 사용하지 않은 것도 미숙한 점으로 보였다.

　위의 글을 쓴 기자는 조선영화가 전반적으로 미국영화의 모방물에 지나지 않는다는 사실을 지적하고 있다. 그러면서 아래와 같은 권고를 덧붙이고 있다.

　　조선영화로서는 조선 독특한 맛을 표현할 필요가 있다고 생각된다. 외국영화의 모방도 전혀 무의미한 것은 아니지만 이는 외국영화의 장점을 섭취한다는 의미에서이다. 최근의 조선영화는 7, 8권의 것이 많아 보이는데, 자금이 빈약한 현재 상태에서는 장편을 기획하고 스케일의 웅대함을 쓸모없이 꿈꾸기보다는 7, 8권 정도의 것 안에 충실히 내용을 담아 뛰어난 연기와 정교한 카메라워크에 의해 이를 웅대한 작품으로 만드는 것이 필요하다. 또는 조선의 로컬 컬러를 다분

히 집어넣어 3, 4권 정도의 스케치풍의 소품을 만든다면 조선영화로
서의 생명이 생겨나는 것은 아닐까.

A.W.소생, 「조선인 측의 영화에 대해서」,

『조선급만주』 252, 1928.11.[19]

『키네마순보』의 기자는 미국영화의 모방이 무의미한 것은 아니
라는 점을 인정하면서도 현재 조선영화의 열악한 상황에 맞는 적
당한 기획과 내실 있는 제작을 주문하고 있다. 1920년대 당시 조선
영화의 평균 제작비는 5,000원 정도인데 이는 촬영 필름 비용 조달
에 주로 사용되고 있을 뿐 연기자들이나 제작진들의 급여를 충분
히 지급할 만한 정도의 수준은 아니었다. 필름 역시 충분한 물량을
확보하지 못한 상태였기 때문에 NG가 나더라도 반복 촬영하는 것
은 용이하지 않았다. 이 외에도 검열료나 선전비가 제작비에 포함
되기 때문에 전반적으로 조선영화의 제작 환경은 일본에 비해서도
상당히 열악한 상황이었다. 이뿐만 아니라 영화 제작의 기반이 되
는 전문 인력 부족은 시나리오나 연기, 촬영 등 영화 제작 전반의
부진을 가져올 수밖에 없었다. 이 글에서는 평균 길이 7~8권은 조
선영화계의 상황에 비해 길다는 점을 지적하고 그 절반에 해당하
는 분량으로 조선영화의 특색을 잘 표현한 작품이 필요하다는 점
을 강조하고 있지만 무엇이 조선영화의 특색일 수 있는가에 대해
서는 구체적인 언급이 없다. 이 글은 여타의 일본인 필자들에 비해
문화적 우월감의 정도는 옅어 보이지만, 극영화로서 3~4권 분량으

19 『식민지 영화2』, 310쪽.

로 제대로 된 영화가 나올 수 없다는 점을 인정하지 않는다는 점에 한계가 있다.

## 3.2. 1930년대 조선영화—「임자 없는 나룻배」, 「여로旅路」, 「군용열차」

위에서 살펴본 것처럼 1920년대 조선영화에 대한 일본인 관객의 평가는 전반적으로 부정적인 것이었다. 그러한 평가가 대체로 당대 조선인 평론가의 것들과 동궤에 있다는 점을 고려하면 이러한 평가가 일본영화가 아니라 서양영화의 기준에 맞춰져 있다는 인상을 준다. 이는 1920년대 일본영화 역시 기술적인 차원의 일부 진보적인 측면을 제외하면 일본인들도 전적으로 긍정할 만한 것이라고는 보기 어렵기 때문이다. 일본영화가 본격적으로 발전한 것은 1930년대 초반 토키 기술 수용이 결정적 계기가 되었다. 토키 기술의 수용으로 쇼치쿠, 니카츠, 신코新興, 도호 등의 메이저 영화사들이 참신한 현대적 소재와 향상된 기술을 결합시키고 스튜디오 시스템 속에서 감독과 배우 등을 전문적으로 교육시킴으로써 일본영화는 한층 더 서양영화의 수준에 근접하는 면모를 보여주게 되었다. 이에 비해 조선영화는 토키 기술의 수용도 늦었고 전문적인 영화 인력의 양성도 미진했다. 그나마 일본영화계에서 기초적 수련을 쌓은 인력들이 조선영화에 참여하게 되면서 영화 제작 수준이 향상되었지만, 영화 제작의 근간이 되는 영화자본의 미약은 조선영화의 수준을 정체시키는 결정적인 요인이었다.

　　그 당시 조선영화를 일본인 관객이 접할 수 있는 통로는 두 가지
였다. 하나는 재조 일본인이나 여행 중의 일본인이 조선의 극장에
서 관람하는 경우, 그리고 다른 하나는 일본 본토인이 일본의 극장
에서 관람하는 경우이다. 조선영화 초창기부터 간혹 조선영화가
일본 현지에서 개봉되기는 했지만 이는 도쿄가 아닌 오사카 등 일
본 내 조선인 인구가 밀집된 곳에 한정된 것이었다. 그러나 1930년
대 들어서 조선영화의 수준이 일정한 수준에 오르자 도쿄 같은 도
시에서도 조선영화가 개봉되는 경우가 생겨나게 되었다. 이들 영
화는 대체로 과거 일본에서 연출부 경험이 있던 조선인 감독이 인
맥을 통해서 일본 현지에서 개봉 기회를 얻게 되는 경우가 대부분
이었다. 단적인 예로 신코에서 조감독 경험이 있던 이규환李圭煥이
나 도아東亞에서 조감독 생활을 했던 박기채朴基采 등이 그런 경우이
다. 그 외 일본의 영화사들과의 합작 작품은 1930년대 후반에 일본
현지에서 개봉되었다.

　　나는 몇 년 전에 조선영화를 한 편 본 적이 있다. 그것은 무성영화로
감독은 스즈키 시게요시의 조감독을 했던 조선인이었다. 변경에서 사공
을 하는 노인의 딸이 일본인 기사에게 능욕 당한다는 부분이 있었는데
그 영화에서는 내지인을 미워하는 감정이 그려져 있었고 다른 부분도 유
치한 빈부의 대립을 그리려고 했다. 그런 유치한 느낌의 영화이지만 반
도인의 손을 거치면 어느 정도의 실감이 배어나오는 것도 사실이었다.

　　　　「유령은 말한다 「장화홍련전」」, 『키네마순보』 580, 1936.7.1.[20]

20 『조선영화2』, 114쪽.

이규환의 작품 중에는 「임자 없는 나룻배1932」, 「여로1937」 등이 일본의 극장에서 개봉되었다. 이규환은 「무엇이 그녀를 그렇게 하게 했는가」라는 영화로 경향영화 붐을 일으킨 스즈키 시게요시 감독의 조감독 생활을 한 바 있다. 그는 귀국 후 나운규 각본의 「임자 없는 나룻배」라는 영화로 조선영화계에 일약 명감독으로 알려지게 되었다. 그러나 정작 일본에서 개봉되었을 때의 반응은 반드시 호의적인 것은 아니었다. 위의 글에서 보듯이 이 글의 필자는 이 영화를 유치하지만 '어느 정도의 실감'이 있는 영화라고 평가하고 있을 뿐이다. 그에 따르면 이 영화에는 반일 감정이 들어 있고 계급주의적 구도가 들어 있다. 그러나 이 글의 필자가 오해하고 있는 부분이 있는데 이 영화에서 주인공 모녀와 대립하는 역할로 등장하는 기사는 일본인이 아니라 조선인이라는 점이다. 이는 아마도 이 글의 필자가 이 영화를 받아들이는 과정에서 어떤 착오로 인해서 오인하게 된 게 아닌가 생각된다. 그럼에도 불구하고 나운규가 분한 주인공 춘삼이 겪는 고통이 기본적으로 식민지 지배 체제하에서 발생한 것이라는 점에서 이 글의 필자는 이 영화의 핵심을 어느 정도 포착하고 있다고 하겠다. 그럼에도 불구하고 이 영화에 대한 그의 전반적인 인상은 '유치함'에 맞춰져 있다.

이규환의 감독으로 발표된 「여로」는 일본 내 개봉에서도 대체적으로 호평을 얻은 작품으로 알려져 있다. 일본 내 호평의 주요인은 이 작품이 그동안 잘 알려지지 않은 조선의 지방색을 잘 드러내고 있다는 점이었다. 그런데 이 작품에 대해서 반드시 긍정적인 평가만 있었던 것은 아니다. 좌파 평론가 이와사키 아키라岩崎昶가 대표

■ 그림 5 영화평론가 이와사키 아키라

적이다. 그는 이 영화가 "일본의 오래된 형태의 신파 비극과 매우
흡사하다."고 평가하고 있다.[21] 가난한 어부 복룡이 젊고 예쁜 아내
옥희를 뺏으려는 삼수를 죽이고 교도소에 간다는 이야기는 그 당
시 조선영화에서는 흔히 볼 수 있는 것이었던 것이 사실이다. 이 영
화가 일본에서 호평을 받은 이유는 영화 속에 그려진 조선의 향토
적인 색깔 때문인 것으로 보인다. 조선영화는 1930년대 중반까지
도 집요하게 신파적 멜로드라마의 구조를 벗어나지 못하고 있었는
데 이런 점은 일본의 평론가들에 의해서도 조선영화의 약점으로

21 「조선영화의 현상을 말한다」, 『일본영화』, 1939.8.1.(『조선영화2』, 207쪽.)

그림 4 영화평론가 하즈미 츠네오

지적되었다. 미즈이 레이코水井れい子는 "외화를 그만큼 원하고 감상했음에도 불구하고, 제작된 영화들은 모두 과거의 동양적인 것들이었고 당시 재즈와 화려한 넥타이와의 교향 속에 있어서 리듬과 스릴이 넘치는 작품들이 아니었다는 점은 조선적인 것들의 근저를 제시하는 것일 것이다."[22]라고 주장했다. 그리고 하즈미 츠네오筈見恒夫는 "조선영화의 내용에 대한 불만은 그런 자연으로의 도피라든가 「심청」이나 「춘향전」처럼 옛날이야기에만 눈이 가서, 현실의 도

22  미즈이 레이코, 「조선 영화제작계를 돌아보며」, 『신영화』, 1942.11.(『조선영화2』, 278쪽.)

회를 배경으로 한 영화가 적다는 것이다. 무리도 아니지만, 지금부터는 근대적 생활이나 문화면에도 카메라를 돌려야 한다.”고 주장했다.[23] 일제강점 말기 다수의 영화 평을 발표했던 미즈이 레이코의 아래와 같은 발언을 좀 더 자세히 검토해보기로 하자.

> 근대 도시의 풍모를 정비한 거리가 있는데도 이런 지방적인 색채를 즐겨 소개할 필요는 없을 것이라는 의견이 여기저기서 나왔다. 조선이 내지에 소개가 된 후면 괜찮지만, 조선에는 아직도 호랑이가 살고 있고 마치 호랑이 사냥이라도 할 수 있을 듯이 생각하는 사람들이 있던 당시, 그 기획에는 다른 별도의 것이 있었으면 한다는 여론도 있었다. 「여로」 중에 포플러와 강가와 밟으면 금방이라도 무너질 듯한 집이 나오는 것은 현재로서는 참을 수 없는 일인데, 이런 조선의 전모를 모르는 사람들은 이것이 조선이라고 속단해버릴 우려도 있었으며, 과연 저렇다면 야만의 땅일 것이라고 생각해도 어쩔 수 없다. 내지의 소설가나 영화 작가는 사건이 터지거나 악당의 처리에 곤란해지면 조선이나 만주로 도망시켜 결말을 짓기 때문에, 조선이 마치 악의 소굴인 것처럼 생각하는 사람도 있는데, 이런 미개한 풍경으로는 한층 더 그런 일을 시인하는 꼴이 되어버린다는 것이다.
>
> 미즈이 레이코, 「조선 영화제작계를 돌아보며」,
>
> 『신영화』, 1942.11.[24]

---

23 「조선영화의 현상을 말한다」, 『일본영화』, 1939.8.1.(『조선영화2』, 207쪽.)
24 『조선영화2』, 279쪽.

미즈이 레이코의 위와 같은 발언은 「여로」와 같은 작품이 일본인들이 상상하고 욕망하는 식민지 조선의 이미지에 맞춰져 있을 뿐임을 강조하면서 조선영화가 과감히 당대 사회로 발을 내딛어야 할 필요성을 제기하는 것이다. 그럼에도 조선영화는 아직도 주로 신파극에 익숙한 하층 관객들을 대상으로 하고 있었기 때문에 이런 한계를 박차고 나서는 것이 쉽지 않았다. 그렇다고 그가 조선영화의 로컬 컬러라는 측면을 전적으로 부정하는 것은 아니다. 다만 특정한 영화들이 일본인들로 하여금 조선에 대한 왜곡된 이미지를 심어줄 수 있다는 점을 간과해서는 안 된다는 주장으로 해석할 수 있다. 그는 당대 조선영화의 수준이 아직도 일본영화의 그것에 한참 뒤떨어져 있다는 점을 확인하면서 조선영화의 정체성을 착실히 형성해나갈 필요성을 강조한 것이다.[25]

1930년대 후반 일본의 영화사와의 대표적인 합작품 중 하나가 서광제 감독의 「군용열차」이다. 이 영화는 중일전쟁 직후의 긴장된 시국 상황을 반영한 시국 선전물로서 일본 측 영화사인 도호는 조연 배우 및 미술, 녹음, 현상, 음악 관련 제작진 등을 제공하고 상당한 선전 활동을 벌였다. 감독과 주연 배우는 조선 내 인력을 활용하였지만, 개봉 당시 이 영화에 대한 평은 부정적이었다. 멜로드라

---

[25] "조선영화는 조선의 특수성을 활용하는 특색 있는 소품 정도로 그 존재의 의의를 가져야 한다. 관객이 없다고 하더라도 착실한 소규모의, 주로 지방색을 살린 특색 있는 제작이라면 성장할 수 있지 않을까 싶다. 비웃는 자가 있으면 비웃게 내버려 두고 성실하게 제작하다 보면 기술적으로도 익숙해지고 방법도 익숙해져 어느 정도 인정받을 기회를 만들 수 있지 않을까." 미즈이 레이코, 「기로에 선 조선영화」, 『국제영화신문(國際映畵新聞)』 252, 1939.8.하순(『조선영화1』, 171쪽.)

그림 6 「군용열차」의 한 장면

마와 첩보 스릴러 형식의 중첩으로 얼개를 짠 영화인데, 스토리 전
개상의 인과성 부족과 지나친 이데올로기적 선전은 이 영화에 대
한 부정적인 평을 가져온 주요한 원인으로 볼 수 있다. 김점용(왕평
王平 분)이 모는 군용열차를 파괴하려는 음모를 가진 최철(김한金漢
분)과의 대립이 기본적으로 설정되어 있고, 이에 김점용의 동생 김
영심(문예봉 분)과 신원철(독은기獨銀麒 분)의 멜로드라마가 부수적
으로 설정되어 있다. 최철의 매수에 넘어간 신원철이 자신의 죄를
참회하면서 죽고 김점용의 군용열차는 무사히 임무를 완수하게 된
다는 내용이다. 이 작품 속의 멜로드라마는 충분한 전개를 보여주
지 못하고 작품 후반의 활극 스릴러적인 구도와 잘 접합되지 못한
측면이 있다.[26] 이런 측면은 현재 남아 있는 필름을 검토해 보면 누

26 「군용열차」, 『키네마순보』 654, 1938.8.11.(『조선영화』, 143쪽.)

구나 인지할 수 있다.

「군용열차」에 대해서는 『키네마순보』에 아래와 같은 비평이 게재되었다.

> 심하게 저조한 옛날 신파와 같은 스토리이다. 이야기 속 어딘가에 조선다운 색채가 있으리라 생각했지만 그것도 발견할 수 없었다. 배우의 연기도 전혀 연기를 하지 않고 있거나 또는 연기를 의식하면 영화 초보자의 연기를 하고 있다. 그리고 이런 연기를 찍었다는 점이 최대한의 역량이며, 영화적인 묘사 구성에는 아직 생각이 미치지 못하고 있다. 이런 점에서도 이 작품은 일본영화의 15년 정도 전에 상당한다. 내가 본 많지 않은 조선영화 중에서는 가장 뒤떨어지는 작품인데, 조선영화의 수준은 물론 이보다 높다고 생각한다.[27]

위의 글은 「군용열차」에 대한 평의 일부인데 여기에서 눈에 띠는 부분은 일본인 관객이 조선영화를 평가하는 기준이 크게 두 가지라는 점이다. 한 가지는 영화로서 갖춰야 할 제반 요소 즉 스토리와 연기, 촬영과 같은 요소들이 얼마나 잘 결합되어 있느냐고, 다른 한 가지는 해당 영화가 그 나라의 특유한 성격을 얼마나 잘 드러내고 있느냐이다. 바꿔 말하면, 작품의 완성도와 고유성이라고 할 것이다. 그런데 「군용열차」는 스토리가 '심하게 저조한' 수준에 머물러 있고 배우의 연기라는 측면에서 지극히 초보적인 수준을 면치 못함으로써 전반적으로 수준 미달이라는 것이 이 글의 한 귀결이

27  앞의 책, 같은 곳.

다. 그리고 일본영화와는 차별화되는 조선영화의 고유성을 그 어디에서도 찾아볼 수 없다는 것이 이 글의 또 다른 귀결이다. 이는 조선영화의 제작 수준을 에누리할 수 있는 고유성만이 조선영화의 활로가 될 것이라는 세간의 의견을 반영하고 있는 것이다. 그런데 이 영화의 주 무대가 경성역이라는 점을 감안한다면 일본영화에서 볼 수 없는 그 무엇을 찾아내기에는 애초부터 한계가 있는 작품이라고 할 수 있다. 다만 조선의 언어와 복색, 가옥이나 거리 풍경만이 그나마 이 영화의 조선영화적 색채를 드러내는 요소라고 할 것이다. 심지어 일본인 배우조차도 이 영화에서 일본적인 색깔을 버리고 조선인으로 등장하고 있다. 예를 들면 사사키 노부코佐々木信子는 정석장으로, 고바야시 주지로小林重次郎는 김일용으로 분하고 있는데, 이는 경성의 다문화 사회적 성격을 왜곡시키는 결과를 가져오게 된다.

## 4. 결론

이 글에서는 일제강점기 조선영화계를 일본인들은 과연 어떻게 바라보고 있었을까 하는 문제를 검토하였다. 1930년대 중반 이전까지만 하더라도 일본영화를 의식적으로 관람한 조선인이 거의 없었음에 반해 일본인들은 조선영화 초창기부터 비교적 관심을 가지고 바라보고 있었다. 재조 일본인으로서 경성에서 조선영화를 관람한 경우도 있었고, 일본 본토인으로서 일본 내에서 개봉된 조선영화를 본 경우도 있었다.

일본인들이 조선인 전용관을 찾거나 조선영화를 본 소감은 일본인들을 상대로 하는 일반 잡지나 영화잡지에 소개되었다. 이 글에서는 그런 자료들을 바탕으로 해서 그들이 체험한 조선인 전용관의 설비나 필름에 대한 인상, 조선영화에 대한 감상이나 비평의 양상을 검토하고자 하였다.

그런데 조선영화가 그 숫자 면에서 일본영화와 비교가 안 될 정도로 적었다고는 하지만 그 모두를 논의의 대상으로 할 수는 없었다. 여기서는 비교적 관심이 집중되는 영화들을 크게 1920년대와 1930년대로 대별하여 그 중 몇 편만을 논의의 대상으로 삼았다. 따라서 이 글에서의 논의가 이런 주제에 대한 총체적인 논의라고 하기에는 어려움이 있는 것이 사실이다.

본론에서 논의한 내용을 검토해 보면, 일본인들은 경성의 극장 설비나 관람 태도, 프린트 상태에 대해서는 비판적인 태도를 취하고 있음을 알 수 있었다. 때로는 식민 지배 민족으로서의 우월감에 기반을 둔 인종차별적인 시선도 감지할 수 있었다. 그들은 인종이나 민족의 차이를 인지하면서도 다른 한편으로는 영화를 국경을 넘어서는 문화의 산물로서 바라보는 보편주의적 시각 또한 가지고 있었다. 물론 검열관처럼 국가주의적 입장에서 영화에 접근하는 경우도 없지 않았지만 말이다. 그들은 영화 제작의 제반 요소가 불비한 상황에서 이루어지는 영화 제작에 대해서 안타까움을 표하면서 자기 나름대로 조선영화의 진로에 대해서 조언을 하는 일말의 진정성을 우리는 느낄 수 있다. 그들은 식민지 조선의 봉건성에 대

해서 부정적이기는 하나 그렇다고 일제의 폭압성에 대해서는 굳이
생각을 할애하지 않는 이중성을 보인다. 일제의 군국주의 지배하
에 놓인 문화인의 숙명을 짊어지고 있기 때문에 이런 태도는 그들
로서는 부득이한 것이었으리라 생각된다.

## 2장
# 1930년대 후반 식민지 조선에 끼친
# 프랑스영화의 영향

## 1. 서론

　최근의 연구 결과를 바탕으로 우리는 식민지 조선의 영화계에서 가장 많이 수용된 외국영화가 할리우드영화였다는 사실을 상식으로 갖게 되었다. 정확한 통계상 수치를 제시하기는 어렵지만 할리우드영화는 1930년대 중반 이후 외국영화 통제 조치가 시행되기 전까지 식민지 조선 내 영화 상영 총수의 대략 70% 정도를 차지했다. 메이저 스튜디오 체제 하에서 체계적인 제작 시스템과 스타 시스템을 동원하여 매년 수백 편의 영화 작품을 생산해내던 할리우드영화는 지역을 초월하여 가장 각광받는 영화 산업을 구축하고 있었는데, 1920년대부터 할리우드영화는 일본을 비롯한 식민지 조선에도 안정적인 배급망을 구축하고 고정적인 관객층을 형성하고 있었다.

이런 상황은 식민지 조선에도 영향을 미쳐 할리우드영화는 식민지 조선에서 영화의 대명사로 통했다. 비록 할리우드에는 미치지 못하지만 일본, 독일, 프랑스 등에서도 영화 제작에 박차를 가하고 있었으나 자국 영화 시장의 상당 부분을 할리우드영화에 내줄 수밖에 없었다. 세계 각국은 할리우드영화에 맞서 자국 영화 시장을 지키기 위해 외국영화에 대한 각종 규제 장치를 가동하고 자국 영화에 혜택을 부여하는 등의 노력을 기울였으나 할리우드영화는 맞서기 곤란한 상태였다.

1930년대 독일과 일본은 할리우드영화에 맞선 가장 강력한 통제 조치를 취함으로써 인위적으로 자국 영화 산업의 진작을 꾀하게 되었다. 비록 이런 조치들이 자국 문화의 보호라는 외피를 쓰고 있긴 했지만 이보다 더욱 중요하게 고려한 점이 자국 영화 산업의 보호 육성과 이를 기반으로 한 이데올로기적 활용이라는 사실은 쉽게 간취할 수 있다.

이처럼 무소불위의 존재로 군림했던 할리우드영화가 식민지 조선에서 실제로 어떻게 수용되었는가에 대해서는 최근 들어 활발하게 논의되고 있다.[1] 이런 논의는 일제강점기부터 비교적 최근까지

---

1 식민지 조선에서의 할리우드영화 수용과 관련된 최근 연구들은 이전과 비교해 보다 미시적인 접근법을 보여주고 있다. 다음과 같은 글들이 대표적이다. 박선영, 「잡후린(囃矣麟)과 애활가(愛活家): 조선극장가의 찰리 채플린 수용과 그 의미: 1920~30년대 경성 조선인 극장을 중심으로」, 『대중서사연구』 30, 대중서사학회, 2013.12: 구인모, 「근대기 한국의 대중서사 기호(嗜好)와 향유방식의 한 단면: 영화 「명금(The Broken Coin)」(1915)을 중심으로」, 『정신문화연구』 36(3), 한국학중앙연구원, 2013.9: 유선영, 「식민지의 할리우드 멜로드라마, 「東道」의 전복적 전유와 징후적 영화경험」, 『미디어, 젠더&문화』 26, 한국여성커뮤니케

지속되어 온 할리우드영화의 식민화 현상의 기원과 영화라는 대중문화산업을 매개로 한 관객 문화의 형성 과정을 이해할 수 있게 해준다는 점에서 그 의의를 찾을 수 있다.

이런 논의들을 통해서 식민지 조선에서 영화가 수용되었던 제 양상에 대해 한층 선명한 이해를 갖게 된 것은 사실이다. 그럼에도 불구하고 영화가 관객의 의식과 무의식, 욕망과 윤리에 미친 주관적 양상에 대한 이해로까지 폭을 넓히지는 못하고 있다. 이는 주관적 의식 세계의 탐색을 가능케 할 자료의 부족에서 오는 문제이기 때문에 쉽게 해결되기는 어려워 보인다.

주관적 양상의 탐색 부족이라는 문제와 더불어 또 한 가지 지적할 수 있는 문제는 식민지 조선의 영화사 논의가 할리우드영화에 편중되어 있다는 사실이다. 앞에서도 언급한 것처럼 식민지 조선에서 할리우드영화가 차지한 비중이 상당한 것이긴 했다. 그러나 그 당시 극장에는 조선영화를 포함한 일본영화, 독일영화, 프랑스영화[2], 영국영화, 이탈리아영화, 체코영화 등등 다양한 국적의 영화들이 내걸렸다. 이는 당대 관객의 영화 취향이 통념과는 달리 상당히 분화되어 있었다는 사실을 반증하는 것이다. 종족, 계층, 신분, 학력, 성별 등등으로 분화된 관객의 존재를 상정하지 않는 논의는

---

이선학회, 2013.6.

2 이 글에서 언급하는 프랑스영화는 감독이 프랑스 제작 시스템 하에서 생산한 영화를 지칭한다. 프랑스 감독이 할리우드나 독일에서 제작한 영화는 엄밀한 의미에서 프랑스영화로 보기 어려우나 이 글에서는 넓은 의미에서 프랑스영화의 범주에 넣고자 한다. 그리고 이후 논의에서 거론되는 영화 명칭의 경우 당대에 통용된 명칭을 존중하여 사용하지만, 당대에 여러 가지 명칭으로 불린 경우 가장 대표성이 있다고 판단되는 명칭이나 현재에 통용되는 명칭을 병용하기로 한다.

특정한 시대의 양상을 왜곡할 수도 있다. 특정한 영화들을 소구訴求하는 특정한 관객의 존재에 대한 해명은 특정 시대의 분위기를 보다 충실히 조명하는 데 있어 중요한 것이다. 이런 측면에서 할리우드영화에 한정되던 논의가 최근 들어 기타 국적의 영화로까지 확장되는 경향은 바람직하다고 할 것이다. 지금까지 발표된 이런 논의들을 일별하면 주로 독일영화에 초점이 맞춰져 있다.[3] 이는 1920년대 아방가르드예술의 영향 하에 전개된 독일영화의 명성에 대한 고급 관객의 호응과 1930년대 파시즘적 영화 정책의 영향 등을 고려한 것으로 보인다.

그러나 1930년대 식민지 조선에서 할리우드영화, 독일영화와 더불어 일본영화, 프랑스영화는 중요한 소구 대상으로 부상하고 있었다. 특히 1930년대 중반 할리우드영화 수입 통제 정책의 여파로 살아난 일본영화는 진부한 스토리의 칼싸움이 주가 되는 전통 시대극을 넘어서 모던한 도시의 일상을 다루게 되면서 일본영화에 전통적으로 무관심하던 조선 관객층도 형성되었다. 그리고 할리우드 오락영화와 비슷한 길을 가던 독일영화와는 달리 예술적 가능성을 담지하고 있던 프랑스영화도 지식층을 중심으로 관객층을 형성하고 있었다.

이런 사실들을 고려할 때 적어도 1930년대 외국영화 시장의 분화 현상은 뚜렷한 것으로 보이며, 각 영화마다 그 영화들을 선호하

---

3  김승구, 「식민지 시대 독일영화의 수용 양상 연구-1920년대 영화들을 중심으로」, 『인문논총』 64, 서울대학교 인문학연구원, 2010; 김금동, 「일제강점기 한국에서의 초기 독일영화 수용양상 - 1910년대를 중심으로」, 『독일문학』 117, 한국독어독문학회, 2011.

는 관객층의 분화도 일정 부분 감지된다. 따라서 이와 같이 일본영화나 프랑스영화 각각을 대상으로 한 논의의 필요성은 절실하다고 할 수 있다. 그럼에도 불구하고 이들 영화와 관련된 기초적인 사실 정리 차원의 논의도 제대로 축적되어 있지 않은 것이 현실이다. 각종 저널에 게재된 기사가 많지 않고 그 내용도 대체로 표피적인 차원에 머무르는 경우가 많다. 그리고 그 당시 상영된 영화들을 현재 구하기 어려운 경우가 많다. 비록 자료상의 난점이 있기는 하나, 이후 논의의 발전을 위해서 기초적인 자료 정리와 분석 차원에서의 논의라도 시작하는 것이 필요해 보인다.

이 글에서 식민지 조선의 프랑스영화 수용 양상에 접근하고자 하는 것은 바로 이런 문제의식에 기반을 두고 있다.[4] 프랑스영화가 이 땅에 수용된 역사는 대단히 오래되었다. 1900년대 활동사진 시절 대중을 이룬 상영물이 프랑스 단편영화였으니 말이다. 그러나 관객의 일정한 반응과 기대를 동반하며 본격적으로 수용된 것은 1930년대라고 할 수 있다.[5] 1930년대 후반 절정에 달한 프랑스영화 수용은 해방 후 지속적으로 한국 관객이 프랑스영화를 특정한 인

---

4  식민지 조선에서의 프랑스영화 수용과 관련된 연구로 거의 유일한 연구는 김외 곤(「김남천의 프랑스 시적 리얼리즘 영화 수용 연구: 「페페 르 모코」와 「이리」의 관련성을 중심으로」, 『한국문학이론과 비평』 11(3), 한국문학이론과 비평학회, 2007.9)의 논의이다. 이 글은 선구적이기는 하나 다소 국부적인 차원의 논의여서 프랑스영화 수용의 전반적인 양상에 대한 검토가 필요한 실정이다.

5  1930년대 프랑스영화에 대해서 영화비평가 오카다 신키치(岡田眞吉)는 "세계 제일의 이름을 얻게" 되었다고 전제하고 "이런 황금시대의 장래에 가장 큰 기여를 한 사람은 무대에서 온 훌륭한 예술가의 재능과 영화작가로서 세계 일류에 달한 네 명의 영화인의 정진"에 있다고 말한 바 있다. 그가 꼽은 네 사람은 르네 클레르, 줄리앙 뒤비비에, 자크 페데, 장 르느와르이다. 岡田眞吉, 『映畵と國家』, 東京: 生活社, 1943, 268~269쪽 참고.

상을 갖고 대하게 하는 계기가 되었다. 그때 이후 프랑스영화는 예술영화의 대명사처럼 인식된 것이다. 이 글은 이와 같은 특정한 인식의 형성 과정을 분석하는 작업의 성격도 가지고 있다.

## 2. 프랑스영화의 배급과 개봉

식민지 조선에서 외국영화는 주로 전문적인 배급업자 내지 배급사에 의해 수입되었다. 할리우드영화의 경우 할리우드 스튜디오의 이해를 대변하는 배급사와 계약하면서 현지 배급 업무를 담당하는 현지 대리점을 통해 극장에 배급되었다. 메이저영화사 영화의 경우 현지에 설치한 지사를 통하거나 특정한 개인이 설립한 대리점을 통해 자사 영화가 극장에 공급되도록 하였다. 그런데 식민지 조선처럼 메이저 스튜디오의 입장에서 볼 때 상대적으로 비중이 덜한 지역의 경우 지사를 설치하기보다는 대리점과의 계약을 통해서 자사 영화를 공급하는 방식을 취했다. 식민지 조선에 설치된 이들 대리점은 보통 일본에 설치된 지사와의 계약을 통해서 식민지 조선에 영화를 공급하는 경우가 보통이었다.

할리우드영화보다 흥행성이 덜한 것으로 판단된 유럽영화의 경우 배급 체계가 안정적으로 형성된 경우는 거의 없었고 할리우드 영화 배급에 종사하는 이들이 부수적으로 취급하는 경우가 보통이었다. 이들 배급업자들에 의한 유럽영화 수급은 불안정한 것일 뿐만 아니라 수급된 영화들의 질도 결코 보증할 만한 것은 아니었다.

* 그림 1 동화상사 대표 기와키타 나가마사

이런 측면에서 볼 때 유럽영화가 식민지 조선에 안정적으로 공급
되는 데 있어서 중요한 계기를 마련한 것은 동화상사東和商社의 창립
이다. 동화상사는 일본인 가와키타 나가마사川喜多長政가 1928년에
설립한 영화배급회사로서 일본에서 창업하여 식민지 조선에도 지
사를 두고 주로 독일영화와 프랑스영화 등 유럽영화를 전문적으로
배급하였다. 설립자 가와키타 나가마사는 북경대학을 졸업하고 독
일에서 유학한 지식인으로서 동서 문화의 교류를 통한 인류애 증

진이라는 사명감을 갖고 영화 배급업을 시작했다고 한다. 동화상사는 일본영화사에서도 뚜렷한 족적을 가지고 있는데, 일본영화의 예술성 향상과 영화 문화에의 기여 등 일본영화사에 끼친 영향은 주목할 만한 것이다.[6] 동화상사가 수입 배급한 영화들은 1930년대 내내 외국영화 베스트 텐의 다수를 점유했고, 영화인들은 이들 외국영화에서 많은 자양분을 흡수했다. 동화상사의 영화들은 가와키타를 비롯해 그와 친분이 있었던 이와사키 아키라, 하즈미 츠네오 등 유럽 문학과 영화 등에 상당한 식견을 가진 영화평론가들의 판단에 따라 결정되었다. 유럽영화 배급에 있어서 동화상사에는 미치지 못하지만 삼영사三映社 역시 중요한 역할을 한 것은 사실이다. 현재로서는 삼영사에 관한 구체적인 정보는 얻을 길이 없다.[7]

그 당시 관동에서 관서 방향으로 일본 내 개봉을 마친 유럽영화들이 배편과 열차편으로 경성에 도착함으로써 식민지 조선 내 개봉이 시작되었다. 동화상사 경성 지사는 경성 개봉 계획에 따라 사전에 극장과의 계약을 한다. 그러면 극장들은 개봉 일자를 확정하고 이에 따라 관련 자료를 일간지 기자들에게 배부하는 등 각종 홍보 활동을 하게 된다. 이런 과정은 일반적인 할리우드영화 배급의 그것과 다를 바 없다.

독일 유학 경험이 있던 가와키타는 당연히 여타 유럽영화보다 독일영화에 더 깊은 관심을 가지고 있었다. 그러나 그가 영화 배급

---

6 가와키타의 생애에 대해서는 佐藤忠男, 『キネマと砲聲』, 東京: 岩波書店, 2004, 21~28쪽 참조.
7 유럽영화의 식민지 조선 내 배급 과정에 대해서는 김승구, 2010, 앞의 논문, 14~17쪽 참고.

업에 뛰어든 이후 독일영화가 그 특유의 예술성을 상실하고 1930
년대 들어 아돌프 히틀러Adolf Hitler에 의한 영화 통제로 독일영화가
오락과 이데올로기가 착종된 방식으로 타락하자 점차 프랑스영화
에 주목하게 되었다. 이로 인해 일제강점기 프랑스영화가 가와키
타 주도의 동화상사 전유물과 같은 양상을 보이게 되었다. 그 자신
이 프랑스영화가 담지한 것으로 생각한 영화의 예술성에 대한 굳
건한 믿음을 가지고 있었다는 점, 프랑스영화가 할리우드영화에
비해 상대적으로 배급 비용이 저렴했지만 그에 비해 일정한 규모
의 관객층이 서서히 형성되면서 배급 수익성이 향상되어갔다는 점
은 1930년대 가와키타가 식민지 조선에 프랑스영화를 안정적으로
공급할 수 있는 조건이었다.

이렇게 배급된 영화들은 1930년대 초반에는 조선극장을 통해 조
선 관객에게 선보였다. 그러나 식민지 조선 관객에게 '외화의 전당'
역할을 했던 조선극장이 화재로 인해 소실되고 일본인 거주구역인
남촌에 현대식 영화관을 표방하는 약초영화극장, 명치좌 등이 생
기면서 자연스레 조선 관객들은 프랑스영화 관람을 위해 남촌 극
장들을 찾게 되었다. 프랑스영화의 주 관객층은 전문학교 학생, 교
사, 전문직 종사자 등 상당한 지식을 갖춘 젊은 계층이었던 것으로
추정된다.

1930년대 카프계 영화평론가로 왕성한 필력을 자랑한 바 있는
서광제는 1930년대 중반 조선영화의 무국적성, 후진성을 비판하면
서 프랑스영화와 독일영화를 거론한 바 있다. "불란서의 영화를 통
하야 불란서적 지성의 표현을 우리가 볼 수 잇고 독일영화를 통하

야 독일의 국민성을 찾어볼 수 잇는 거와 마찬가지로 조선영화는 조선의 특성을 보혀주어야 할 것이 아닌가?"[8] 서광제의 이런 발언을 통해 당대 외국영화에 대한 세간의 인식이 어떠한 것이었나를 알 수 있다. 그는 프랑스영화를 '불란서적 지성'의 표현물로 보고 있다. 흔히 말하는 '지성'이 아니라 '불란서적'이라는 수사가 붙어 있는 '지성'이지만 프랑스영화에 대한 세간의 인식을 이해하기에는 어렵지 않다. 다만 이러한 인식의 근거나 연원에 대해서 이해할 근거가 이 글에 전혀 주어져 있지 않아 구체적으로 논급하기는 어렵다.

다만 이런 표상이 서광제 일개인의 것이 아니라 그간의 비평적 통념을 수용한 것이라는 점은 '우리'라는 표현에서 쉽게 간취할 수 있다. 이런 인식은 식민지 조선에 소개된 프랑스문학에 대한 통상적 인식과도 일치한다는 점에서 프랑스 문학예술의 상징 역할을 하고 있다고 할 수 있다. 천편일률적인 구식 최루성 멜로드라마 일색의 조선영화에 대한 비판의 맥락에서 서광제가 내세운 '지성'은 과연 어떤 영화들을 참조한 것일까?

이런 의문은 자연스럽게 식민지 조선의 극장에서 상영된 영화들의 면면에 대한 관심으로 이어진다.[9] 1910년대 단편영화가 상영물의 중심을 이루던 때를 제외하면 프랑스영화는 1920년대까지는 그렇게 자주 상영되지는 않았다. 1920년대 상영물 중에서 가장 큰

---

8  徐光霽, 「朝鮮映畵界의 一年 映畵의 리알리즘 下」, 『東亞日報』, 1935.12.24.
9  여기에서 언급되는 프랑스영화는 식민지 시대 상영 관련 기사가 게재된 작품들 중에서 프랑스 영화사 서적들에서 대표적인 감독으로 평가되는 이들의 작품을 중심으로 가려 뽑은 것이다.

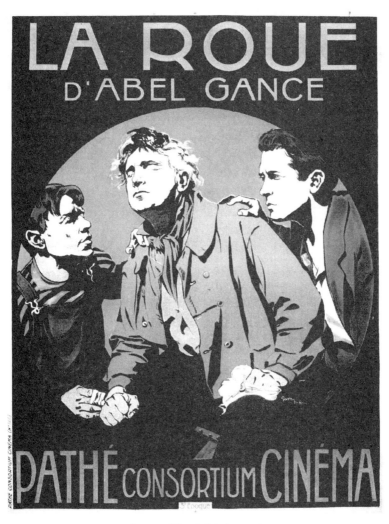

■ 그림 3 「철로의 백장미」 포스터

호응을 받은 것은 아벨 강스Abel Gance 감독의 「철로의 백장미La Roue, 1923」이었다. 이 영화는 전위적인 편집기술을 선보인 프랑스 인상주의영화Impressionist film의 대표작이지만 국내에서는 치정 관계를 다룬 멜로드라마적인 내용이 화제를 불러일으켰다. 그러나 아직 영화의 예술성에 대한 인식이 미약했던 시기의 무성영화들은 국적성이나 감독의 예술성 등의 관점에서는 거의 이해되지 않았던 것이 사실이다. 온전한 의미에서의 영화비평도 존재하지 않았던 시기에 상영된 프랑스 무성영화들은 단순한 볼거리 차원 이상이 되기는 어려웠다. 현재의 관점에서 프랑스 국적을 확인할 수 있는 영화로 「철로의 백장미」 외에는 자크 페데Jacques Feyder 감독의 「면영Das Bildnis, 1923」, 「설붕Visages d'enfants, 1925」, 「칼멘 Carmen, 1926」 등이 있다. 「면영」은 1927년에 개봉된 영화[10]로 한 무리의 남성이 미지의 여성을 찾아다닌다는 내용의 영화이다. 「칼멘」은 프로스페르 메리메Prosper Mérimée 원작을 조르주 비제Georges Bizet가 오페라로 작곡해 유명한 작품으로 무성영화 시절부터 반복적으로 영화화된 바 있다. 이 중 프랑스판으로는 자크 페데의 작품이 국내에 소개되었다. 1928년 이경손은 이 작품을 시사한 후 비평문을 발표한 바 있는데, 이 글에서 인상적인 부분은 아래와 같다.

---

10 「墺國 뷔이다필림회사의 특작품 「面影」을 高麗映畵製作所에서 수입. 쥴 로멘 원작 작 페데 감독 알푸렛드 마두새두 주연」, 『朝鮮日報』, 1927.8.17.

■ 그림 2 영화감독 자크 페데

대톄가 불란서 사진이라 다소 다른 나라의 것보다는 감각덕이리라는 선입도 잇섯지마는 템포의 기묘함에는 참으로 놀래엇다. 활극과 비극과 러브썬의 템포가 제각기 가장 뎍합한 율律로 꾸미어저 잇섯다[11]

이경손은 「칼멘」의 감상에 있어서 프랑스영화의 감각성을 전제하고 있다. 여기서 그가 말하는 감각성은 그가 기존에 감상한 프랑스영화들에서 얻은 경험을 바탕으로 형성된 선입관념일 것이다. 그 영화들이 무엇인가는 알 수 없으나 아벨 강스의 「철로의 백장미」류의 화려한 편집기술을 구사하는 인상주의영화일 가능성이 있다.

---

11  李慶孫, 「칼멘의 試寫를 보고」, 『東亞日報』, 1928.3.14.

여하튼 자크 페데의 「칼멘」 감상에 있어서 기존의 '선입'관념을 투사할 정도라면 이미 프랑스영화가 일부 지식층 관객의 의식 속에 일정한 인상을 형성하고 있었다고 할 수 있을 것이다.

이처럼 1920년대 간혹 상영되던 프랑스영화가 본격적으로 소개된 것은 1930년대 들어서이다. 이 시기 영화계에는 토키talkie 기술로 알려진 사운드 녹음 기술이 영화 제작에 혁신을 가져왔다. 1920년대 할리우드영화에서 시작된 혁신은 프랑스영화계에도 이어져 1930년경 프랑스도 유성영화 제작의 길로 들어섰다. 사운드 기술의 도입기에 있어 가장 주목받은 프랑스 영화감독은 르네 클레르René Clair였다. 이미 무성영화기에 등장한 그는 「막간Entr'acte, 1924」, 「파리는 잠들어Paris qui dort, 1925」, 「이탈리아 맥고모자Un chapeau de paille d'Italie, 1928」 등 다양한 표현 기법을 동원한 새로운 영화들로 각광 받는 존재였다. 그런데 그는 사운드 도입기에도 영화 내 사운드를 창의적으로 활용하여[12] 영화의 표현력을 높임으로써 영화예술가의 반열에 오르게 되었다.

사운드 도입 첫 작품인 「파리의 지붕 밑Sous les toits de Paris, 1930」을 비롯하여 「백만장자Le Million, 1931」, 「자유를 우리에게À nous la liberté, 1931」, 「파리제Quatorze juillet, 1933」, 「최후의 억만장자Le Dernier Milliardaire, 1934」, 「유령 서쪽으로 가다The Ghost Goes West, 1935」 등의 작품들이

---

12 「파리의 지붕 밑」에서 주인공 두 명이 술집에서 벌인 말싸움 소리가 술집 댄스음악 때문에 들리지 않는다든지, 등장인물의 대화가 유리문에 막혀서 입의 움직임만 보인다든지, 싸움 소리가 옆을 지나가는 열차의 기적 소리 때문에 사라지도록 한 기법이 그 대표적인 예이다. 中條省平, 『フランス映畵史の誘惑』, 東京: 集英社, 2003, 83~84쪽.

■ 그림 4 「파리의 지붕 밑」 일본 포스터

1930년대 초반 순차적으로 개봉되었다. 「파리제」의 개봉 소식을 알리는 기사에 등장하는 "영화 예술의 신기원을 획劃한 명작들이 차래로 경성에서 상연되어 일반 영화 팬들에게 절대의 지지를 바더왓거니와"[13] 같은 문구는 1930년대 초반 르네 클레르 영화가 식민지 조선 영화계에서 가졌던 위상을 단적으로 표현해주고 있다.[14] 이 6편의 작품 중에서 당시에는 「파리의 지붕 밑」과 「파리제」가 자주 운위되었는데, 이는 이 두 작품이 비교적 정치성이나 풍자성이 덜한 파리 서민 생활의 감정 세계를 서정적으로 다루고 있기 때문이다.[15] 르네 클레르 영화가 이처럼 빠지지 않고 개봉될 수 있었던 것은 우선 프랑스영화계를 비롯해 세계영화계의 동향에 민감했던 가와키타의 혜안 덕이라고 할 수 있을 것이다. 그러나 르네 클레르 영화의 가치를 비평적으로 보증해준 일본 영화평론가들의 힘이 없었다면 식민지 조선에서 르네 클레르가 그만큼의 명성을 얻지 못했을 것이다. 하즈미 츠네오 같은 평론가들의 평가로 선정된 『키네마순보キネマ旬報』 외국영화 베스트 텐 상위에 르네 클레르의 영화

13 「劇映畵 르네 크레르의 第四回 作品 巴里祭 全篇 三十一日부터 六日間 中央館」, 『每日申報』, 1933.5.27.

14 「파리의 지붕 밑」에 이어 두 번째 유성영화 「백만장자」로 르네 클레르는 프랑스는 물론 독일, 미국, 일본에서 채플린(Charles Chaplin)과 맞먹는 명성을 얻게 되었다. 그가 추구하는 풍자적 코미디는 채플린으로부터 영향을 받은 바가 많다고 고백한 바 있다. 채플린의 1935년 작 「모던 타임스」(Modern Times)가 「자유를 우리에게」의 표절로 물의를 일으켰을 때도 르네 클레르는 「모던 타임스」가 자신의 영화에서 영감을 얻었다는 사실을 오히려 영광이라고 말할 정도로 채플린에 대한 그의 존경심은 대단했다. Olivier Barrot, *René Clair Ou Le Temps Mesuré*, Paris: 5Continents, 1985, pp. 36~39 참조.

15 르네 클레르 영화의 경향에 대해서는 Alan Larson Williams, *Republic of Images : A History of French Filmmaking*, Cambridge: Harvard Univ Press, 1992, pp. 169~173 참고.

다수가 포진되어 있었던 것이다.[16]

　사운드 활용의 천재 르네 클레르가 포문을 연 프랑스 유성영화의 바통을 이은 것은 줄리앙 뒤비비에Julien Duvivier였다. 현재로서는 그의 대표작으로 평가되는 「망향; 페페 르 모코Pepé le Moko, 1937」, 「무도회의 수첩Un carnet de bal, 1937」 외에는 비평적으로 인정받는 작품이 별로 없는 감독이지만 1930년대 그의 영화는 르네 클레르 영화 못지않은 관심을 받았던 것으로 보인다. 그는 이미 쥘 르나르 Jules Renard의 소설을 원작으로 한 무성영화 「홍발Poil de carotte, 1925」로 그 존재를 식민지 조선에 알린 바 있다. 가정에서 천대받는 한 소년의 내적 고민을 그린 이 영화는 주인공 아역 배우의 훌륭한 연기로 호평을 받은 바 있고, 영화 개봉 후 원작을 기반으로 극예술연구회에 의해 무대 상연이 이루어지기도 했다. 무성영화 「홍발」은 유성영화 「홍발Poil de carotte, 1932」로 리메이크되어 1934년 개봉되었다. 이 영화의 소개 기사에서는 이 영화에 프랑스 전원의 정취가 잘 드러나 있는 점, 배우의 연기가 훌륭한 점, 심각한 심리 갈등의 묘사가 있는 점 등을 들어 "근래에 보기 드문 조흔 영화"로 평가하고 있다.[17]

　줄리앙 뒤비비에 영화들은 여타 프랑스 감독의 영화들과는 달리 큰 부침 없이 1930년대 내내 외국영화 통제 전까지 지속적으로 소개되었다. 유성영화 「홍발」 이후 「상선 테나시틱Le Paquebot Tenacity,

---

16 『키네마순보』 선정 외국영화 베스트 텐에 선정된 르네 클레르 영화는 다음과 같다. 「파리의 지붕 밑」(1931년 1위), 「백만장자」(1931년 4위), 「자유를 우리에게」(1932년 1위), 「파리제」(1933년 2위), 「최후의 억만장자」(1935년 1위), 「유령 서쪽으로 가다」(1936년 2위) 中條省平, 앞의 책, 94~96쪽 참고.
17 「루나르 原作 紅髮 뒤비비에 監督」, 『東亞日報』, 1934.9.28.

그림 5 「홍발」(1932) 포스터

1934」,「순백한 처녀지Maria Chapdelaine, 1934」[18],「지평선을 넘어; 빤데라 La Bandera, 1935」[19],「골고다의 언덕Golgotha, 1935」[20],「우리 동지; 우리 동 료La Belle Équipe, 1936」[21],「골렘Le Golem, 1936」,「쉬바리에의 유행아 L'Homme du jour, 1937」[22],「무도회의 수첩」[23],「망향; 페페 르 모코」[24] 등 특정 시기에 편중되지 않고 고르게 개봉된 양상을 보인다.

1920년대「면영」,「설붕」,「칼멘」,「테레즈 라캥Thérèse Raquin, 1928」 등 무성영화가 개봉된 바 있는 자크 페데의 영화 역시 1930년대 프 랑스영화를 대표하는 것들이라고 할 수 있다. 무성영화에서 유성 영화로 넘어가던 시절 할리우드에 스카우트되어 몇 편의 영화를 만든 후 프랑스로 돌아올 때까지[25] 그의 영화 인생에 몇 년 간의 공 백이 생겼는데 이로 인해 프랑스에서의 유성영화 작업은 다른 감독들에 비해 다소 늦어져 1930년대 중반부터 후반에 걸쳐 소개 되었다.「외인부대Le Grand Jeu, 1934」[26],「미모사관Pension Mimosas, 1935」[27]

18 「純白한 處女地」,『中央』, 1936.4.
19 「新映畵 빤데라 監督 듀비비에 主演 아나 베라 佛 S.N.C 作」,『每日申報』, 1936.11.5.
20 「新映畵 골고다의 언덕」,『每日申報』, 1936.11.14.
21 「新映畵 紹介 우리들의 동무 佛 아리스 作品」,『每日申報』, 1937.6.15;「우리들의 同僚」,『東亞日報』, 1937.6.17.
22 「쉬바리에의 流行兒」,『東亞日報』, 1937.8.19.
23 「新 映畵 舞蹈會의 手帖」,『東亞日報』, 1938.11.1.
24 『힛트된 望鄕 興行에 1만원」,『朝鮮日報』, 1939.4.5.
25 자크 페데는 일련의 무성영화들에 주목한 M.G.M의 어빙 탈버그(Irving Thalberg)의 초빙을 받아 할리우드로 이주한 후 그레타 가르보(Greta Garbo) 주 연의「키스(The Kiss, 1929)」등 몇 편의 영화를 제작한 바 있다. 할리우드 제작 시스템과의 불화를 느낀 그는 1933년 프랑스에 귀국한 후 자신의 첫 프랑스 유 성영화「외인부대」를 감독하게 되었다. Charles Ford, *Jacques Feyder*, Paris: Seghers, 1973, pp. 45~52 참고.
26 「映畵 紹介欄 外人部隊 三映社 提供」,『每日申報』, 1936.4.15.
27 「佛國 映畵界의 3名物. 眞摯한 드라마틔스트. 미모자館 監督 페데군」,『朝鮮日報』, 1936.2.29;「今春 問題映畵: 佛蘭西 토비스映畵 미모자館: 映畵 解說」,『朝光』, 1936.3.

「여인도La Kermesse héroïque, 1935」, 「갑옷 없는 기사Knight Without Armour, 1937」[28], 「유랑하는 무리들Les Gens du voyage, 1938」 등이 개봉되었다.

르네 클레르, 줄리앙 뒤비비에, 자크 페데 외에는 장 브느와 레비Jean Benoît Levy의 「구원의 모성La maternelle, 1933」, 마르크 알레그레Marc Allégret의 「처녀호Lac aux dames, 1934」, 피에르 슈날Pierre Chenal의 「죄와 벌Crime et châtiment, 1935」, 장 르느와르Jean Renoir의 「밤주막Les Bas-fonds, 1936」, 마르셀 카르네Marcel Carné의 「제니의 집Jenny, 1936」, 사샤 기트리Sacha Guitry의 「인생은 즐겁다; 트럼프담Le Roman d'un tricheur, 1936」, 레오니드 모기Léonide Moguy의 「철창 없는 뇌옥Prison sans barreaux, 1938」 등이 개봉된 것으로 파악된다.

이외 구체적인 정보를 확인할 수는 없으나 정황상 프랑스영화가 확실한 작품으로 「금남의 가」, 「가행복」 등이 있고, 제목만으로는 프랑스영화 여부를 확인할 수 없는 작품들이 몇 편 있다.

1930년대 프랑스영화사에서 중요한 비중으로 다뤄지고 있는 인민전선Front populaire파 감독 장 르느와르나 시적 리얼리즘Réalisme poétique의 대표자 마르셀 카르네의 영화가 극히 일부만 개봉된 것은 특이하다. 장 르느와르의 영화들은 「밤주막」 이후의 대표작으로 평가받는 「위대한 환상La Grande Illusion, 1937」, 「게임의 법칙La Règle du jeu, 1939」이 정치적 성향상의 문제 때문에, 그리고 마르셀 카르네의 영화들은 그의 대표작이 외국영화 통제가 심해지던 1930년대 후반에 주로 발표되어 국내에 쉽게 소개되지 못한 것으로 보인다. 또 마르세이유Marseille 3부작의 작가 마르셀 파뇰Marcel Pagnol의 영화가 전

28  延傳 鄭和民, 「작크 페데의 갑옷 업는 騎士」, 『每日申報』, 1938.3.20.

혀 소개되지 않은 것도 또 하나의 특색이다.

지금까지 1930년대 국내 개봉된 영화의 면면을 간략히 정리해보았다. 이로써 확인할 수 있는 점은 국내 개봉작은 관객 호응이 확인된 일부 감독의 작품에 편중되어 있고 현재 영화사적으로 기준으로 볼 때 호평 받고 있는 감독들이 차지하는 비중이 작다는 점이다. 그리고 정치적 이유나 통제 정책으로 인한 관람의 제한 현상이 보인다는 점 또한 지적할 수 있다. 그리고 양적으로 볼 때 프랑스영화는 조선영화와 비슷한 수준인 것을 알 수 있다. 연간 서너 편 정도가 개봉된 선보인 수준이다.


## 3. 식민지 조선에서 프랑스영화의 의의

### 3.1. 조선영화의 모델

1930년대 프랑스영화는 식민지 조선 영화계에 중요한 시사점을 제공하였다. 그 이유는 프랑스영화계가 결코 할리우드영화와 같은 규모의 제작 환경을 가지지 않으면서도 우수한 영화들을 제공하고 있다는 사실에 있다. 1920년대에 시작된 조선영화 제작은 1930년대 중반까지만 하더라도 체계적이고 규모 있는 제작 시스템을 갖추지 못하고 있다. 1930년대 중반 외국영화 통제와 더불어 조선영화 제작에 새로운 기회가 찾아왔지만 종래의 분산적이고 일회적인 투기적 제작 시스템으로는 만족스러운 성과를 거두기 힘들었다.

■ 그림 6 「미모사관」 포스터

그래서 조선 영화계에서는 활로를 찾기 위해 일정 규모 이상의 제작 시스템을 갖추자는 논의, 조선영화에 개성을 부여하자는 로컬 컬러local color 담론 등이 활발하게 논의되기도 하였다. 이런 상황에서 식민지 조선의 영화계 인사들에게 프랑스 영화계는 관심의 대상으로 부상하게 된 것이다.

> 타작[29]의 죄를 아직도 설비 부족에 돌리는 제작자가 있는가. 불란서의 그 많은 명화도 우리보다 더 참담한 조건 속에 되는 것이 수두룩하다. 신문조차 파리서는 한 인쇄소서 20여 종을 인쇄해 낸다. 노루 꼬리만 한 자본을 가지고 제각금 독립한 스타디오 녹음실 카메라 가질 생각 말고 일체 되라. 제작 기구의 합리화를 하라. 길은 여기 있다. 빛은 여기 빛인다. 삼고三考할 일.[30]

위의 글은 식민지 조선의 영화 제작자들에게 '제작 기구의 합리화'를 주문하고 있다. '제작 기구의 합리화'라는 것은 소규모로 분산되어 불비한 제작 시스템 하에서 열악한 작품들을 양산하지 말고 소규모 제작사들이 통합하여 보다 완벽한 제작 시스템을 구축하자는 것이다. 그러면서도 위의 글에서 필자는 제작 시스템이 결코 우수한 작품의 생산을 보증하는 것이 아니라는 사실을 강조하고 있다. 더 자세한 이야기를 부언하고 있지 않으나 이 글의 필자가 주장한 '제작 기구의 합리화'는 할리우드영화를 모델로 상정한 논

---

29 잘되지 못한 작품을 의미하는 태작(駄作)의 오기로 보임.
30 「映畵 展望臺」, 『三千里』, 1938.11.

의임에 분명하다. 일정 규모 이상이 되지 않으면 제작이 합리적으로 이뤄질 수 없다는 할리우드식 규모의 논리를 배면에 깔고 있기 때문이다. 그러나 프랑스영화가 조선영화와 같은 열악한 제작 시스템을 가지고도 성과를 낼 수 있는 비결에 대해서는 구체적인 언급이 없다.[31] 당대의 영화계 인사들은 조선영화의 문제점으로 설비나 기술의 부족과 더불어 전문적인 시나리오 작가의 부재도 항상 거론했다. 그런데 이는 프랑스영화가 할리우드영화와 비교했을 때도 예술적으로 우위를 확보할 수 있는 이유였다.

> 또 한 가지의 부류는 세계적 천재 감독만이 할 수 잇는 원작 각색 감독을 하는 사람이 잇는데 오늘날 세계적 명감독 듀비비에도 살 스팍크와 같은 명 씨나리오 라이터와 손을 잡지 안헛드라면 그는 세계의 실패한 감독 열에 끼엇을 것이며[32]

1930년대에 호평 받은 프랑스영화들은 대체로 소설을 원작으로 하지 않은, 전문적인 시나리오 작가들의 작품에 기반을 둔 것이었다. 물론 소설 원작의 작품에서도 이들 시나리오 작가들의 각색 작업은 서사적 완성도나 대사의 시적 감흥이라는 측면에서 대단히

---

31 1930년대 프랑스영화 제작은 수백 개의 도산 위기에 처한 영세 제작사들에 의해 분산적으로 이루어지고 있었고, 몇 개의 거대 제작사조차 붕괴 위기에 직면해 있었다. 제작 조건은 구식 기구에 의존하고 있었고 프랑스어 영화 시장은 좁아서 제작비를 회수하기 어려웠는데(Colin Crisp, *The Classic French Cinema*, Bloomington: Indiana Univ Press, 1997, p. 34 참고), 이런 양상은 식민지 조선 영화계와 매우 흡사했다.

32 徐光霽, 「文藝作品과 映畵 反오리지낼 씨나리오 問題 (二)」, 『東亞日報』, 1938.10.30.

■ 그림 7 시나리오작가 샤르 스파크

유용한 것이었다. 대규모 자본이 투여될 수 있는 환경을 가지지 못했던 프랑스 영화계가 설비나 기술의 불비라는 조건을 돌파할 수 있는 강점을 이야기의 완성도라는 측면에서 찾은 것이다.

주로 장 르느와르(「랑쥬씨의 범죄Le Crime de Monsieur Lange, 1936」), 마르셀 카르네(「제니의 집」)와 콤비를 이뤄 활동했던 시인 자크 프레베르Jacques Prévert, 줄리앙 뒤비비에(「우리 동료」, 「쉬바리에의 유행아」), 자크 페데(「외인부대」, 「미모사관」, 「여인도」), 장 르느와르(「밤주막」, 「위대한 환상」) 영화의 시나리오나 대사 작업을 했던 샤를 스파크Charles Spaak는 그 대표적인 인물들이다. 특히 샤를 스파크가 시나리오 작업에 참여한 다수의 작품들이 비평적인 성공을 거

두면서 전문적인 시나리오 작가의 가치는 한층 더 부각되었다.[33]

서광제가 앞의 글에서 강조하고 있듯이 영화는 결코 감독 혼자만의 산물이 아니라 시나리오 작가와의 공동 결과물이라는 점이 프랑스영화를 통해서 뚜렷이 드러난 것이다. 그러나 서광제를 비롯한 많은 사람들이 주장했던 전문적인 시나리오 작가의 양성 문제는 해결되지 않았다.

그 당시 조선영화들은 대체로 감독 자신이 직접 시나리오를 쓰는 경우가 많았다. 감독 자신이 일정한 문학적 취향을 가지고 있긴 했으나 그들은 시나리오 작성에 관한 전문적인 교육을 받았던 적이 없었다. 그렇다고 제작 과정에서 문인들로부터 어떤 협력을 받은 경우도 없었다. 그러다 보니 창작 시나리오라 할지라도 대부분의 스토리들은 기존의 서사적 구습을 답습하거나 창의적인 몸짓을 취하더라도 서사적 부실함을 면치 못하곤 했다. 이와는 달리 프랑스영화는 제작 과정에 직간접적으로 문학계 인사들이 관여하는 경우가 많았다. 이처럼 조선영화의 활로를 열어줄 수 있을 것으로 여겨진 시나리오 작가는 일제강점 말기까지 탁상공론에 그치고 말았다. 다만 「조선영화령朝鮮映畵令, 1940」에 따라 영화 제작 시스템이 통합되면서 반강제적으로 일부 문인들이 시나리오 작성 과정에 참여한 바 있다. 박영희朴英熙, 임화林和, 유치진柳致眞 등이 그들이다. 그러

---

33 샤를 스파크는 자크 페데의 「외인부대」, 「미모사관」, 「여인도」, 줄리앙 뒤비비에의 「지평선을 넘어」, 「우리 동료」, 「하루의 끝(La Fin du jour, 1939)」 등, "주로 운명에 번롱당하는 인간의 모습, 저항하기 어려운 운명에 대한 인간의 패배를 주제로 한" "페시미즘의 강렬함"을 표현하는 시나리오를 많이 썼다. 中條省平, 앞의 책, 86~87쪽 참고.

나 현재 남아 있는 영화들에서 확인하건데 그들의 참여가 그런 류의 영화들에 어떤 적극적인 기여를 했다고 보기는 어려운 것이 사실이다. 전문적인 시나리오 작가의 문제는 해방 후에도 문제가 되었으나 한국전쟁으로 인해 해결을 보지 못하다가 1950년대 후반 한국영화에 유두연劉斗演, 김지헌金志軒 같은 전문적인 시나리오 작가들이 등장함으로써 해결의 기미를 보이기 시작하였다.

## 3.2. 할리우드영화 공백기의 대체재

1930년대 식민지 조선에서 프랑스영화가 어떤 위상을 가지고 있었는가를 확인하는 일은 쉽지 않다. 영화업계의 영업 실적 서류가 제대로 작성되지도 않았고 관계 당국에 의해 자료가 수합, 정리되지도 않았기 때문이다. 외국영화의 경우 특정 영화를 극장이 얼마에 배급받았는지, 그리고 며칠 동안 상영해 몇 명의 관객이 표를 샀고 얼마의 수입을 올렸는지 등등에 관해서는 알기 어렵다. 개봉관 관객의 입장자 수가 통계로 남아있는 것은 1960년대 이후의 일이고, 식민지시대의 경우 관계자가 흘리는 풍문이나 저널리즘 기사 내용을 통해 막연하고 부정확한 자료만 얻을 수 있을 뿐이다.

앞에서도 언급한 것처럼 프랑스영화는 할리우드영화처럼 극장들 사이에 쟁탈전을 벌여질 정도의 흥행성을 가지고 있지 않은 것은 분명하다. 지금 우리가 알고 있는 영화 쟁탈전은 대부분 할리우드영화를 대상으로 한 것이었다. 그렇기 때문에 배급 가격이나 극장 공급 가격은 상대적으로 저렴했을 것이다. 따라서 그에 맞게 흥행 예상치도 설정되었을 터이다. 즉 저렴한 가격에 공급되어 소수의 관객을 대상으로 상영이 이루어졌을 것이라는 점을 추측할 수 있다. 저널리즘에서 관객의 호응을 과장하는 경우가 있더라도 이는 홍보성 멘트에 지나지 않음은 충분히 에누리해서 이해할 수 있다. 그런데 이런 통념을 재고하게 하는 기사가 하나 있어서 주목할 만하다.

> 시내 약초극장에서 삼월의 히트 프로인 듀비비에 감독인 페페 르모코는 영화도 우수하엿거니와 흥행 성적도 훌륭하야 일주일간 일만 이천 원의 호성적을 내엿다 한다.[34]

위의 기사는 줄리앙 뒤비비에의 흥행작 「망향」에 관한 기사이다. 이 영화가 개봉된 시점은 1939년 3월로 중일전쟁으로 인해 외국영화에 대한 통제가 한층 더 강화된 시점이다. 약초영화극장은 1935년 일본인에 의해 순수 영화관으로 설립된 극장으로 명치좌와 함께 남촌 극장가의 대표적인 극장이었다. 1,172석의 객석을 구비한 대형극장으로 조선인이나 일본인이거나를 막론하고 젊은 지식층을 대상으로 한 극장이었다. 애초 도호 계통 개봉관으로 시작했으나, 조선 관객은 일본영화보다 이 극장에서 상영하던 외국영화에 더 큰 매력을 느끼고 있었다.

약초영화극장에서 「망향」이 상영된 1939년 일주일 동안 1만 2천 원의 입장 수입을 올렸다는 사실은 놀라운 것이다. 보통 하루 3회

---

34 『힛트된 望鄕 興行에 1만원』, 『朝鮮日報』, 1939.4.5.

상영을 전제로 하고 입장료를 평균 50전으로 계산했을 때 매회 매진에 가까운 흥행 성적을 보여준 것으로 판단할 수 있다. 물론 평일의 경우 주간보다 저녁에, 평일보다 일요일에 보다 많은 입장객이 들어왔을 것은 분명하다. 그렇게 본다면 주기적으로 영화관을 찾는 보통의 관객이라면 누구나 이 영화를 본 것으로 생각할 수도 있다. 이처럼 1930년대 후반 프랑스영화는 할리우드영화에 못지않은 관객 소구력을 형성하고 있다고 할 수 있다. 물론 이는 줄리앙 뒤비비에의 「망향」을 정점에 놓은 평가이긴 하나, 할리우드영화의 통제로 생긴 공백이 일정 부분 프랑스영화에의 소구로 이어질 수 있었던 것으로 보인다.

프랑스영화는 더 이상 특정한 고급 관객만을 위한 영화가 아니라 보통의 관객도 선입견 없이 관람할 수 있는 대중적인 영화로 자리 잡았다고 볼 수 있다. 이런 사실을 알 수 있는 또 하나의 기사가 있다. 『조선일보』 1939년 4월 28일자에는 '동서 명화 감상회'의 개최를 알리는 기사가 게재되었다.[35] 조선일보사 주최로 열린 이 감상회는 대회 개최의 목적이 명시되어 있지는 않다. 그 당시 개최된 영화 감상회는 대체로 조선영화와 외국영화 1편씩을 중심으로 단편영화를 삽입하여 프로그램을 짜곤 했는데, 여기에 등장하는 외국영화는 할리우드영화인 경우가 대부분이었다. 그런데 조선일보사 주최의 이 감상회에서는 특이하게도 「우리 동지」라는 줄리앙

---

35 「東西 名畵 鑑賞會. 市内府民館 大講堂에서. 上映 名畵 「우리 同志」 줄리앙 뒤비비에 監督, 「熱烈한 結婚 勝負」 新興 作品, 「兒童의 그라프」 朝日新聞社 製作. 主催 朝鮮日報社 事業部」, 『朝鮮日報』, 1939.4.28.

뒤비비에 영화가 상영되었던 바, 이는 프랑스영화의 식민지 조선 내에서의 당대 위상을 단적으로 보여주는 것이라고 하겠다.

# 4. 식민지 조선의 문인 관객과 프랑스영화

## 4.1. 근대예술의 중심지에 대한 동경

식민지 조선의 문인들에게 프랑스는 동경의 대상이었다. 근대 초기 이 땅의 문인들이 근대문학의 개념을 정립하는 데 있어서 시금석 역할을 했던 것은 프랑스 문학이었다. 1910년대 일본을 통해서 수입된 근대문학 개념을 토대로 형성된 한국근대문학은 주로 프랑스문학을 참조하였다. 특히 시 장르에서 두드러졌던 이런 경향은 프랑스의 상징주의 시와 시론을 수용하려는 시도로 구체화되었다. 샤를 보들레르Charles Baudelaire, 폴 베를렌Paul Verlaine으로 대표되는 상징주의 시는 전통적 시가 형식에 갇혀 있던 한국 시가가 정형화된 율격을 해체하고 개인의 내면을 자유롭게 펼쳐내는 데 큰 기여를 하였다. 물론 상징주의가 시 장르 중심의 논의였던 점을 고려하면 한국근대문학에 있어서 그 영향력이 제한적이었다고 볼 수도 있으나, 상징주의의 수용을 통해서 한국문학이 전근대적인 문학 의식과 기법으로부터 해방될 수 있었다는 점에서 결코 가볍게 볼 수는 없을 것이다. 1910년대에 수용된 상징주의는 일본어 중역을 통한 일부 작품의 제한적인 소개에 기반을 둔 것으로, 수용의 폭이

매우 제한적인 것이었으나 프랑스가 문화예술의 선구자라는 인상
만큼은 깊이 각인시킨 것은 사실이다.

한국근대문학 초창기의 상징주의 수용은 이후 시단을 중심으로
지속적으로 논의되는 양상을 보인다. 그러나 소설이나 희곡과 같
은 여타 장르의 수용은 상대적으로 제한적이었다. 문학 전반을 거
쳐 프랑스 문학의 수용이 본격화된 것은 1920년대 중반 해외문학
파의 등장과 더불어서이다. 일본을 중심으로 외국 대학에서 독문
학, 불문학, 노문학, 중문학 등 외국문학을 전공한 이들이 등장하면
서 비로소 본격적인 의미에서의 외국문학 수용이 이루어졌다. 이
들은 일본어 중역으로밖에 소개되지 못하던 외국문학 작품을 해독
할 수 있는 실력을 갖추고 있었고 그들의 취향에 맞는 작품들을 번
역 소개하기 시작했다. 그리고 해외 문학계의 동향 기사도 수시로
작성함으로써 외국문학에 대한 독자들의 관심을 제고하는 데 중요
한 역할을 하였다. 이들 중에 이헌구李軒求, 이원조李源朝 같은 불문학
전공자도 끼어 있었다.

해외문학파로 통칭되는 이들은 연극에도 대체로 관심을 가지고
있었는데 이들을 중심으로 극예술연구회가 결성되어 외국 극작품
의 번역 공연을 시도하였다. 이들 중 다수는 일간지 기자로 활동하
기도 했는데, 함대훈咸大勳, 서항석徐恒錫, 이헌구, 정래동丁來東 등이
대표적인 인물이다. 이를 배경으로 외국문학 소개를 지속적으로
시도하고 외국문학이나 극예술에 대한 대중적 관심을 환기하는 지
속적인 작업을 벌였다. 더 나아가 이들은 영화 관련 기사나 평론도
담당함으로써 일간지 연예면 구성에 핵심적인 역할을 하였다. 해

외문학파는 이처럼 문학, 연극, 영화 등 문화예술 전반에 걸친 해박한 식견을 바탕으로 왕성한 활동을 펼쳐나갔다. 특정한 한 영역에 국한되지 않은 이들의 전방위적인 관심과 활동은 문학이나 연극과 같은 오래된 장르와 영화와 같은 최신의 장르에 대한 대중의 관심이 융합될 수 있는 하나의 모델이 되었다. 이들은 평소에는 창작이나 평론을 하면서 때때로 연극 무대에 올라 연기를 하기도 했으며 영화 관련 일에 관여하기도 하였다.[36]

서항석이나 이헌구 등이 대표적인 인물로 거론될 수 있을 것이다. 서항석이 주로 연극과 영화에 걸쳐 있었다면 이보다 더 폭넓은 활동을 보여준 사람은 이헌구이다. 그는 문학, 연극, 영화 등 거의 모든 방면에 관여한 바 있다. 해외문학파 전반이 연극의 연장선상에서 영화에 관심을 가지고 있었는데 이헌구만큼 영화에 관심을 표명하고 탐구한 경우는 없을 것이다. 그는 1930년대 일간지 기자 활동을 하면서 프랑스 문학과 프랑스영화에 대한 수많은 글을 발표한 바 있다. 귀스타브 플로베르Gustave Flaubert나 에밀 졸라Émile Zola 류의 사실주의나 자연주의 소설가보다는 앙드레 지드Andre Gide와 같은 현대적인 소설가에 관한 글을 많이 발표하면서 문학에서의 지성을 강조하고 있다. 그가 말하는 지성이 카프KAPF 류의 사회주의 이념에 대한 비판으로서의 지성이라는 사실은 그가 사회주의 문학에 맞서 문학의 개인성, 내면성을 옹호하고 있음을 말해주는 것이다.

---

36  해외문학파의 활동 양상에 대한 서술은 이승희, 「극예술연구회의 성립 : 해외문학파의 욕망과 문화정치」, 『한국극예술연구』 25, 한국극예술학회, 2007.4, 26~35쪽 참고.

그림 8 비평가 이헌구

카프가 일제의 탄압으로 기능을 상실해감에 따라 사회주의 대 민족주의의 대결이라는 기존의 구도가 자연스럽게 해체되면서 문 단에는 '전형기'가 찾아오는데, 이런 상황에서 행동주의, 지성론, 모랄론 등 프랑스 문단의 새로운 모색은 필연적으로 식민지 조선 문단의 참조 대상으로 부상할 수밖에 없었다. 이런 사정으로 인해 1930년대 중반 이후 프랑스 문학에 대한 세간의 관심은 부상하게 된다. 이 과정에 이헌구, 이원조 등 프랑스 문학 전공 비평가 겸 기 자들의 역할은 증대되었다. 프랑스영화가 자국을 제외하고 유독 일본을 비롯한 식민지 조선에서 호평을 받을 수 있었던 데는 이러 한 사정이 깔려 있다.

## 4.2. 프랑스영화에 나타나는 지성과 '고민'

프랑스영화가 식민지 조선에서 어떤 반응을 가져왔는가를 파악하는 가장 쉬운 방법은 당대 저널리즘에 수록된 감상이나 비평을 확인하는 것이다. 그러나 프랑스영화에 관해서 작성된 글은 그렇게 많지 않다. 르네 클레르가 비평적으로나 흥행적으로 성공한 것으로 보이는 1930년대 초반에도 그의 영화에 대하여 비평을 시도한 흔적은 발견하기 어렵다. 개봉에 앞서서 감독과 줄거리에 대한 간략한 소개가 전부라고 할 수 있다. 그리고 1930년대 내내 흥행적으로 가장 왕성한 실력을 자랑했던 줄리앙 뒤비비에의 영화에 있어서도 사정은 마찬가지이다. 1930년대 후반의 대표작인 「무도회의 수첩」[37]과 「망향」에 관한 비평이 그나마 몇 편 있을 뿐이다. 이에 반해 자크 페데 영화의 경우 몇 편에 지나지 않는 작품이지만 여타 감독에 비해 비평적 주목을 끌고 있었다는 점은 매우 인상적이다.[38]

따라서 프랑스영화에 대한 반응이나 관객성spectatorship을 확인하는 데 있어서 영화 감상이나 비평의 활용이라는 통상의 조건은 상당히 미비한 셈이다. 따라서 영화 감상이나 비평은 다른 자료들과

---

37 「무도회의 수첩」은 1937년 베니스영화제에서 장 르느와르의 「위대한 환상」을 제치고 최우수외국영화상에 해당하는 무솔리니상을 수상하였다.(Yves Desrichard, *Julien Duvivier*, Paris; BiFi/Durante Editeur, 2001, p. 49.) 이 소식이 국내로 전해지면서 이 영화는 세간의 주목을 받았다.

38 1930년대 식민지 조선에서의 명성과는 달리 오늘날의 프랑스 영화사에서 자크 페데는 그다지 평가받는 감독은 아니다. 몇 권의 프랑스 영화사 관련 서적에서 그는 여타의 감독들에 비해 적은 분량을 할애 받고 있을 뿐이다. 르네 클레르는 1970년에 쓴 어느 글에서 자크 페데가 작품들의 가치에 비해 저평가되고 있음에 대해 아쉬움을 표한 바 있다. René Clair, *Cinéma d'hier, Cinéma d'aujourd'hui*, Paris: Gallimard, 1970, p. 210 참고.

함께 부수적으로만 활용할 수 있다. 앞에서 검토한 것처럼 특정한 수치, 특정한 관행 등이 그러한 자료라고 할 수 있다. 이와 더불어서 문인들이 관여한 설문 자료나 문학 작품도 유용한 자료 역할을 할 수 있다.

식민지 조선에서 프랑스영화를 남달리 애호한 관객 중에는 문인들이 적지 않았다. 근대 이후 예술의 본향처럼 생각해 온 프랑스에 대한 기본적인 친연성에 더불어 문학의 지위를 위협하는 대중적 오락으로서의 영화에 문학성, 예술성을 불어넣고 있는 프랑스영화의 특성 등이 이들의 관심을 자극한 것으로 볼 수 있다. 이들 문인은 기회가 생길 때마다 자신의 애호 영화 목록에 프랑스영화를 올리곤 했다. 『여성女性』, 『조광朝光』, 『삼천리三千里』 등 대중잡지들은 1930년대 후반 문인, 예술가들을 대상으로 영화 설문 조사를 실시하였다. 이 잡지들은 종종 인상 깊게 본 영화가 무엇인가를 묻는 설문을 실시했는데, 문인들의 애호 목록을 보면 대체로 할리우드영화보다 유럽영화 취향이 강하다는 사실을 확인할 수 있다. 대표적으로 『삼천리』 1938년 8월호의 설문에 답한 백철白鐵과 박태원朴泰遠의 경우를 살펴보도록 하자. 국산영화[39], 외국영화로 구분하여 실시한 설문에 대하여 외국영화 부문에 대해서 이 두 사람은 아래와 같이 답하고 있다.

㉠ 외국 영화로는 차풀링의 작품, 루네 크레엘의 작품, 듀비비에의 「홍발」 위리 폴스트의 「모리나가의 실종」, 루빗취의 작품 수 삼, 킹

39 여기서 말하는 국산영화는 조선영화와 일본영화를 합친 개념이다.

비더의 「맥추」, 페이데의 「미모사관」, 「여인도」, 스탄버그의 작품 수삼, 캐푸라의 「어느 밤에 이러난 일」. 전부가 제일류 작품은 아니나 인상에 남아 있다는 뜻으로 생각나는 것을 적었읍니다.

　　ⓛ 서양화에 대해서는 비교적 깊은 인상을 받은 작품이 많습니다. 기억나는 대로 적어보면 「여인도」, 「금남의 가」, 「가행복」, 「우리들의 동료」, 「목격자」 등 그밖에 상게上揭 작품과는 성질이 약간 달너집니다만은 「악성 베토벤」, 「렘브랜트」 등입니다. 그러나 여기서 나는 오직 「가행복」 하나만을 빼서 약간의 감상을 말할까 합니다. 그것은 무슨 「가행복」이 상게 작품 중 가장 우수한 것이라는 때문도 아니오, 또 한 큰 명작이라는 의미도 아닙니다만 근래의 불란서 영화와 같이 현대에 고민하는 지식인의 양심에 성실성을 가지려는 경향이 주라고 하면 이 작품은 확실히 그 경향을 대표한 작품의 하나이요 또 그만치 우리들의 가슴에 공명을 기대해도 좋은 작품이엇기 때문입니다.[40]

　ⓐ은 「천변풍경」, 「소설가 구보씨의 일일」의 작가 박태원의 답변이다. 그 내용으로 보건대 그의 영화 취향은 매우 다양해서 특정한 국적의 영화에 편중되어 있지 않다. 할리우드영화, 독일영화, 프랑스영화가 망라되어 있는데, 프랑스영화의 경우 특정 작품을 지목하지 않은 채 르네 클레르 영화를 꼽았고, 자크 페데 영화로는 「미모사관」, 「여인도」 두 작품, 줄리앙 뒤비비에 영화로는 「홍발」 한 편을 꼽고 있다. 박태원은 이미 「천변풍경」에서 카메라 아이camera

40 「文士가 말하는 名映畵」, 『三千里』, 1938.8.

eye 기법을 활용할 정도로 당대 문인들 중에는 가장 영화에 관심이 많은 편에 속했다. 그는 영화를 취미나 오락의 대상으로 남겨두지 않고 창작과 연관시키려고 노력했던 사람이다. 위의 설문에서 그가 전폭적으로 신뢰를 보낸 르네 클레르의 경우 그의 영화에서 아이디어를 얻어 박태원은 단편 「최후의 억만장자」를 창작하기도 하였다. 그가 따로 영화평을 쓴 적은 없으나 그가 본 영화는 작품 속에서 활용되기도 하였다.[41]

ⓛ은 문학평론가 백철의 설문 내용이다. 박태원과 겹치는 영화는 자크 페데의 「여인도」 한 편뿐이다. 특별히 선호하는 감독이 있는 것으로 보이지도 않는다. 이 설문 내용에서 중요한 것은 "근래의 불란서 영화와 같이 현대에 고민하는 지식인의 양심에 성실성을 가지려는 경향이 주"라는 언급이다. 그는 특히 「가행복」이라는 영화를 그런 경향의 대표작이라고 보고 있다. 그의 이와 같은 언급은 프랑스영화에 대한 언급에서 '지식인', '고민' 혹은 '지성'과 같은 범주 하에서 의미화가 시도되고 있다는 점이다. 「가행복」이 어떤 작품인지 알 수 없어서 분석은 불가능하지만, 여타 다른 작품들에 대해서도 이런 식의 범주화, 의미화가 시도되고 있다는 점은 특

---

41 「김강사와 T교수」의 유진오 역시 장편소설 『화상보』에서 「망향」을 언급하고 있다. 경아 때문에 고민하는 주인공 시영을 위로하기 위해 영옥이 「망향」을 구경하러 가자고 제안하는 장면이 바로 그것이다.
"그리자 문득 영옥에게는 벽에 붙은 페페 르 모코의 커다란 포스터가 눈에 띄엇다.
오 페페 르 모코. 참 오늘부터 그거 허는군 그래.
그 소리에 보순도 눈을 빛내고 벽을 치어다보며
이것도 또 듀비비에 작품이지? 오늘부터던가?
응. 듀비비엔 참 조치. 요전 무도회의 수첩두 봐. 지금부터 우리 그거나 가볼까."
「華想譜(47)」, 『東亞日報』, 1940.1.25.

징적이다. 그런데 우리의 통상적인 추측과는 달리 당대의 프랑스 영화들이 실제로 지식인 주인공을 내세우고 있는 경우는 그다지 많지 않다는 데 이런 범주화의 특이성이 있다. 잘 알려진 「망향」이 당대 어떻게 의미화되고 있는지를 박태원의 소설을 통해서 살펴보도록 하자.

현우는 「망향」처럼 그러케 심각한 충동을 받은 영화는 보지 못햇엇다. 야성적인 주인공 페페 르 모코가 마음에 들엇고 의리, 광기, 초조, 연애 모든 것이 솔직해서 조왓다. 더구나 페페가 카스바 밖에만 나오면 독안에 든 쥐로 될 것을 번연히 알으면서도 의리를 지키고 사랑을 찾어서 두 번이나 대담하게 나오는 장면은 소리를 치고 싶도록 감흥에 취햇엇다. 카스바의 생활에 실증을 느끼고 속박을 느낀 남저지 그 현실을 팍 차 버리고 나오는 페페의 정열과 대담성이 몹시 부러웟다. 그러케 못 나가는 자기의 연약하고 소극적인 것이 미워질수록 페페의 정열은 더욱 그리웟다.

(페페처럼 왜 담담하지 못하는가. 왜 그런 정열을 가지지 못하는가)[42]

위는 박태원의 작품 중 통속적 성격이 강한 「탐구의 일일」이라는 작품의 일부분이다. 교사인 주인공 현우는 사랑 때문에 고민하고 있다. 연애에 소극적인 성격에 괴로워하는 그는 「망향」을 보고 '심각한 충동'을 받았다고 고백하고 있다. 그는 영화 속의 주인공 페페 르 모코와 자신을 비교하고 있는데, 카스바라는 안전망을 버

---

42  朴泰遠, 「探求의 一日」, 『東亞日報』, 1940.4.20.

리고 체포의 위협을 무릅쓰면서까지 사랑을 희구하는 페페의 모습을 보면서 '소리를 치고 싶도록 감흥'에 취했다고 말하고 있다. 그는 페페의 '정열'과 '대담성'을 자신의 '연약하고 소극적인' 태도와 비교하고 있다. 박태원의 소설 속 주인공은 교사이므로 지식인이라고 할 수 있다. 그러나 그의 고민은 지식인과 연관되는 사회나 이념과 같은 거창한 것에 대한 것이 아니라 연애라는 사적인 것에 한정되어 있다. 그럼에도 불구하고 성격적인 한계 때문에 괴로움을 느끼는 데 그의 한계가 있다.

이로써 백철이 말한 프랑스영화와 연관된 고민의 정체는 어느 정도 밝혀진 것으로 보인다. 1930년대 후반 식민지 문인들이 주로 운위했던 자크 페데, 줄리앙 뒤비비에 영화 속의 지식인적 고민이나 양심은 돈이나 애정과 결부된 일상생활에서의 갈등을, 특히 그 중에서도 애정과 관련된 갈등인 경우가 많았다. 많은 문인들이 그토록 자크 페데의 「미모사관」을 운위했던 이유는 무엇일까. 이 영화는 여관이라는 폐쇄적인 공간을 주 배경으로 한 연극에 가까운 구조를 가지고 있다.[43] 한 여인의 양자를 상대로 한 치정을 다룬 이 영화는 당대의 한 익명의 비평가가 지적한 것처럼 "감상적 속계의 멜로드라마 세계"[44]에 지나지 않는다. 비상식적이고 통속적인 내용에도 불구하고 이 영화에서 그려지는 여주인공 루이즈 노블레 Louise Noblet[45]의 심리는 문학 작품이 추구하는 심리적 깊이를 확보하

---

43  Jean A. Gili, "Pension Mimosas, ou l'absence de hasard dans le jeu des passions", *1895 N°Hors~série Octobre 1998* : *Jacques Feyder*, (ed. by Jean A. Gili et Michel Marie), Grenoble : FCAFF, 2002, p. 165.
44  「페데 映畵의 性格 續」, 『東亞日報』, 1940.5.19.

고 있었다. 이것이야말로 1930년대 후반 식민지 조선의 지식인들
이 폐쇄된 내면세계와 그대로 조응하는 것이라고 할 수 있다.

이는 중일전쟁|1937 이후 행동적으로 또 사상적으로 운위의 폭이
좁아진 식민지 지식인들의 한계적 상황과도 무관하지 않을 것이
다. 「망향」이 그토록 선풍을 일으킬 수 있었던 것은 식민지적 질곡
으로 고통 받는 관객들에게 페페의 행위가 "자유와 해방에 대한 이
절절한 향수"[46]를 자극했기 때문이다.

이처럼 프랑스영화는 '지식인적 고민'이라는 외피를 두르고 있
지만 실제로는 할리우드영화와 소재 면에서는 크게 차이를 보이지
않는다. 다만 일상의 고독을 넘어 무정형의 이상 세계를 동경하는
인물들의 패배로 자주 귀결되는 "페시미즘"[47]은 프랑스영화의 한
특징이었다. 줄리앙 뒤비비에가 종종 그려낸 이런 인물들이 마르
셀 카르네 작품들이 대표하는 시적 리얼리즘의 표상인 것이다. 그
리고 어느 무명 필자가 페데 영화를 두고 한 말을 빌어 표현하자면,
프랑스영화는 "인간의 심리 중에 삼투하려는 노력의 표현", "범용

---

45  이 영화에서 주인공 루이즈 노블레를 연기한 배우 프랑수아즈 로제(Francoise
Rosay)는 자크 페데의 부인으로 「미모사관」 외에 「외인부대」, 「여인도」 등 자크
페데의 유성영화 대표작에서 주인공을 맡았다. 자크 페데 영화가 페미니즘적 경
향의 멜로드라마로서 성공하는 데 있어서 그녀는 핵심적인 역할을 한 것으로 평
가받는다. 빅톨 바쉬(Victor Bachy)는 여러 작품 중에서도 「미모사관」에서 그녀
의 재능이 가장 잘 발휘된 것으로 평가한 바 있다. Victor Bachy, *Jacques Feyder:
supplément à Avant-Scène du Cinéma, Louvain: Librairie universitaire*, 1966, p.
422.

46  李軒求, 「映畵의 佛蘭西的 性格」, 『人文評論』, 1939.11.

47  위의 글. 이헌구는 이 글에서 1차 세계대전 이후 프랑스문학의 특징을 페시미즘
으로 규정하고, 이런 특징이 줄리앙 뒤비비에로 대표되는 프랑스영화에도 드러
난다고 보고 있다.

한 인간을 가차假借하야 범용치 안흔 심리, 이상한 감정을 부용浮溶시키는 실험"[48]이라는 점에서 "속계의 멜로드라마 세계"[49]에서 한 치도 벗어나지 않는다. 그러나 이런 모습이야말로 1930년대 후반 식민지 조선 문인들의 내면과 맞닿아 있었다고 할 수 있을 것이다.

# 5. 결론

이 글은 1930년대 식민지 조선에서 프랑스영화가 어떻게 수용되었으며 어떻게 의미화되고 있는가를 추적하고 있다. 외국영화의 관객성에 대한 연구들이 최근 상당히 진전되고 있지만 대부분 할리우드영화를 대상으로 한 것이고, 독일영화를 대상으로 한 것이 부수적으로 존재할 뿐이다. 이에 반해 1930년대 외국영화 관람의 중요한 부분을 차지하고 있는 프랑스영화에 대한 연구 차원의 정리나 논의는 전무한 편이다. 이처럼 연구가 부진한 것은 연구 가치의 결핍보다는 논의의 기초 자료 확보의 어려움에서 기인한 것으로 보인다. 관련 영화의 경우 국내 시판된 것은 일부이고 대부분이 외국에서 시판되어 있고 영어자막조차 포함되지 않은 경우가 많다. 그러나 신문이나 잡지의 기사처럼 통상 이런 연구에 자주 활용되는 당대 문헌 자료 역시 할리우드영화에 비해 절대적으로 부족한 형편이다. 따라서 이와 같은 어려움을 극복하고 연구를 진척시

---

48 「페데 映畵의 性格 續」, 『東亞日報』, 1940.5.12.
49 「페데 映畵의 性格 續」, 『東亞日報』, 1940.5.19.

키기는 무척 어려워 보인다. 이 글에서는 연구 조건의 어려움보다는 연구 가치에 착목하여 다소 무리한 점이 없지 않으나 기초적인 정리 차원의 논의라도 시도하는 것이 필요하다는 판단에 따라 프랑스영화의 수용 양상을 기초적 차원에서 정리하는 작업을 시도하였다.

본론에서는 프랑스영화 수용의 역사적 조건, 배급 과정, 그리고 실제 상영작품의 면면들을 살폈다. 그리고 이런 논의를 바탕으로 이런 영화들이 당대 관객에게 어떻게 수용되었는가에 대한 논의를 시도하였다. 문헌 자료의 부족을 보완하기 위해서 수치, 관행, 설문, 문학 작품 등을 논의에 부분적으로 활용하였으며, 논의는 당대 주목 받은 몇몇 감독들의 일부 작품으로 한정하였다.

상영 목록은 여러 가지 이유로 앞으로 보완의 여지가 많이 있고 논의의 대상도 폭넓지 못하고 관점도 엉성한 면이 있다. 그러나 향후 이 방면의 논의의 초석을 놓는다는 차원에서 이 글은 그 나름의 의의를 찾을 수 있을 것이다.

한국 영화와
문학 속의
타자의 그림자

# 3장
# 최인규 아동영화와
# 외국영화의 관련성

## 1. 서론

　최인규崔寅奎. 1911~?의 공식 데뷔작은 「국경國境. 1939」이지만, 그가 주목을 받기 시작한 것은 「수업료授業料. 1940」, 「집 없는 천사」와 같은 작품들 덕분이다.[1] 이 작품들은 식민지 조선에서 화제가 되었을 뿐만 아니라 일본에 수출되기도 하였다. 이 두 작품이 적지 않은 호응을 얻을 수 있었던 데에는 매일신보사나 조선총독부 같은 공적 기관의 협력이 작용했다. 「수업료」의 시나리오는 야기 야스타로八木保太郞가 썼지만 이 시나리오의 원작이 되는 글은 소학교 학생이 쓴 수기였다. 이 글은 매일신보사 자매지의 현상 공모에

---

1　이 글에서 거론하는 영화는 가급적 개봉 당시의 제목을 활용하나, 부득이한 경우에는 필자의 번역에 따른 것도 있다는 점을 미리 밝혀둔다.

<sup>■</sup> 그림 1 영화감독 최인규

당선돼 조선총독상을 수상한 바 있다. 그리고 「집 없는 천사」는 조선총독부 촉탁 니시가메 모토사다西龜元貞가 시나리오를 쓴 것으로 그가 그 당시 영화 검열 기구에 근무한 것을 고려할 때 시나리오 작업이 단순히 개인적 차원에서 이루어진 것은 아니라고 할 수 있다.

　이처럼 최인규 초기 영화는 공적 기구와의 직간접적인 관계 속에서 제작되었고 이후 상영에 있어서도 이와 같은 관계는 일정 정도 유지되었다. 이런 사실들은 최인규 영화의 이데올로기적인 성격에 대한 평가에 있어서 객관적 근거로 제시되기도 했다. 그러나 이 영화들의 화제성이나 흥행성에 있어서 앞에서 설명한 조건들이 일정한 작용을 한 것이 사실이라 하더라도 이 영화들이 당대의 맥락에서 가진 의미나 의의를 충분히 설명할 수는 없을 듯하다. 왜냐하면 영화 제작이나 상영의 조건들과 더불어 영화의 제작이나 관람에 있어서 수행 주체들이 가진 동기나 맥락을 고려하지 않고서는 한 편의 영화가 가진 의미의 총체성을 온전히 포착할 수 없을 것이기 때문이다.

따라서 우리는 최인규나 고려영화협회가 「수업료」나 「집 없는 천사」와 같은 영화들을 제작하게 된 계기가 무엇이었는지, 그리고 당대 관객이 이들 영화를 수용하는 데 동원한 맥락이나 근거가 무엇이었는지를 이해할 필요가 있다. 이를 위해서 이들 영화가 제작되는 데 있어서 중요한 동기가 되었을 것으로 판단되는 일련의 외국영화들을 살펴볼 필요가 있다.

2에서는 최인규 아동영화의 첫 작품인 「수업료」를 이 작품과 수용적 맥락에서 관련을 가지고 있다고 판단되는 「설붕」, 「홍발」, 「구원의 모성」 등의 작품들과 가정 멜로드라마의 맥락에서 고찰하고자 한다. 그리고 3에서는 「수업료」의 성공으로 기획된 「집 없는 천사」를 「인생 안내」, 「집 없는 소년군」, 「철창 없는 뇌옥」, 「소년의 거리」 등의 작품들과 교화·계몽의 맥락에서 고찰하고자 한다. 이와 같은 검토를 통해서 식민지 조선에 서의 조선영화 제작이 외국영화의 수용이나 관람과 맺고 있었던 역동적 관계망의 일단을 파악할 수 있을 것이다.

* 그림 2 「수업료」의 한 장면

## 2. 「수업료」와 가정 멜로드라마의 계보학

「수업료」는 광주북정소학교 6학년생 우수영의 수기를 원작으로
한 영화이다. 이 영화는 주인공 소년이 수업료를 낼 수 없을 정도로
가난해서 고통을 겪다가 이 사실을 알게 된 담임교사와 급우들의
도움으로 다시 학교에 다닐 수 있게 된다는 내용이다. 주인공은 부
모가 돈벌이를 위해 집을 나간 상태에서 할머니와 생활하고 있는
데 그가 학비를 해결하기 위해 장성에 있는 고모 댁까지 도보로 여
행하는 과정이 이 영화의 중심이다. 이 작품은 선량한 아동이 겪는

경제적 고통이 주위의 관심과 사랑으로 해결된다는 비교적 단순한 내용의 영화이다. 그럼에도 불구하고 이 영화가 당대 사회에서 큰 주목을 받았던 데는 그 나름의 이유가 있다. 이 영화에서 우리가 놓치지 않아야 할 특이점은 이 영화가 기존 조선영화에서는 한 번도 진지하게 다뤄진 적이 없는 아동의 생활상을 제재로 하고 있다는 점이다.

1920년대 조선영화가 제작되기 시작한 이래 아동을 주인공으로 한 영화는커녕 아동이 배우로 등장한 경우도 거의 없었다. 영화적 연기가 가능한 아동 배우가 없었다는 사실을 논외로 한다 하더라도 아동이 사회적 주목의 대상이 되거나 영화적 소재가 될 수 있다는 생각조차 드물었기 때문이다. 아동이 사회적 주목의 대상이 된 것은 1920년대 방정환方定煥과 같은 아동운동가들의 노력 덕분이었을 뿐, 식민지 조선 사회가 아동의 생활환경이나 심리에 대한 과학적이고 현실적인 이해를 추구한 흔적들은 거의 보이지 않았다. 이와 더불어 소설, 연극, 영화와 같은 각종 재현물들도 아동에 대해서 무관심하기는 마찬가지였다. 특히 사회적 파급력이 큰 영화의 경우 최인규의 영화가 나오기까지 100여 편 이상이 제작된 가운데 아동을 주인공으로 한 영화는커녕 아동이 비중 있는 역할로 나오는 경우도 없었다는 사실은 조선영화계에서 아동영화의 필요성을 반증하는 것이라고 할 수 있다. 이런 필요성에 대한 자각을 이끌어낸 것은 바로 외국영화였다.

최인규의 아동영화가 등장하기까지 식민지 조선의 관객들은 아동이 주인공이나 비중 있는 역으로 등장한 영화를 지속적으로 접해왔다. 비교적 오래된 영화로 꼽을 수 있는 것이 찰리 채플린 영화 「키드The Kid, 1921」이다. 어머니로부터 유기 당한 고아 재키 쿠건Jackie Coogan과 떠돌이 채플린이 맺는 관계는 관객의 눈물샘을 자극하기에 충분했다. 이 영화는 경제적 궁핍으로 인해 아이를 유기한 후 자살을 시도한 어머니가 사회적으로 성공하면서 아이를 다시 찾지만 이미 서로가 뗄 수 없는 관계가 된 채플린과 쿠건이 결합하면서 결말을 맞는다. 이 영화로 인해 쿠건은 한동안 대표적인 아동 배우로 주목받았다.

채플린의 영화와 비슷한 시기에 프랑스영화에서는 재키 쿠건과 맞먹는 비중을 띤 연기파 아동 배우 장 포레스트Jean Forest가 활약하고 있었다. 장 포레스트는 자크 페데 감독에 의해서 길거리에서 캐스팅되어, 「크랭크빌Crainquebille, 1922」, 「설붕」, 「그리비시Gribiche, 1926」 등 페데의 초기 아동영화에서 주연으로 활약하였다.[2] 식민지 조선에서도 그의 영화가 소개되었는데, 특히 「설붕」은 인상적인 영화였던 것으로 보인다.

이 영화의 주인공 소년 장Jean은 어머니가 돌아가시고 아버지가 재혼해서 새 생활을 하게 된다. 그러나 돌아가신 어머니에 대한 강한 애정 때문에 새어머니를 받아들이지 못한 채 갈등을 겪는다. 이 영화에서 새어머니는 익히 상상하는 악인이 아니라 오히려 친자식 이상으로 장을 아끼는 선량한 인물이다. 이 영화에서 갈등의 근원

2  Lenny Borger, "Notes sur Visages d'enfants", Jean A. Gili et Michel Marie ed., *1895 N° Hors~série Octobre 1998 : Jacques Feyder*, Grenoble : FCAFF, 2002, p.68.

* 그림 3 대표적인 프랑스 아역 배우 장 포레스트

은 죽은 어머니에 대한 거리두기가 충분하지 못한 장의 마음일 뿐이다. 결국 장은 새어머니가 데려온 여동생을 괴롭히는 과정에서 뜻하지 않은 사고를 일으키게 된다. 눈사태로 교회에 갇히게 된 여동생이 죽게 되었다는 죄책감으로 장은 자살을 시도하기에 이르는데, 새어머니의 목숨을 아끼지 않은 구조로 그가 살아나면서 기본적인 갈등은 해소된다.

이 영화가 보여주는 갈등은 식민지 조선의 서사 전통에서는 쉽게 포착하기 힘든 성격의 것이라고 할 수 있다. 전통적인 서사물에서 갈등은 선악 간에 빚어지는 것이기 때문이다. 그런데 장의 이야기에는 악인은 등장하지 않는다. 이 이야기의 동력은 장의 내면적 갈등에서 나오기 때문이다. 따라서 영화도 주로 장의 내면적 갈등을 부각시키는 데 주력하는 양상을 보인다. 이 영화를 본 주영섭朱

**103**

永涉은 주인공 장이 어머니의 장례식에 참석하기 위해 걸어가면서 비춰지는 장면과 이 영화의 로케이션 장소인 스위스 지방의 풍경에 대해서 인상 깊은 술회를 남긴 바 있다.[3]

1920년대는 재키 쿠건이나 장 포레스트 같은 연기력이 출중한 아동 배우가 등장하긴 했으나 이는 어디까지나 외국영화계의 현상일 뿐이었다. 식민지 조선에서 아동은 이제 막 탄생한 새로운 개념에 지나지 않았다. 특히 영화계에서 아동은 관객층의 일부분이거나 영화를 따라 모방 범죄를 일으키는 말썽꾼이거나 했다.

1930년대에는 아동영화의 범주에 들어갈 수 있는 다양한 영화들이 소개되었다. 우선 1920년대에 등장한 가정 멜로드라마 형식 아동영화의 대표작은 줄리앙 뒤비비에 감독의 「홍발Poil de carotte, 1932」이었다. 이 영화는 당대에 '닌징にんじん'이라는 별칭으로도 통용되었다. 이 영화의 원작은 줄 르나르의 「홍당무Poil de carotte, 1894」인데, 동명 소설을 영화화한 것이다. 제목을 직역하자면 '빨강 머리' 정도로 이는 주인공 소년 프랑수와François Lepic의 머리카락을 비유적으로 표현한 것이다. 이 영화는 『키네마순보』 1934년 외국영화 부문 3위에 선정될 정도로 일본에서 호평을 받았다.[4] 당대 일본의 대표적인 영화평론가 중 한 사람인 이이지마 타다시飯島正는 이 작품이 '가족생활의 중압에 눌린 분위기'를 잘 묘사했다는 점에서 줄 르나르의 원작보다 나은 작품으로 평가하기도 했다.[5]

---

3  주영섭,「映畵藝術論」,『東亞日報』, 1938.9.8.
4  Hubert Niogret, *Julien Duvivier, 50 ans de cinéma*, Bazaar&Co, 2010, p.151;『キネマ旬報ベスト・テン80回全史―1924~2006』, キネマ旬報社, 2007, 22쪽.
5  飯島正,『映畵の本質』, 東京 : 第一書房, 1936, 214쪽.

이 영화의 주인공 프랑수와는 심성은 착하나 못생겼다는 이유로 어머니로부터 구박을 받으면 살고 있다. 그러나 아버지는 주인공에게 전혀 관심이 없이 자기 할 일만 하며 살아간다. 이런 프랑수와를 동정하는 것은 하녀 아네트Annette, 옆 집 꼬마 마틸드La petite Mathilde, 그리고 그가 기르는 개 정도뿐이다. 이런 상황에서도 프랑수와는 선한 심성을 잃지 않고 명랑하게 살아가는데 어머니의 구박이 지속되자 견디지 못하고 자살을 시도하게 된다. 다행히 그 순간 개심하게 된 아버지의 도움으로 자살을 면하고 아버지와의 새로운 관계를 암시하면서 영화는 끝이 난다.

이 영화가 제작되기 전 이미 동일 감독에 의해 무성영화로 제작된 적이 있는데, 그때도 화제가 되었다. 이 영화는 이미 줄 르나르의 원작 자체가 유명한 탓도 있지만 무성영화 버전 자체도 호평을 받은 바 있다. 그러나 1932년에 발표된 유성영화 버전은 무성영화 버전에 비해 비평적으로나 상업적으로 훨씬 더 큰 성공을 거두었다. 무성영화 버전이 줄 르나르의 원작에서 벗어난 창의적인 면이 있었던 데 반해 유성영화 버전은 원작에 좀 더 충실한 것으로 평가되고 있다.[6] 이와 같은 상황에서 유성영화 버전으로 제작된 이 영화는 식민지 조선에서도 호평을 받았다. 1934년 9월27일 조선극장에서 개봉된 이 영화는 이 영화가 개봉되기 전 극예술연구회에 의해 무대에도 오른 바 있어서 식자층 관객의 기대는 한층 달궈진 상태였다. 그 당시 영화 소개란에 실린 기사 일부를 소개하면 아래와 같다.

루나르의 작품 紅髮日譯名 にんじん이 지난 번에 극예술연구회의 손에 연극으로 상연된 지 얼마 되지 아니 하야 이번에 듀비비에의 감독으로 된 영화가 나왔다. 이것을 처음 보는 사람은 누구나 그 테마가 인간 심리의 미묘한 갈등을 취급하엿음에 감탄할 것이지마는 이것은 원작의 것이오 영화의 것은 아니다. 특히 영화에서 얻어 본 것은 불란서 전원의 정취가 풍부하게 나타난 점이오 배역이 각각 적당한 인물을 얻어 빛나는 연기를 보여주엇음이다. 전체로 보아서 감독술 또는 편집의 산만한 점이 없는 배 아니지마는 근래에 보기 드믄 조흔 영화요 더구나 그 심각한 심리 갈등의 묘사가 우리의 관중을 만히 울리고야 말 것임에 틀림없다.[7]

6  Yves Desrichard, *Julien Duvivier,* Paris; BiFi/Durante Editeur, 2001, pp.32~33.
7  「루나르 原作 紅髮 듀비비에 監督」, 『東亞日報』, 1934.9.28.

이 글의 앞부분에서는 이 이야기가 이미 소설과 연극으로 제작된 것이라는 사실을 전제하고 있다. 그리고 이 영화를 통해서 이야기를 처음 접한 관객은 이 이야기 속의 갈등 양상의 심도에 감탄할 것이라고 말하면서 이 영화의 가치를 부정하는 듯한 인상을 준다. 그러나 이런 언급은 영화의 가치를 부정하려는 것이라기보다는 원작 소설이나 연극의 가치를 존중하려는 것으로 보는 것이 좋을 듯하다. 그리고 이 글의 필자는 영화에서 프랑스 전원의 정취가 많이 드러나고 배우들이 호연을 보여준 점을 평가하고 있다. 이 영화는 프랑스 중남부에 위치한 코레즈Corrèze에서 촬영되었는데, 프랑스 산간 마을의 특색이 잘 살아나고 있다. 그리고 이 영화의 배우로는 1930년대 프랑스를 대표하는 대표적인 지성파 연기자 아리 보르Harry Baur가 아버지 역으로, 그 당시 촉망 받는 아동 배우였던 로베르 리넹Robert Lynen이 프랑수와 역으로 출연했다.

위 글의 필자는 이 영화의 감독이나 편집이 산만하다는 점을 약점으로 꼽고 있는데 검열로 인한 이야기 구성의 공백 때문에 편집이 유기적이어 보이지 않았을 수도 있겠다. 그러나 이 글의 필자는 이 영화를 전반적으로 호평을 하면서 관객의 누선을 자극할 것임을 확신하고 있다. 이는 아마도 헛간에서의 자살 시도로 최고조에 이르는 프랑수와의 심리 갈등을 염두에 둔 것으로 보인다. 아동의 자살이라는 것을 상상도 할 수 없었던 당대에 프랑수와의 자살 시도 장면은 식민지 관객에게 충격적이었을 것이다.

「홍발」은 식민지 사회에 아동에 대한 사회적 관심을 촉발시키는 한 계기가 되었을 것으로 추측된다. 이후 영화계에는 아동에 대한

관심을 호소하는 영화들이 늘어나기 시작했다. 그 대표적인 사례
가 「구원의 모성」 상영회라고 할 수 있다. 동아일보사에서는 기사
를 통해서 이례적으로 이 영화를 추천하고 나섰다.[8] 같은 날 게재
된 다른 기사에는 동아일보사가 이 영화를 우수영화로 추천하는
이유를 알 수 있다. 동아일보사는 이 영화가 모성의 헌신적인 모습
과 사랑을 갈구하는 아동의 모습을 잘 표현하고 있다고 판단하고
있다. 그래서 많은 사람들이 이 영화를 관람하고 아동을 대우하는
방법을 잘 이해할 수 있기를 기대하고 있다.[9]

이 영화는 프랑스 소설가 레옹 프라피에Léon Frapié의 동명 작품을
원작으로 하고 있는데, 이 작품은 1904년 공쿠르상 수상작이기도
하다. 프라피에의 소설은 장 브노와 레비Jean Benoît-Lévy와 마리 엡스
텡Marie Epstein의 공동 감독으로 1933년 영화화되었다. 이들 감독은
이 작품 전에도 「아이들의 마음Âmes d'enfants, 1929」 같은 아동영화를
이미 감독한 경험이 있다.

이 영화는 주인공 로제Rose가 하녀로 일하면서 가난한 아동을 헌
신적으로 길러내는 과정을 그려내고 있다. 로제는 아버지가 파산
하여 자살하고 약혼자도 그녀를 외면하게 되자 몽마르트의 한 유
치원에 하녀로 일을 한다. 그녀는 대학 졸업자이면서도 일자리를
얻기 위해 신분을 속인 것이다. 몽마르트 유치원은 150명의 가난한

---

8 "우리는 불란서 포소놀 회사의 특작영화인 久遠의 母性(一名 어머니의 손)을 취
  천하야 우리의 문예 애호자와 교육가는 물론이오 일반 가정과 사회 각 방면의
  인사에게 다 한번은 꼭 보아두기를 권합니다. 때마침 보육문제가 자못 진지하게
  논의되는 이때이니만치 우리의 취천은 그 시기를 얻은가 합니다." 「누구에게나
  감격의 영화일 久遠의 母性을 취천함」, 『東亞日報』, 1934.12.28.
9 「사랑이 없이는 하로도 살 수 없다」, 『東亞日報』, 1934.12.28.

아이들을 수용하고 있는데, 그 중에서도 로제는 매춘부의 딸 마리
Marie Coeuret에게 특별한 애정을 기울인다. 로제와 마리의 유대가 깊
어질수록 마리는 로제에게 관심을 쏟는 타인들을 질투하게 된다.
특히 학교 의사 리보아 박사Dr. Libois에 대한 질투가 깊다. 그런데 방
문 학자들의 교육 실험에 아이들을 인도하던 중 로제의 신분이 탄
로 나자 유치원 교장은 그녀를 해고하게 된다. 해고로 인해서 아이
들과 헤어지게 된 로제의 심적 고통은 이 영화의 절정에 해당한다.
이 영화는 이런 줄거리를 바탕으로 아이들의 천진한 모습과 헌신
적인 로제의 모습을 묘사한다. 특히 친어머니와 친딸 그 이상의 관
계를 형성하게 되는 로제와 마리의 모습은 관객의 누선을 자극하
는 부분이다.

이 영화는 비전문 배우들을 출연시키고 물질적 환경이나 슬럼
아동의 행동이나 외양에 대한 자연주의적 관찰을 강조함으로써 프
랑스 시적 리얼리즘이나 이탈리아 네오리얼리즘을 예견하는 영화
라는 평가도 있다.[10] 이 영화는 비록 마리가 아니라 로제가 주인공
으로 설정되어 있지만 로제가 궁극적으로 마리를 비롯한 비참한
아동의 실상을 조명하기 위한 매개체라는 점에서 이 영화 역시 아
동영화의 계보에 놓일 수 있을 것이다.

지금까지 살펴본 것처럼 최인규의 「수업료」가 탄생하는 배경에
는 아동이 성장 과정에서 겪게 되는 다양한 고통의 기원을 추적하
는 일련의 외국영화들이 밑그림으로 깔려 있다. 이들 영화는 식민

---

10  Alan Larson Williams, *Republic of Images : A History of French Filmmaking,*
Harvard Univ Pr, 1992, p.196.

지 조선영화계의 밑그림일 뿐만 아니라 일본영화계의 밑그림이기도 했다. 「수업료」의 시나리오를 일본 시나리오 작가 야기 야스타로가 썼다는 사실은 이런 측면에서 고려해 볼 요소이다. 야기 야스타로는 우리가 앞에서 살펴본 영화들의 계보학을 이미 이해하고 있었을 것이다. 그리고 그는 「수업료」 이전에 이미 일본 아동영화의 대표작으로 평가받는 야마모토 카지로山本嘉次郎 감독의 「철방교실綴方教室, 1938」의 시나리오를 쓴 바 있다.[11] 이 영화의 원작이 도요타 마사코豊田正子의 수기라는 점을 고려하면 야기 야스타로의 「수업료」 시나리오 작업은 「철방교실」 시나리오 작업의 연장선상의 것이라는 점을 알 수 있다.

그 당시 일본영화계에서도 일련의 아동영화들이 발표되어 주목받고 있었다. 쇼치쿠의 대표적인 흥행 감독이었던 시미즈 히로시清水宏는 아동영화 감독으로도 유명했는데 「바람 속의 아이들風の中の子供, 1937」과 「아이들의 사계子供の四季, 1939」가 대표적이다.[12] 그리고 야마모토 카지로 감독의 「철방교실」 역시 이 계통의 또 다른 대표적 예라고 할 수 있다. 이들 영화는 스토리나 분위기가 외국의 아동영화에 비해서 심각미가 덜한 편이다. 이들 영화에서 문제의 근원은 모호하게 처리되고 갈등의 원인은 가정 내로 한정된다. 이를 통해서 극적 갈등이 사회 문제로 비약하는 것을 경계하는 듯한 양상을 보인다. 이는 이들 영화가 사회적 문제를 진지하게 그려내기에

---

11  김승구, 「아동 작문의 영화화와 한·일 문화 교섭」, 『한국학연구』 41집, 고려대학교 한국학연구소, 2012.6, 142쪽.
12  이효인, 「「집 없는 천사」와 「미가헤리의 탑(みかへりの塔)」의 비교 연구」, 『영화연구』 44호, 한국영화학회, 2010, 259쪽.

그림 5 「철방교실」 포스터

는 중일전쟁으로 인해 사회 전반적으로 긴장된 국면이 형성되어 있었기 때문이라고 할 수 있다.

신진 시나리오 작가로 두각을 나타내고 있던 야기 야스타로가 조선영화계와 어떻게 접촉하게 됐는지는 잘 알려져 있지 않다. 다만 「수업료」의 시나리오 작업이 이루어졌을 1939년 경 아베 유타카阿部豊 감독의 선전영화 「불타는 하늘燃ゆる大空, 1939」에 시나리오 작가로 참여한 점을 고려하면, 단지 고려영화협회 차원의 교섭으로 시나리오 작업이 성사되었을 것 같지는 않고 모종의 관제적 개입이 작용했을 것으로 보인다. 여하튼 야기 야스타로와 같은 촉망받는 시나리오 작가의 손길이 닿은 영화 「수업료」는 식민지 조선에서뿐만 아니라 일본에서도 개봉되어 호평을 받았다.

「수업료」가 포착한 아동의 현실은 무엇인가. 이 물음은 우리가 앞에서 살펴본 외국영화의 연장선상에서 다뤄져야 할 것이다. 이 영화는 수업료를 낼 수 없을 정도로 가난한 아동의 비참함을 이야기하고 있다. 표면적으로 볼 때 이 영화는 일본의 식민지 지배가 빚어낸 모순을 폭로하는 듯 보인다. 그래서 우수영 소년의 이 이야기에 총독상이 내려졌다는 사실은 일견 모순적으로 보인다. 그러나 이 영화에서 주로 다루고 있는 것은 그런 모순에 대한 신랄한 비판은 아니다. 주인공이 겪는 고통은 특별한 정치적 맥락을 갖지 않고 자연적인 조건처럼 설정된다. 영화는 그런 자연적인 조건 속에서 생활해가는 아동의 어려움을 그려낸다. 주인공은 이런 현실에 대해 전혀 불만을 가지지 않으며 최대한 현실을 감당하려고 노력한다. 그래서 그는 수업료를 얻기 위해 먼 길을 떠났던 것이다. 만약

* 그림 6 야기 야스타로

이 영화가 이 과정만을 그 어떤 반전 없이 그려내려고 했다면 이 영화는 애초에 존재할 수 없었을 것이다. 총독부 검열에서 우수영의 이야기가 인정될 수 있었던 것은 이런 아동의 고통에 대해서 이 영화가 식민지적인 해답을 내놓았기 때문이다.

주인공의 어려운 사정을 알게 된 담임교사와 급우들의 전폭적인 애정 속에서 주인공을 도울 우정함이 설치되면서 영화는 끝을 맺는다. 이 우정함이라는 집단주의적 해답은 일제강점 말기 군국주의 사회가 제시할 수 있는 가장 흔한 해결책이었다.

## 3. 「집 없는 천사」와 교화계몽의 계보학

'쏘베트 최초음화最初音畵'라는 수식어를 달고 소개된 니콜라이 에크Nikolai Ekk 감독의 「인생 안내Putyovka v zhizn, 1931」는 1930년대 아동영화의 시작을 알리는 작품이라고 할 수 있다. 이 영화는 소련에서 제작된 최초의 유성영화로도 유명하다. 이 영화에 대해서 이이지마 타다시는 "예술적으로 우수한 시적 표현을 가지고 있다는 점에 주목할 필요가 있"[13]고 말한 바 있다. 그리고 이 영화는 『키네마순보』1932년 외국영화 부문 2위에 선정되기도 했다.[14]

소매치기 등으로 생활해 나가는 거리의 부랑 청소년들이 소비에트 정부에 의해 캠프에 수용된다. 이 캠프는 감시 없이 자율적으로 운영되는데 청소년들이 잘 생활해 나간다. 그들은 철로 건설 사업에 매진하여 철로가 건설되지만 주인공 격인 무스타파Mustapha가 철로 건설 사업을 방해하는 이들에 의해 죽게 된다. 결말부는 새로 건설될 철로 위를 달리는 기차가 주인공의 시체를 싣고 역에 도착하는 장면이다. 다소 비극적으로 느껴지는 부분이지만 영화 전체적으로 볼 때 이 부분은 소비에트 사회 건설에 있어서 희생의 숭고함을 강조하는 방식으로 처리된 인상이 짙다.

「인생 안내」는 청소년들이 부랑아들이 된 원인에 대해서는 관심이 없다. 영화 도입부는 그들의 범행 장면을 묘사하고 있고 이후 러닝타임의 대부분은 캠프 내에서의 활동 특히 철로 건설 과정에 할

13  飯島正, 앞의 책, 182쪽.
14  『キネマ旬報ベスト・テン80回全史―1924~2006』, キネマ旬報社, 2007, 20쪽.

■ 그림 8 「인생 안내」 포스터

애되어 있다. 그리고 이 과정은 경쾌한 템포의 편집과 배우들의 코 믹한 표정 연기로 표현되어 있다. 이 영화의 궁극적인 목적은 사회 주의 건설 초기에 있어서 소비에트 사회의 역동성을 드러내는 데 있고 이 과정에서 기존 사회에서 버림받은 부랑 청소년들이 건실 한 사회주의 역군으로 거듭남으로써 새 삶을 얻게 되는 긍정적인 측면을 강조하는 데 있다.

「인생 안내」는 1932년 9월 2일부터 조선극장에서 상영된다는 기 사가 게재되었지만 1932년 9월 3일자 기사에 의하면 모종의 이유 로 상영이 중지된 것으로 보인다. 이 영화는 일본 내에서는 별다른 문제없이 상영이 끝나고 식민지 조선에서도 개봉이 된 것이다. 총 독부 검열까지 마친 영화이지만 상영이 되자마자 중지가 되었던 데는 아마도 정치적인 고려가 있었던 것으로 보인다. 주로 중류 계 급 이상의 지식층 관객이 관심을 가졌을 이 영화는 가정이나 학교 의 보호를 벗어나 있는 청소년 문제를 고민하게 만드는 계기가 되 었다.

「인생 안내」가 부랑 청소년의 생태로 카메라를 돌리고는 있지만 그 기원이나 배경에는 시선을 주지 않는다는 점은 이 영화의 약점 이라고 할 수 있다. 그 기원의 문제점이 은폐되어 청소년들의 고통 이 구체제의 모순으로 돌려짐으로 해서 청소년들의 새 출발이 큰 설득력을 얻지 못하기 때문이다. 이런 측면에서 보면 1920년대 후 반 「날개Wings, 1927」로 자신의 성가를 각인시킨 윌리엄 웰먼William Wellman 감독의 「집 없는 소년군Wild Boys of the Road, 1933」은 청소년들 이 가정이나 학교를 떠나 거리에서 부랑하게 되는 기원에서 이야

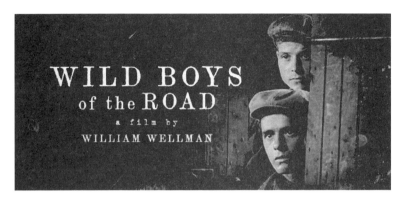

■ 그림 7 「집 없는 소년군」 인트로

기를 시작한다는 측면에서 한층 설득력을 가지고 있다.

　이 영화는 1930년대 미국 경제가 공황기에 접어든 때를 배경으로 일군의 부랑 청소년들의 고난을 냉엄하고 비타협적으로 묘사하고 있다.[15] 주인공 톰Tom과 에디Eddie는 평범한 고등학생들이었으나, 부모의 실직으로 인해서 가정과 학교를 떠나서 일을 찾아 떠나게 된다. 이것이 주인공 청소년들이 거리로 나서게 된 배경이다. 영화는 초반부 주인공이 가출하기까지의 과정을 비교적 비중 있게 묘사한다. 이들은 화물차에 무임승차하게 되는데, 이 과정에서 그들과 비슷한 청소년들이 많다는 사실을 알게 된다. 이들은 남장을 한 샐리Sally와 한 패가 되어서 화물기차 유랑을 계속한다. 이들 청소년은 철로 연변에 자신들만의 캠프를 차려놓지만 철거하려는 지역 당국과 마찰을 빚기도 한다. 이들은 드디어 뉴욕에 도착하게 되고

15　Martin Rubin, "Movies and the New Deal in Entertainment", Ina Rae Hark ed., *American Cinema of the 1930s*, Rutgers Univ Pr, 2007, p.94.

일자리을 얻을 꿈에 부푼다.

이 영화는 『키네마순보』1934년 외국영화 부문 6위를 차지한 영화[16]로 일본 개봉에서도 깊은 인상을 남긴 것으로 보인다. 이 영화는 미국 발 대공황의 여파 속에서 살아가고 있던 일본이나 식민지 조선에서도 결코 무시할 수 없는 이야기를 담고 있었던 것이다.

사회적 모순에 의해 길거리로 내몰리고 범죄자가 되어가는 아동이나 청소년의 문제는 1930년대 들어서 영화적 관심의 한 축을 형성하기 시작했다. 이들을 선도하기 위한 사회적 기관으로 소년 형무소인 소년원이나 감화원이 과연 얼마나 효과적인가 하는 문제가 식민지 조선 내에서도 담론화되기 시작하던 무렵[17] 주목할 만한 두 편의 영화가 개봉되었다. 노만 터로그Norman Taurog 감독의 미국영화 「소년의 거리Boys Town, 1938」와 레오니드 모기Leonide Moguy 감독의 프랑스영화 「철창 없는 뇌옥」은 이 문제를 정면으로 다룬 역작이다.[18]

「소년의 거리」는 1939년도 미국 아카데미 시상식에서 남우주연상과 원작상을 수상하고, 이외 작품상, 감독상, 각색상 후보에 오르

16  『キネマ旬報ベスト・テン80回全史─1924~2006』, キネマ旬報社, 2007, 22쪽.
17  1930년대 당시 부랑 청소년 관련 담론 양상에 대해서는 서동수, 「아동영화『집 없는 천사』와 형이상학적 신체의 기획」, 『동화와번역』18집, 건국대학교 동화와 번역연구소, 2009.12, 132~135쪽에서, 소년 범죄에 대한 교정 관련 담론에 대해서는 이행선, 이영미, 「일제말·해방기 우생학과 소년수(少年囚)를 통해 본 '착한/불량국가'」, 『국제어문학회 학술대회 자료집』, 국제어문학회, 2012.12, 63~71쪽에서 논의가 이루어지고 있다.
18  「집 없는 천사」가 이 두 편을 비롯한 일련의 '교화·계몽 영화들'이 형성해 놓은 흥행 트렌드와의 일정한 연관 속에서 탄생한 것이라는 점은 주창규, 「'이행적 친일영화'(1940~1943)로서 『집 없는 천사』의 이중 의식에 대한 연구 : 식민지 파시즘의 시각성과 균열을 중심으로」, 『영화연구』43호, 한국영화학회, 2010, 389쪽; 장우진, 「최인규 영화의 불균질성」, 『영화연구』44호, 한국영화학회, 2010, 293~294쪽에서 언급한 바 있다.

＊ 그림 9 「소년의 거리」의 한 장면

면서 화제의 작품이 되었다. 이 작품은 플래너건 신부Father Flanagan 가 부랑 청소년을 모아서 보이스 타운Boys Town이라는 자치공동체 를 건설하기까지의 과정에서 벌어지는 고뇌와 청소년들의 갈등을 묘사하고 있다. 플래너건 신부 역은 스펜서 트레이시Spencer Tracy가, 나중에 보이스 타운의 읍장이 되는 화이티 마시Whitey Marsh 역은 미 키 루니Mickey Rooney가 맡고 있다.

플래너건은 사형 집행을 기다리고 있는 죄수로부터 어릴 때 한 명의 친구만 있었어도 범죄자가 되지 않았을 것이라는 말을 듣고 무언가를 하기로 결심한다. 처음부터 나쁜 아이는 없다는 믿음에 서 그는 아동의 인권을 옹호하고 비행 청소년에 대한 심한 처벌을 반대한다. 월세 집에서 시작해서 결국 네브래스카주 오마하시에 상당한 부지를 가진 보이스 타운을 건설하게 된다. 플래너건 신부는 화이티 마시라는 소년을 감화시키기 위해 노력한다. 지금 바꾸지 않으면 나중에 깡패로 성장할 것이 분명해 보였기 때문이다. 보이스 타운에 적응하지 못해서 뛰쳐나간 화이티 마시가 은행 강도 사건에 연루되면서 평온한 보이스 타운이 위기에 빠진다. 그러나 플래네건 신부는 마시의 결백을 끝까지 믿고 비행 청소년에 대해 편견을 가진 사회와 싸워나간다.

이 영화는 실화를 바탕으로 제작된 것으로, 비행 청소년들의 교정을 위해 소년원을 유일한 해답으로 여기는 미국 사회에 대해서 신랄한 비판을 보여주고 있다. 플래너건 신부의 믿음처럼 처음부터 나쁜 아이는 없다는 것, 즉 그들을 신뢰함으로써 문제를 해결할 수 있다는 사실을 이 영화는 강조하고 있다. 영락없는 비행 청소년의 전형처럼 보이는 화이티 마시가 플래너건 신부와의 관계, 그리고 보이스 타운 생활을 통해서 조금씩 변화를 보이는 모습이 이를 자연스럽게 증명하고 있다. 영화의 결말부에서 화이티 마시가 눈물로 자신의 결백을 호소하고 자신으로 인해 교통사고를 당하게 된 피 위Pee Wee를 위해 마음 아파할 때 마시의 긍정적 변화는 확연해진다. 결국 그가 보이스 타운 전체를 이끄는 읍장에 당선되면서 영화는 끝이 난다.

이 영화는 1939년 10월 21일 일본 개봉을 거쳐 순차적으로 식민지 조선에서도 소개되었다. 이미 아카데미 수상작이라는 꼬리표를 달고 개봉된 이 영화와 비슷한 시점에 레오니드 모기 감독의 「철창 없는 뇌옥」이 소개되었다.[19] 러시아 출신으로 프랑스로 망명한 레오니드 모기 감독의 이 작품은 위에서 살펴본 보이스 타운과 같은 개방된 공동체가 아니라 공적 기구로서 자리한 감화원의 문제를 다루고 있다는 점에 그 차이가 있다. 이 영화는 프랑스에서 국가 기관의 문제점을 비판적으로 다루고 있다는 이유로 처음에 상영 금지되었다가 외국에서 호평을 받자 상영이 이루어졌다.[20] 당대 일본에서는 영화평론가 오카다 신키치岡田眞吉가 내용상으로는 이 영화에 그다지 독창적인 부분이 없지만 기술적으로 우수한 점을 높게 평가한 바 있다.[21]

이 작품은 넬리Nelly라는 반항기 가득한 어린 여죄수와 감화원에 새로 부임한 이본느Yvonne라는 교도 선생의 이야기를 다루고 있다. 영화 초반부에 이본느는 니스 근교에 위치한 감화원에 부임하여 새로운 방법을 시도한다. 이전 교도 선생들에 의해 수감자들에게 가해진 가혹 행위가 수감자들의 상황을 악화시킨다고 생각한 것이다. 석탄 트럭 하역 작업 과정에서 주먹다짐을 한 넬리에게 가해진 처분에 수긍하지 않으면서, 이본느는 새로운 교육 방법을 적용하기로 한다. 이본느의 지지로 넬리는 차츰 차분하고 세련되어져 간다. 그녀는 감독 내 양호실의 간호조무사로 일하게 되고, 그 과정에서 이본느의 약혼자인 담당 의사 마레샬Marechal의 매력에 빠져 든다. 넬리는 이 사실을 알고 질투심에서 르네Renee가 양호실에서 알

---

19 「明治座 十七日부터 二週間 佛 아놀드 作品 鐵窓 없는 牢獄」, 『東亞日報』, 1940.3.19.
20 Colin G. Crisp, Op.Cit., p.252.
21 岡田眞吉, 앞의 책, 210쪽.

코올을 훔쳤다는 사실을 알리지 않기 위해 르네가 알코올 절도에 사용한 모자를 가져가기로 한다. 르네가 모든 사실을 이본느에게 알리지만 이본느는 넬리를 용서하기로 하고 마레샬은 혼자 인도로 떠나게 한다. 모든 것이 넬리의 해방으로 끝나고 이본느는 죄수 교정에 있어서 인도주의적인 방법의 효과를 더욱 확신하게 된다. 반항기 가득한 비행 청소년 넬리가 결말부에서는 조신한 처녀로 탈바꿈한 모습은 이본느의 교정 방침이 효과를 거두었음을 알려주는 상징이다.

「철창 없는 뇌옥」 역시 「소년의 거리」와 마찬가지로 비행 청소년의 선도에 있어서 무엇보다 중요한 것은 이들을 대하는 사람들의 무한한 신뢰와 사랑이라는 사실을 다시금 일깨운다. 이들 영화는 비슷한 시기에 개봉되어 관객의 주목을 받았다. 이들 영화가 『키네마순보』 1939년 외국영화 부문 2위를 차지했다는 사실[22]은 이들 작품에 대한 당대 관객의 반응을 단적으로 설명하는 것이다.

최인규의 「집 없는 천사」가 기획된 것은 이들 영화의 개봉과 비슷한 시점으로 추측된다. 이 작품의 시나리오는 총독부 검열계 촉탁 니시가메 모토사다에 의해 씌어진 것으로 알려져 있다. 그는 공무원이기 전에 영화에 관심이 많은 시나리오 지망생이었기 때문에 그가 시나리오를 썼다는 사실이 그렇게 특이한 점은 아니다. 다만 시나리오가 감독인 최인규나 고려영화협회 계통 인사가 아닌 외부 인사에 의해 씌어졌다는 점을 고려하면, 애초 이 영화의 기획은 총독부 계통에서 시작되었을 가능성이 높다. 청소년 교도 업무를 맡

---

22 『キネマ旬報ベスト・テン80回全史—1924~2006』, キネマ旬報社, 2007, 27쪽.

＊ 그림 10 「철창 없는 뇌옥」 포스터

123

고 있는 사회과 계통의 발의에 따라 그에게 시나리오 작성이 의뢰
되었거나 아니면 그가 자체적으로 시나리오를 작성하고 이것을 총
독부 내부에 회람하여 영화 제작을 타진한 것일 수 있다. 그 내막을
알 수 있는 자료는 없지만 총독부 내에서 영화 제작의 건이 최초 발
의되었을 가능성이 높다고 할 수 있다.

그렇다면 니시가메 모토사다가 이런 시나리오를 작성한 이유는
무엇일까. 우선 고려해야 할 점은 그가 식민지 조선에서 상영되는
영화의 검열을 담당하고 있었으므로 당시 화제가 된 「소년의 거리」
나 「철창 없는 뇌옥」 같은 영화를 잘 알고 있었을 것이라는 점이다.
총독부 입장에서는 총독부의 정책 취지를 잘 대변하고 심미안도
어느 정도 갖춘 그가 이런 내용의 시나리오 작성에 적임자로 보였
을 것이기 때문이다.

한국영상자료원에서 2007년 「집 없는 천사」의 DVD와 더불어
이 영화의 시나리오를 발간한 적이 있다.[23] 영화와 대조해 보면 대
사 처리, 인물 구성[24], 장면 구성[25], 편집 순서 등에서 차이가 보이는

---

23  이 시나리오는 니시가메 모토사다의 부인이 2005년 야마가타국제다큐멘터리
    영화제 현장에서 한국영상자료원 측에 기증한 것으로 알려져 있다.
    http://www.cine21.com/news/view/ mag_id/34983(검색 : 2013년 6월 9일)
24  시나리오 상에는 향린원의 건설이 성공적으로 이루어지고 이런 소식이 언론을
    통해 보도가 되자 부인회 대표 등 사회 인사들이 향린원을 방문하고, 이들 중에
    서 부인회 대표가 나서서 소년들 앞에서 일장연설을 하는 것으로 되어 있다. 그
    런데 영화상에는 권서방 일당을 치료한 방성빈의 처남 안인규가 특별한 맥락 없
    이 연설을 하는 것으로 처리하고 있어 어색함을 느끼게 한다.
25  시나리오 상에는 명자를 찾아 온 권서방 일당이 아이들의 저지를 받고 도망 가
    는 것으로 되어 있는데, 영화상에서는 이들이 도망가다가 나무다리가 무너져 부
    상을 당하고 이를 안인규가 치료해주는 것으로 되어 있다. 안인규의 치료와 훈
    화에 감화받아 이들은 새 삶을 다짐하며 떠난다. 이런 구성은 안인규를 상징적
    지도자로 하여 범죄에 물든 권서방같은 민중을 교화하여 '방성빈-부랑 아동들'

■ 그림 11 「집 없는 천사」의 한 장면

데, 이로 미루어 이 시나리오는 검열본으로 작성된 것으로 보인다.
실제 영화 촬영 과정에서는 다소의 변형이 가해졌는데 기본적으로
주인공 방성빈 목사를 주인공으로 그가 향린원이라는 소년 공동체
를 건설하는 과정을 중심으로 서사가 전개된다는 점에서 니시가메
모토사다가 인물이나 서사 구성에서 「소년의 거리」를 많이 참조하
고 있다는 사실을 알 수 있다. 「소년의 거리」 역시 주인공 플래너건
이 신부로 설정되어 있고 그가 부랑 청소년들을 하나씩 모아가면

의 모델을 사회적으로 확대하여 보여주려는 의도에서 비롯된 것으로 보인다. 권
서방과 아동들의 대립 장면의 처리는 할리우드 액션 영화를 모방해 다소 역동적
인 기분을 느끼게 구성되어 있는데 이는 다소 밋밋한 실화적 구성에 탄력을 주
려는 배려로 보인다.

서 보이스 타운이라는 자치 공동체를 건설해나가는 과정을 주로 묘사하고 있기 때문이다. 이에 비해 교정 시설 내의 인간관계를 다룬 「철창 없는 뇌옥」은 니시가메 모토사다의 시나리오에 직접적인 영향을 준 것 같지는 않다.

「소년의 거리」와의 기본적인 유사성은 여러 가지 측면에서 확인할 수 있는데, 특이한 점은 「소년의 거리」가 종교적인 색채를 거의 드러내지 않는 반면, 「집 없는 천사」는 적어도 시나리오 상에서는 상당히 종교적 색채가 많이 드러난다는 점이다. 주인공 방성빈[26] 목사가 처남 안인규의 농장을 빌리러 가서 한 아래와 같은 말은 이 인물의 종교적 신념을 잘 보여준다.

> 제 생각엔 아무리 浮浪兒라 하드래도 아이들에겐 본래 惡한 아이라는 게 한아도 없고 萬一 環境과 教育만 適當하면 엇던 아이든 반드시 훌늉한 사람을 맨들 수 있음니다.
> 그뿐 안니라 아이들이란 것은 最初부터 純眞한 天使임니다. 그 純眞을 琢磨해서 기르는 것이 우리의 使命일 것임니다.[27]

이 시나리오 곳곳에는 기독교 관련 대사가 다수 등장한다. 예를 들면 안인규를 만나고 나오던 방성빈이 영팔의 절도를 눈감아주다가 오히려 영팔에게 당하는 장면에서 안인규가 하는 "하하하하 이

---

26  실화의 주인공 방수원 목사의 이름이 극중에는 그리스도를 연상시키는 방성빈(聖貧)으로 바뀌었다는 사실은 이 시나리오가 가진 기독교적 색채를 보여준다.
27  한국영상자료원 편, 『집 없는 天使』, 아인스엠앤엠, 2007, 40~41쪽.

건 미리엘 司敎의 敗北일세"라는 대사, 식사 시간에 '아멘' 하는 기
도, 물을 길러 주전자를 들고 나간 일남이가 돌아오지 않자 "百마리
의 羊이 잇난대 아흔 아홉 마리를 山에 두고 길 일흔 한 마리를 찻지
아닌다"는 성경 문구를 인용하는 대사, 영팔과 화삼이 향린원을 달
아나려 하는 것을 막던 용길이 사경을 헤매자 그의 생명을 걱정하
며 지켜볼 때 찬송가 「요단江」을 부르는 장면 등이 바로 그것이
다.[28] 실제 영화에서는 기독교적 색채가 있는 부분은 보이지 않는
데, 이는 실제 촬영 과정에는 반영되었으나 검열 과정에서 삭제된
것이 아닌가 추측된다.[29] 편집이 매끄럽지 못한 부분은 바로 이 때
문에 발생한 것일 터이다. 결과적으로 「소년의 거리」와 달리 「집 없
는 천사」는 주인공의 종교적 색채가 탈색된 영화가 되어버렸다. 물
론 이것은 니시가메 모토사다가 의도한 것은 아니었을 것이다.

이 두 편의 영화에는 다수의 유사점이 발견되는데, 이 점에 대해
서는 이미 주창규가 자세히 분석한 바 있다. 그 내용을 간략히 소개
하면 플래너건이 패싸움을 하는 아이들을 말리면서 등장하듯 방성
빈도 싸움하는 아이들을 말리면서 등장한다는 점, 그리고 플래너
건이 친구 데이브 모리스Dave Morris의 도움으로 보이스 타운을 건설
하게 되듯 방성빈도 처남 안인규의 도움으로 향린원을 건설하게

---

28 「집 없는 천사」에 나타나는 기독교적 색채에 대해서는 주창규, 앞의 논문,
386~388쪽 참고.
29 서동수는 「집 없는 천사」가 일본 내무성 검열로 인해 218미터가 삭제되고 일본
어로 더빙된 채 개봉됐다고 말한 바 있다. 서동수, 앞의 논문, 128쪽. 그러나 현재
우리가 관람할 수 있는 이 영화는 중국전영자료관 소장본으로, 시나리오와 대조
해볼 때 삭제가 됐을 것으로 판단되는 부분이 있다. 그러나 검열 과정에서의 삭
제 경위에 대해서는 명확한 판단 근거가 부족한 실정이다.

된다는 점, 그리고 화이티 마시가 보이스 타운에 적응하지 못하고 뛰쳐나갔다가 피 위를 다치게 해서 그 죄책감으로 돌아오듯 영팔과 화삼도 도시 부랑 생활의 유혹을 이기지 못하고 탈출을 감행하다가 용길을 익사의 지경에 빠뜨렸다는 죄책감으로 가출을 포기하게 된다는 점, 화이티 마시의 형을 비롯한 갱 일당이 보이스 타운의 평온을 깨려고 할 때 소년들이 이들에 대항하듯 명자를 찾으러 온 권서방 일당을 향린원 소년들이 대항한다는 점 등이 그것이다.[30] 이 외에도 필자가 덧붙이고 싶은 부분은 제면기를 들여와 국수를 뽑던 아이들이 배고픔을 호소하자 이때 방성빈의 아들 요한이 식사 시간을 알리는 나팔을 부는데, 이는 「소년의 거리」에서 보이스 타운의 마스코트 역할을 하는 피 위가 나팔을 분다는 설정과 유사하다. 이처럼 「집 없는 천사」는 기본적인 구성이나 서사 전개상에서 「소년의 거리」를 많이 참조하고 있음을 알 수 있다.

이 영화는 향린원에 모인 소년들이 자신들의 공동체를 건설하기 위해 건축부, 위생부, 취사부, 교육부 등으로 나뉘어져 조직적으로 일을 하거나 밭에서 집단적으로 일하는 장면은 빠른 템포의 편집으로 향린원의 건설 과정을 긍정적으로 묘사하고 있는데, 이 부분은 소련영화 「인생 안내」에서 철로 건설 과정을 묘사하는 분위기와 상당히 흡사한 인상을 준다.

이런 점을 고려하면 「집 없는 천사」는 가정이나 학교의 울타리를 벗어난 청소년들의 문제점을 보여주고 해결책을 시사하는 1930년대 여러 외국영화들을 참조한 바탕 위에서 제작된 영화라고 할

30  주창규, 앞의 논문, 390쪽 참고.

수 있다. 물론 「집 없는 천사」가 결말부에서 군국주의적인 색채를 보여주기는 하지만 이는 앞에서 살펴본 「수업료」처럼 어디까지나 시대적 분위기를 고려하지 않을 수 없는 상황의 산물일 것이다.


# 4. 결론


이 글에서는 일제 강점기 최인규 감독의 아동영화 「수업료」와 「집 없는 천사」를 그 당시 개봉된 외국영화들과의 관련성이라는 측면에서 검토하였다. 중일전쟁 이후 식민지 조선에서 조선영화 제작이 영화의 산업화와 국책화라는 이중적인 요인에 의해 변화를 꾀하고 있던 상황에서 「수업료」와 「집 없는 천사」는 여러 가지 측면에서 시사하는 바가 컸다. 기존에는 이들 영화를 주로 당대의 영화계 내외적인 여건과의 관련 속에서 검토하였다. 비록 조선영화가 독자적인 하나의 블록을 형성하기에는 미비한 점이 많기는 하였지만, 조선영화 역시 일본을 비롯한 세계 영화계의 동향과 무관하게 움직일 수는 없었기 때문이다. 최인규의 아동영화는 이런 경향을 보여주는 대표적인 사례의 하나라고 할 수 있다.

1920년대부터 외국영화계에는 아동영화라는 범주로 인식될 수 있는 영화들이 하나의 흐름을 형성하고 있었는데, 무성영화기에는 아동이 주로 가정에서 겪는 심리적 갈등을 묘사하는 영화들이 주를 이루었다. 유성영화기에 들어서면서도 아동영화의 흐름은 이어졌는데, 1930년대 들어서면서 특히 눈에 띄는 특징은 가정이나 학교의 울타리를 이탈해서 사회 부랑아 층을 형성하고 있는 아동들의 선도나 교화를 문제 삼는 영화들이 국적을 물론하고 제작되어 호평을 받았다는 사실이다. 본론에서는 이처럼 크게 두 가지 범주로 아동영화를 구분하고 「수업료」를 전자의 흐름과, 「집 없는 천사」를 후자의 흐름과 관련지어 논의하였다.

이와 같은 논의는 식민지 조선의 영화계를 일국사적인 시선에서 바라보는 기존의 한계에서 벗어나 세계적인 흐름과의 역동적인 관계망 속에서 바라보고자 하는 의도에서 비롯된 것이다.

Ⅱ부

# 현해탄을 건넌
# 일본인들

한국 영화와
문학 속의
타자의 그림자

# 4장
## 사토 기요시佐藤淸 시에 나타난 식민지 조선의 전통예술

## 1. 서론

일제강점 말기에 등장한『국민문학國民文學』은 최재서崔載瑞를 중심으로 한 일군의 문학자들의 주도하에 일제의 소위 신체제운동의 한 축을 형성하고 있었다. 겉으로 보면 일제의 군국주의에 동의한 소수 식민지 조선 문인들의 자발적인 운동처럼 보이지만 기실 이 운동이 내면적으로 식민지 체제를 떠받드는 조선총독부의 조직적인 공작과 이에 부수되는 수많은 일본 문인들의 합작품이라는 사실은 어느 정도 밝혀진 바 있다. 특히 이 운동을 자세히 들여다보면『국민문학』의 출발과 전개 과정에 경성제국대학 법문학부가 큰 역할을 하고 있다는 사실을 알 수 있다. 이 잡지에 발표된 시론이나 논문 중 상당수를 경성제국대학 교수 출신들이 기고하고 있다는

▪ 그림 1 『국민문학』 창간호

사실은 이런 점을 잘 보여준다.[1]

　그런데 경성제국대학 인사 중에서도 법문학부 영문과 인원이 핵심적인 역할을 하고 있었다는 사실은 유심히 살펴봐야 할 대목이라고 할 수 있다. 주지하다시피 『국민문학』의 편집자 최재서가 영문과 출신이며, 이 잡지에 시나 평문을 다수 발표하고 종종 좌담회에 참석한 사토 기요시나 스기모토 나가오杉本長夫 같은 이들 역시

---

1　『국민문학』에 관여한 경성제국대학 교수들은 총 20명이다. 기고 편수를 기준으로 보면 사토 기요시(18)가 가장 왕성한 활동을 보여주고 있다. 이 외 곤도 도키지(近藤時司)(14), 하기와라 아사오(萩原淺男)(7), 가라시마 다케시(辛島驍)(6), 마쓰즈키 히데오(松月秀雄)(5) 순이고, 나머지는 대체로 1~2편 정도를 기록하고 있다. 김윤식, 『최재서의 『국민문학』과 사토 기요시 교수』, 역락, 2009, 30~31쪽 참고.

\* 그림 2 최재서

영문과 출신이다. 스기모토 나가오와 최재서는 동창 관계이고 사
토 기요시와 최재서는 사제 관계이다. 그리고『국민문학』에서의
활동은 그다지 두드러지지 않으나 당대 기타 여러 매체에서 활발
한 활동을 한 바 있는 임학수林學洙는 최재서의 후배이다.

　이처럼『국민문학』의 핵심 인자들은 단적으로 경성제국대학
법문학부 영문과 출신이라고 할 수 있는데, 이 점을 강조하는 이
유는『국민문학』이 최재서 같은 극소수의 조선 문인들뿐만 아니
라 그 밑에서 내면적 지도·협력 관계를 형성하고 있던 영문과 출
신을 비롯한 광범한 일본인 문인들과의 합작품이라는 점, 그리고
더 나아가『국민문학』을 구성하는 세부 장르 중 시 장르의 경우
이들 일본인 문인들의 영향력이 소설에 비해 상대적으로 강력한
것이었다는 점을 강조하고자 함에 있다. 특히 일제강점 말기 시
장르의 상황을 검토하는 데 있어서 최재서의 스승인 사토 기요시

의 역할이 무엇이었나 하는 점에 대해서는 보다 세밀한 검토가 필요해 보인다. 왜냐하면 소설과는 달리 언어의 미묘한 감응력이 요구되는 시 장르에 있어서 식민지 조선 시인들에게 있어 시의 전범이 제시될 필요가 있기 때문이었다. 일제강점 말기 비교적 다수의 작품을 발표한 서정주徐廷柱의 경우, 조선어 시의 성공에 견줄 만한 일본어 시의 창작에 상당히 애로를 겪고 있었다. 그런데 일본어로 시 창작에 임할 때 서정주가 그 당시 활동하고 있던 사토 기요시나 노리다케 카즈오則武三雄 같은 일본인 시인들로부터 일정한 영향을 입고 있었다.

일제강점 말기 식민지 문단에서 활동한 다수의 일본인 시인들 중에서도 사토 기요시가 주목되는 것은 그들 중에서 가장 연장자이기도 하지만 그가 경성제국대학 법문학부라는 아카데미즘 체제뿐만 아니라 식민지 조선 시단에서 상당한 영향력을 가지고 있었기 때문이다. 그는『국민문학』의 틀 내에서 활동한 다수 일본인 시인들뿐만 아니라 서정주나 임학수 같은 조선인 시인들에게도 일정한 영향력을 행사하고 있었던 것이다.

기존에 사토 기요시라는 일본인 문학자이자 시인의 존재에 주목한 이는 거의 드물다시피 하다. 그가 활동하던 당대에 임학수[2], 최

---

2 임학수는『인문평론(人文評論)』1940년 6월호에「佐藤淸氏 折蘆集」이라는 비평문을 발표한 바 있다. 그는 이 글에서 사토 기요시를 "가장 良心的인 作品을 쓰면서도 저날리즘에 迎合하질 않어 구태어 華麗한 作家生活을 바라지 아니하고 學究에 專心하는"(112쪽) 시인으로 평가하면서『절로집(折蘆集)』에서 "과연 朝鮮의 風物을 그는 어떻게 讚美하였으며 어떻게 그 眞髓를 把捉하였는가 하는 점"(112쪽)에 관심을 기울였다고 말하고 있다. 이 시집에 대한 이와 같은 측면의 관심은 그가 그 당시『팔도풍물시집』이라는 풍물시집을 준비하고 있었던 사정과 무관하지 않다. 그런데 이 시집이 본격적인 의미에서의 조선풍물시집이 아님

재서 등 그와 직접적으로 사제관계를 형성하고 있는 문인들의 비평적 언급이 있었을 뿐이다. 최재서는 『벽령집碧靈集, 1942』 출판에 즈음하여 발표한 글[3]을 통해서 사토 기요시의 시작 태도와 시 세계를 종합적으로 논평하고 있다. 이 글에서 그는 근작 시집 『벽령집』에서 특히 조선 풍물을 소재로 한 사토 기요시의 시들을 간략하게 비평하고 있다.

해방 이후에 서정주[4]가 회고록 속에서 사토 기요시와의 관계를 술회한 바 있다. 그러나 연구자적 관점에서 사토 기요시의 존재를 주목한 이들로는 김윤식, 사희영 등이 있는데 그 중에서 김윤식은 사토 기요시가 일제강점 말기 문단에서 가졌던 존재감을 정당하게 논의한 바 있는데, 그는 사토 기요시와 최재서의 관계를 경성제국대학이라는 아카데미즘 체제가 구축한 문화자본이라는 틀에서 조망하고 있다. 물론 『벽령집』의 핵심 소재인 전통예술과 풍물을 대상으로 논의를 펴고 있기는 하나 전자의 경우는 「나전 화문 소상螺鈿 花紋 小箱」 한 편, 후자의 경우는 「광화문 광장, 6월光化門 廣場, 六月」 한 편만을 간략하게 살펴보고 있어[5] 사토 기요시의 시 세계에 대한 본격적인 분석으로 나아가지는 않았다.

사희영[6]은 『국민문학』 전반의 게재 현황에 대한 실증적 분석을

을 아쉬워하고 있다. 이 글에서 풍물시로 꼽은 대부분의 작품들이 이후 『벽령집』에 수록되고 있음을 확인할 수 있다. 임학수의 이 글은 사토 기요시의 시 세계를 언급한 최초의 평문이라는 의의를 가지고 있다.

3  최재서, 「시인으로서의 사토 기요시 선생」, 『전환기의 조선문학』, 영남대학교 출판부, 2006, 177~191쪽.
4  『미당자서전2』, 민음사, 1994, 161쪽.
5  김윤식, 앞의 책, 85~89쪽.
6  사희영, 「國民文學에 투영된 한일 작가의 시대인식 硏究」, 전남대학교 박사학위

바탕으로 일본인 시인 중 가장 많은 작품을 사토 기요시가 게재하고 있음을 밝힌 바 있다. 그의 박사학위논문 3장 1절 "『國民文學』의 일본인 게재 詩類" 항목에서 일본인 시인들의 작품 경향을 몇 가지로 분류하고 각 항목에서 사토 기요시를 비중 있게 논의하고 있다. 예를 들어 "식민자로 리드하기" 항목에서는 "경성의 모습과 함께 한일간의 과거 역사적 교류"를 소재로 한 작품을 분석하고 있다. 여기에서 분석 대상이 되고 있는 작품은 「눈雪」, 「담징曇徵」, 「혜자慧慈」, 「이십년 가깝게도二十年近くも」이다. "지배국 국민의 모범적 전쟁문학" 항목에서는 일제강점 말기 사토 기요시가 쓴 「사자항獅港」, 「제국해군帝國海軍」 등을 분석하고 있다. "식민자의 내부적 모순과 갈등" 항목에서는 "지식인으로서 식민지나 제국주의에 대한 복잡한 심리적 음영들이 경계에 선 작품이나 자연 혹은 일상을 읊은 작품들" 즉 「하늘空」, 「현재玄齋」, 「시신문게본생도施身聞偈本生圖」, 「사신사호본생도捨身飼虎本生圖」, 「상추チサ」 등을 분석하고 있다.[7]

사희영의 이 글은 사토 기요시의 작품 세계를 세부 항목을 나누어 분석함으로써 그의 작품 세계 전반에 대한 이해를 가능케 하는 진일보한 작품론이라는 점에 그 의의가 있다. 그러나 사토 기요시가 주력한 식민지 조선의 전통예술에 대한 미적 형상화 작업에 대해서는 정밀한 논의가 이루어지지 못한 아쉬움이 있다.

이처럼 김윤식, 사희영의 논의를 제외하면 최근 일제강점 말기 『국민문학』에 대한 활발한 연구 활동이 이루어지고 있는 상황을 고려할 때 사토 기요시에 대한 연구자들의 관심은 매우 부족한 편이라고 할 수 있다. 이는 『국민문학』 연구가 주로 조선인 문인들의 활동 중심으로 이루어지고 있기 때문이다. 아직까지 조선인 문인들의 활동이 정밀하게 정리되지 못한 상황적 한계를 고려하면 당연한 현상이라고 할 수는 있으나, 일제강점 말기 문학 활동이 일제와 식민지 조선 사이에서 벌어진 경계선상의 것이라는 점을 고려할 때, 주체나 언어의 테두리를 벗어나 일본인 문인이나 일본어 작품에 대해서도 관심을 기울일 필요가 있을 것이다. 이런 작업들이 조금씩 축적될 때 일제강점 말기 문학 장의 상황은 한층 입체적으로 부각되리라고 생각한다.

이 글에서는 일제강점 말기 『국민문학』 중심으로 형성된 식민지 시단의 밑그림이자 내면적 지도자의 역할을 한 사토 기요시의 작품 세계를 정밀하게 검토하고 이것이 그 당시 서정주나 임학수 같은 조선인 시인들의 작품 경향에 어떤 영향을 주고 있는지를 간략하게 검토하고자 한다. 이런 연구를 통해서 자국 문인들 중심의 기존 『국민문학』 연구 풍토를 지양하고 보다 종합적인 관점의 『국민문학』 연구로 나아가는 계기를 형성하고자 한다.

2에서는 사토 기요시의 생애와 작품 활동 전반을, 3에서는 일제강점 말기 그의 대표시집 『벽령집』을 중심으로 전통예술에 대한 형상화 작업을, 그리고 4에서는 그가 조선 시인들에 미친 영향을 검토하고자 한다.

## 2. 사토 기요시의 시적 경향

사토 기요시가 식민지 조선에 이주한 것은 1926년이다. 1924년 개교한 경성제국대학의 법문학부 교수로 임용된 것이다. 가족을 일본에 남겨둔 채 단신 부임[8]한 그는 법문학부 영문과에서 낭만주의 문학론을 주로 연구하며 강의했다.[9] 이 당시 최재서, 임학수 등이 그의 가르침을 받은 것으로 되어 있다. 그는 교수 생활을 하면서 한편으로 『경성일보京城日報』의 경성시단京城詩壇의 선고 위원으로 활동하면서[10] 재조 일본인 시단을 이끌고 있었다. 그러나 『국민문학』에 관여하기 이전까지 그의 활동은 조선인 문인들의 그것과는 무관한 것이었다. 그러다가 최재서의 『국민문학』을 계기로 식민지 문단에 본격적으로 진입하며, 이때 조선문인보국회朝鮮文人報國會 임원으로 활동하면서 군국주의적 색채의 작품들을 일부 발표하기도 했다.

사토 기요시는 경성제국대학에 부임한 이후 1945년 정년퇴임 때까지 여러 권의 시집을 펴낼 정도로 지속적인 활동을 보여주었다. 이 중 『절로집1938』, 『벽령집』 등이 식민지 조선에 대한 직접적인 체험 속에서 발간된 것이다. 특히 『국민문학』의 창간 이후 발표된 『벽령집』의 경우 최재서, 서정주 같은 조선인 문인들이 다소 긍정적인 평가를 내기도 하였다. 그렇다면 사토 기요시가 식민지 조선

---

8 김윤식, 앞의 책, 69쪽.
9 위의 책, 81쪽.
10 위의 책, 69쪽.

체험을 바탕으로 발표한 이들 시집의 전반적인 경향을 살펴보기로 하자.

시집 제목에서 알 수 있듯이 사토의 시집들은 한시풍의 고풍스러운 제목을 달고 있다. 제목뿐만 아니라 시형도 대체로 단형의 간결한 맛을 느끼게 한다. 그렇다고 사토의 시형이 특별히 특정한 전통적 시가 형태를 모방하고 있다고 볼 수는 없다. 다만 현대의 자유시형을 따르면서도 전통 시가의 압축적 시형을 존중하는 절충적 시형을 가지고 있다고 할 것이다. 그가 낭만주의 시 연구자였다는 점을 생각하면 이 점은 다소 의외라고 할 것이다.

이처럼 다소 소박하게 느껴지는 시형을 바탕으로 차분히 내면을 관조하는 풍모의 시들이 다수를 차지하고 있다. 그가 단신 부임하고 일상 사회와는 거리를 두고 아카데미즘 체계 속에서 식민지 조선에서의 생활을 지속했다는 점을 고려할 때 이와 같은 시풍의 형성은 자연스럽게 느껴진다.

그리고 내용적인 면에서 살펴볼 때, 사토의 시들은 일종의 이방인으로서 타자의 세계인 식민지 조선의 이국적인 면모에 관심을 표명하는 경향을 보인다. 이런 시를 굳이 정의하자면 풍물시라고 할 것이다.

한국현대시에서 풍물시라는 세부 장르가 뚜렷하게 부각된 바는 없다. 풍물風物이라는 용어 자체의 개념 정의도 뚜렷하지 않은 편이다. 표준대국어사전에 의하면, 풍물이란 단순히 "경치"를 의미하거나, 아니면 민속에서 말하는 "풍물놀이나 이 놀이에 쓰는 악기"를 지칭한다.[11] 그리고 풍물시는 이 중에서도 특히 두 번째 의미 즉 "어떤 지방이나 계절 특유의 구경거리나 산물을 노래한 시"로 정의 가능하다. 이런 의미에서의 풍물시라면 백석白石의 「함북시초咸北詩抄」, 「통영시초統營詩抄」 같은 일련의 기행시를 이런 범주의 대표적인 경우에 포함시킬 수 있을 것이다. 또 잘 알려져 있지 않지만 임학수의 『팔도풍물시집八道風物詩集, 1938』에 수록된 전통 고적지를 답사하고 쓴 시들 다수도 여기에 포함될 것이다. 백석이나 임학수와는 달리 정지용鄭芝溶이나 김기림金起林처럼 일본 유학 중에 관찰한 일본의 풍물을 소재로 쓰여진 시들도 있다.

위에서 언급한 경우들은 주로 여행 경험을 밑바탕에 깔고 있다는 점에 그 공통점이 있다. 여행이란 일상을 벗어나 새로운 사물 체험을 통해 감수성의 쇄신을 노리는 것이라는 점에서 시인에게는 중요한 체험이라고 할 수 있다. 그러나 일제강점기 시인들의 경우 유학이 아니면 특별히 여행을 시도할 만한 물적 조건을 갖추지 못했기 때문에 이런 시들이 하나의 독자적인 장르로 형성되기는 어려웠다고 할 수 있다. 이런 이유로 일제강점기 시 작품 중 풍물시의 범주에 들 만한 작품들은 적은 편이다.

그런데 이와는 반대로 식민지 조선에 다양한 목적으로 이주하거나 여행을 시도하는 일본인들은 그 당시 많은 편이었다. 전통적으로 지리적 인접성과 인종적 유사성 때문에 가려져 있던 차이의 감각이 오히려 식민지 체제로 인한 일본인들의 이동으로 한층 더 부각될 수 있게 된 것이다. 사토 기요시는 무려 20여 년간 경성에

---

11 국립국어원 표준대국어사전(http://stdweb2.korean.go.kr/search/List_dic.jsp)
(검색일: 2013.7.4)

거주한 장기거주자였지만 일본인이자 시인이었기 때문에 이 차이
의 감각이 한층 더 강렬했고, 그것이 시 창작으로 이어진 것으로
보인다.

## 3. 풍물로서의 전통예술

사토 기요시가 경성에 거주하면서 일제강점 말기까지 쓴 시들
중에서 존재의 고독을 표현한 시들을 제외하면 상당수의 시들은
자신이 체험한 식민지 조선의 풍물과 관련된 풍물시가 다수를 차
지한다는 사실을 위에서 살펴본 바 있다. 그가 묘사한 식민지 조선
의 풍물은 세부적으로 두 가지로 구분할 수 있다. 그 하나는 식민지
조선의 각종 전통예술을 소재로 한 것이고, 다른 하나는 일상에서
마주치는 거리, 사람, 기후 등을 소재로 한 것이다. 그러나 이 두 가
지 경향 중에서 전자 즉 전통예술을 소재로 한 것이 보다 본격적이
며 이채로운 세계라고 할 수 있다. 그의 시 세계에서 이국적인 자연
풍경 역시 예술의 세계와 불가분의 관계를 가지고 있다고 할 때, 전
통예술의 세계야말로 사토 기요시의 시 세계 핵심을 이해할 수 있
는 영역이라고 할 것이다.

일제강점기 근대 이전 각종 전통예술에 대한 연구는 고유섭高裕燮
과 같은 극히 일부 연구자들에 의해서 이루어지기는 했지만 본격
적인 관심과 연구는 오히려 일본인 연구자들에 의해 촉발되었다고
할 것이다. 특히 일제강점 말기 이데올로기적 차원에서 주도된 동

143

양문화 재발견의 움직임은 일부 식민지 조선인들의 내면적 동의하에서 진행되었다. 중일전쟁으로 촉발된 이런 흐름은 서양에 대한 문화적 대결의 양상을 띠면서 태평양전쟁기에는 일부 식민지 조선의 문화인들을 포섭하기에 이르렀다. 그들은 일본의 문화적 국수주의자들의 선동에 따라 일본의 전통 사상 및 문화에 대한 찬양으로 비약했지만 나머지 민족주의적인 인사들은 동양문화의 한 축을 형성하고 있다고 생각한 식민지 조선의 전통문화에 대한 향수와 더 나아가 탐구의 태도를 보여주었다. 그러나 이들이 찬양한 식민지 조선의 전통 문화는 그들 스스로 발견해낸 것이 아니라 식민지 체제의 하부로 기능한 일본인 학자들의 시선으로 윤색된 측면이 강하다는 점에서 근본적으로 타율적인 성격의 것이라고 할 수 있다.

세키노 타다시關野貞가 주도하고, 도리이 류조鳥居龍藏나 이마니시 류今西龍 등이 참여한 조선고적조사회에 의해 전통 유적의 발굴이 활성화되어 식민지 조선의 전통문화 일반에 대한 관심이 제고되었다.[12] 또 조선총독부 주도하의 박물관 건립[13] 및 관광지화 작업은 일제강점 말기 식민지 조선의 전통미 발견 과정의 밑바탕이 되었다. 일제강점기에 조성된 유적들과 유물들은 내선일체의 객관적 증거

---

12  고건축에서 시작된 세키노 타다시 등의 작업은 이후 고분묘 조사 발굴에까지 이어졌다. 이런 작업으로 낙랑군 유적, 고구려 고분, 삼국시대 왕묘 다수가 발굴되어 문화재에 대한 종합적이고 근대적인 학술 조사의 길이 개척된 것으로 일본 내에서는 평가되지만, 해방 후 한국에서는 이런 작업들의 식민사관적 논리를 비판하는 흐름이 주류를 이룬 바 있다. 荒井信一, 『コロニァリズムと文化財』, 岩波書店, 2012, 37~38쪽 참조.

13  박진숙, 「식민지 근대의 심상지리와 『문장』과 기행문학의 조선표상」, 민족문학사연구소 기초학문연구단, 『'조선적인 것'의 형성과 근대문화담론』, 소명출판, 2007, 71~72쪽 참조.

▪ 그림 3 아사카와 다쿠미

로 호명되면서 일제의 식민지 동화정책 수행을 도왔다. 이런 상황 속에서 일본인들은 명승고적지들을 여행하고 전통 유물들을 수집 하거나 했다. 그 후 야나기 무네요시가 식민지 조선의 전통미를 발 견하고 찬양한 이래로 아사카와 노리타카淺川伯敎나 아사카와 다쿠 미淺川巧 형제 등의 개입으로 전통 도자기나 건축물, 민예품의 세계 가 조명 받았다.

사토 기요시 역시 이런 상황 속에서 식민지 조선의 전통예술의

145

세계에 접근할 수 있었던 것으로 보인다. 그가 쓴 작품들 중에서 유적들을 소재로 한 작품들은 보이지 않는데, 이는 경성제국대학 교수라는 신분상 시간적 여유를 가지기 힘들었던 탓이라고 생각된다. 그의 전통예술 체험은 미술관을 통해서 주로 이루어진 것으로 보인다. 전통예술은 주로 박물관이나 미술관을 통해서 이루어지기 마련이다. 박물관이 거의 다 공립 기관인데 반해 미술관은 사립 기관인 경우도 종종 있다. 그러나 일제강점기 박물관과 미술관은 거의 다 공립 기관이었다. 박물관은 경복궁 내의 조선총독부박물관朝鮮總督府博物館이 대표적인데 고대 왕도를 중심으로 지역에 분관이 설립되어 있었다. 그리고 미술관은 경성의 이왕가미술관李王家美術館이 거의 유일한 미술관이었다. 이왕가미술관은 원래 창경궁에 있던 이왕가박물관에서 미술품만을 옮겨 1938년 3월 덕수궁 석조전에 개관한 근대 최초의 미술관으로[14], 해방 후 이들 작품은 국립중앙박물관에 귀속되었다. 그 당시 근대 최초의 미술관이라는 이유에서 이왕가미술관을 찾는 지식인이나 학생이 많았다.

사토 기요시가 이처럼 식민지 조선의 전통예술에 관심을 가지게 된 데는 그 나름의 이유가 있겠지만, 아마도 경성제국대학 법문학부 동료 교수였던 오쿠다이라 다케히코奥平武彦의 영향도 적지 않았던 것으로 보인다. 그는 법학사 출신으로 1931년 현재 경성제국대학 법문학부 조교수로 정치학과 정치사 강좌를 전담한 인물[15]이다. 그는 개인적으로 식민지 조선의 전통예술에도 상당한 식견을 가지

14  李王職 編,『李王家美術館要覽』, 1938, 6쪽.
15  김윤식, 앞의 책, 22쪽 참조.

고 있어서 1943년 사망할 때까지 이왕가미술관에서 종종 강좌를
열 정도로 상당한 수준을 확보하고 있었던 듯하다. 사토 기요시에
의하면, 그는 고려청자를 비롯한 도자에 대한 관심에서 출발해서
전통 문화 일반으로 관심을 확대하고, 연구 결과를 경성제국대학
학술지『성대학보城大學報』에 발표까지 한 바 있다.[16] 사토 기요시가
그의 죽음을 안타까워하며 추도문까지 쓸 정도였다는 점을 고려하
면 이 두 사람의 관계가 단순한 직장 동료 이상이었다고 추측할 수
있다.

　오쿠다이라 다케히코가 강좌를 열기도 한 이왕가미술관을 사토
기요시 역시 몇 차례 방문한 듯한데 그 중에서도 작품화한 것은 현
재 세 편이 남아 있다.「삼국불三國佛」,「교지유호交趾釉壺」,「나전 화
문 소상」이 바로 그 작품들로 이들 작품은 제목 옆에 부제처럼 '이
왕가미술관'이라는 말이 부기되어 있다.

> 구부려 얼굴에 갖다 댄 한쪽 팔,
>
> 내려 무릎에 닿은 한쪽 손,
>
> 거기에 평행하게, 벌의 허리처럼,
>
> 둥글게, 강하게, 가는 몸, 그리고
>
> 꼬아 내린 우아한 다리,
>
> 힘에 넘쳐 검게 빛나는 금동의
>
> 이 몇 개의 평행선,
>
> 없어진 신앙을 누긋하게 내보인다.

16　佐藤淸,「奧平武彦氏そとのこと」,『國民文學』, 1943.7, 70~71쪽.

147

이 평행선들의 아름다움이여.

천년의 「시간」과

현대파의 기교를 무시하여,

1척 정도 키의 삼국불,

얼굴은 미소를 띠고,

황홀하게 빛나고 있다.

「삼국불 – 금동여의륜관음상金銅如意輪觀音像」 전문[17][18]

「삼국불」이라는 위의 작품에는 '금동여의륜관음상'이라는 부제
가 붙어 있다. '삼국불'이라는 명칭은 삼국시대에 제작된 불상의 범
칭으로 돌이나 청동을 재료로 한 많은 불상들이 이 시대에 제작되
었는데, 특히 청동불상은 주로 백제에서 만들어진 것으로 알려져
있다. 백제의 청동 불상은 디자인이 무척 정교해서 고도의 예술적
수준을 가진 것으로 평가되고 있다.

그런데 사토 기요시가 위의 작품에서 취급하고 있는 것이 우리
에게 익숙한 국보 금동미륵보살반가사유상金銅彌勒菩薩半跏思惟像인지
여부는 확실하지 않다. 왜냐하면 사토 기요시는 이 작품의 부제로
'금동여의륜관음상'을 내세우고 있기 때문이다. '금동여의륜관음
상'은 일본 나라현奈良県 오카데라岡寺에 있는 일본 국보인 청동 불상

---

17 『碧靈集』, 京城: 人文社, 1942, 8~9쪽.
18 이하 『碧靈集』에서 인용하는 시들은 필자의 졸역으로, 번거로움을 피하기 위해
일어시 원문은 병기하지 않는다.

의 명칭이다. 따라서 이왕가미술관에 전시된 것이 백제의 불상인지 일본 아스카飛鳥 시대의 불상인지는 명확하지 않다. 다만 일본 내 문화 유물을 식민지 조선에서 이동 전시했던 경우가 드물었다는 점을 고려하면 사토가 본 것은 우리에게 익숙한 금동미륵보살반가사유상일 것이다. 현재 국보로 지정된 여러 개의 금동미륵보살반가사유상 중에서도 그 크기로 판단할 때 작품 속의 언급과 가장 근사치인 국보 78호로 추측된다.[19] 그런데 사토가 일본의 청동불상 이름으로 호칭한 것은 아마도 전시회 때 일제가 의도적으로 일본식 불상의 이름을 사용한 것이 아닌가 추측된다. 일본 불상이 주로 백제 불상의 양식을 모방한 것이라는 점에서 이 둘의 공통점을 강조하려는 의도에서 일본식 명칭을 붙였을 것으로 보이기 때문이다.

사토 기요시의 「삼국불」은 2개 연으로 구성되어 있다. 1연은 불상의 조형적 특징을 묘사하고 있다. 그런데 그는 불상의 조형적 특징을 묘사함에 있어서 특히 선의 흐름에 주목하고 있다. 1~2행은 반가사유상 특유의 포즈를 묘사하고 있다. 보통 불상의 오른손은 반가부좌를 튼 자세에서 얼굴을 짚고 왼손은 반가부좌를 튼 오른발을 걸친 왼쪽 무릎에 얹게 마련이다. 이 작품의 첫 두 행은 반가사유상의 통상적인 포즈를 묘사하고 있다. 그런데 이후 행에서 시인은 양 팔과 몸통이 평행선을 형성하고 있는 모습을 묘사하고 있

19 김윤식은 '삼국불'을 국보 83호 금동미륵보살반가사유상을 가리킨다고 했는데 (김윤식, 앞의 책, 85쪽.), 작품 속의 "1척 정도 키의 삼국불"라는 대목에서 암시되는 크기에 비추어봤을 때 사토 기요시가 소재로 삼은 불상이 아닐 가능성이 크다.

다. 금동 불상의 몸통을 시인은 "벌"의 모습에 비유하고 있다. 반가 사유상의 "둥글고 가늘지만 강한" 벌과 같은 몸통은 불상이 표상하는 불력佛力을 상징하는 것이다. 이런 수직선의 조형은 '우아하게 꼬아 내린' 다리와 이루는 수직, 수평의 교차적 형상으로 인해 역동적인 인상을 주는데, 시인에게는 현재 더 이상 존재하지 않는 불교가 융성했던 시대의 신앙심을 대변하는 것으로 부각된다. 이처럼 이 시에서 포착된 삼국시대 불상은 몇 개의 수평선들을 기본적인 조형 고안으로 사용한, 천년이라는 시간을 초월하여 아름다움을 보여주는 예술품으로 찬양되고 있다.

이 작품은 일제강점 말기 일본 시인의 작품에서 우리가 예상하게 되는 이데올로기적인 찬양의 모습은 쉽게 감지하기 어렵다. 오히려 동양의 종교 미술을 대변하는 불교 미술품의 조형적 특징에 대한 탐구와 순수한 미적 찬탄의 인상이 강하다. 이는 사토 기요시가 경성제국대학 교수의 신분이기는 하지만 이 작품을 창작할 당시 그가 특별히 군국주의 운동에 깊이 개입해 있지 않았기 때문일 것이다.

「나전 화문 소상」에서도 사토 기요시가 주목하는 것은 식민지 조선의 전통예술이 보여주는 소박한 아름다움이다. 나전 기술은 원래 당나라 때 유행하여 그 후 우리나라에 전래된 것으로 우리나라에서는 고려시대에 유행하였다. 나전이란 얇게 간 조개껍데기를 가리키는 용어로 보통 목제품의 표면에 칠을 하고 그 위에 나전을 박아 넣게 되는데 주로 조그마한 상자 형태의 목공예품인 경우가 많다.

연보라색

가는 줄기,

제비꽃,

보랏빛이 반짝인다.

고색창연한 나전-

일곱 치 정도의 소우주에

가득한 소박한 아름다움이여

「나전 화문 소상」 전문[20]

이 작품도 「삼국불」처럼 간결한 시형을 보여주고 있다. 1~4행은 나전 상자의 문양과 색깔에 대한 구체적인 묘사를 시도하고 있다. 시인은 이 상자의 색깔을 "연보라색", "보랏빛"이라고 표현하고 있다. 이는 아마도 고려시대 나전 상자에서 많이 사용된 전복 껍데기 특유의 청록 빛깔에 대한 묘사라고 생각된다. 이 상자의 장인이 이 상자에 베풀고자 한 문양은 제비꽃의 줄기 모양이라고 했는데 현전하는 이 시대의 나전 상자에서는 쉽게 발견할 수 없는 특이한 문양이라고 할 것이다. 시인은 제비꽃 줄기 문양의 "고색창연한 나전" 상자를 "소우주"라고 표현하고 거기서 "소박한 아름다움"을 발견하고 있다. 시인이 관람한 나전 상자는 비록 '삼국불'과는 달리 정신적인 특성을 가지고 있지는 않으나 시인에게는 지금은 사라진 과거의 아름다움을 대변하는 것이 되고 있다.

사토 기요시에게 있어 불상이나 나전 상자 못지않게 중요한 예

20  『碧靈集』, 5쪽.

술 작품은 도자기였다. 그는 도자기를 소재로 한 작품들을 몇 편 남
긴 바 있다. 그 중 한 편인 「교지유호」의 소재가 된 작품이 무엇인
지는 현재로서 정확히 알기 힘들다. 교지交趾는 '발이 엇갈린다' 정
도의 뜻이고, 유호釉壺는 '유약을 묻힌 항아리' 정도의 뜻이다. 그렇
다면 교지유호는 발이 엇갈리게 붙어 있는 도자기 항아리 정도로
풀이된다.

> 녹초 액즙을 칠해,
> 녹초의 향기가 난다,
> 항아리, 물주전자, 민무늬.
>
> 흙은 감성,
> 물감은 지각,
> 불은 상상,
>
> 무의식적으로 만들어,
> 서명을 잊은
> 조선의 도공들.
>
> 「교지유호」 전문[21]

1연에서 시인은 대상이 되는 항아리의 특징을 묘사하고 있다. 이
에 따르면 대상이 되는 항아리는 도자기 전체에 녹색 물감을 사용

21 『碧靈集』, 6~7쪽.

하여 녹색을 띠고 있으며, 별다른 무늬를 베풀지 않은 민무늬 도자기라고 할 수 있다. 그리고 물주전자 용도로 제작된 것임을 알 수 있다. 흙의 성질을 정확히 판단하기는 어렵지만 2연에서 단순히 "흙"이라고 한 것으로 보아 고령토高嶺土를 사용한 자기가 아니라 도토陶土를 사용한 도기라고 보는 편이 옳을 듯하다. 시인은 도기를 덮고 있는 녹색을 묘사하면서 마치 방금 전에 장인이 칠을 하여 녹색 물감의 냄새가 나는 듯 생생하게 묘사하고 있다.

2연에서는 이런 예술품이 탄생하는 과정에 동원된 "흙", "물감", "불"을 그 나름의 재치를 가지고 인간의 능력에 비유하고 있다. 시인의 비유에 따른다면 장인은 "흙"이 불러일으키는 감성에 촉발되어 도자기를 빚고 거기에다가 특정한 재료와 색깔의 "물감"을 사용하여 자신의 지각을 드러낸다. 그리고 이 작업의 마지막에는 "불"이 장인의 상상을 자극한다. 시인의 이와 같은 비유는 도자기라는 예술 작품의 탄생 과정을 자연과 인간의 조화로운 협동 작업처럼 묘사하고 있다는 점에서 신선한 면이 있다.

3연에서는 예술 작품을 창조하고서도 자신의 명예를 고려하지 못한 전통예술인의 소박한 면을 찬양하고 있다.

위에서 살펴본 작품들처럼 어느 작품이든 마지막 연은 작품과 장인이 보여주는 소박한 아름다움을 찬양하는 데 할애되고 있다는 특징이 있다.

사토 기요시가 묘사한 도자기는 서민층의 수요에 응해서 만들어진 평범한 도기와 같은 인상을 준다. 그럼에도 불구하고 사토 기요시는 일견 평범해 보이는 미술관의 도기에서 대상물로 존재하기 이전에 제작 과정에 투여된 자연과 인간의 아름다움을 보여주고 있다.

식민지 조선의 도자기 장인에 대한 예찬은 고려청자나 조선백자를 소재로 한 작품들로 이어진다. 그런데 「고려의 하늘高麗の空」, 「창盞」과 같은 제목에서 알 수 있듯이 이들 작품이 명시적으로 도자기를 소재로 한 것으로 보이지는 않는다는 점에 그 특징이 있다. 우선 고려청자를 소재로 한 「고려의 하늘」을 검토해보기로 하자.

> 천년도 어제처럼,
> 녹색 철철 넘치는 고려고자,
> 그림자에서 그림자를 쫓는 것처럼,
> 그 밑에 빛은 가라앉는다.
>
> 떠서 움직이는 비색 속의,
> 희미한 꿈과 환상,
> 손가락 자국도 없이 사라져 가,
> 색깔만 깊이 맑다.
>
> 청자 도공의 손에 철철 넘쳐
> 청자 굽는 뜨거운 불 속에 녹았으리,
> 별들이 반짝반짝 오르락내리락한다.
> 투명한 고려의 하늘.
>
> 「고려의 하늘」 전문[22]

이 작품도 기본적인 구성은 「교지유호」와 크게 다르지 않다. 1연에서는 천년이라는 시간을 초월해서 고려청자 특유의 비취색(작품에서는 녹색이라고 되어 있다.)의 아름다움을 묘사하고 있다. 시인은 "녹색 철철 넘치는"이라는 표현을 통해서 비취색 청자에서 받은 강렬한 인상을 표현하고 있다. "그림자에서 그림자를 쫓는 것처럼/ 그 밑에 빛은 가라앉는다"라는 표현은 감각적으로 선뜻 다가오지 않는 표현이다.

비취색에 대한 묘사는 2연에도 계속되는데, "비색"이 자기의 표면을 "떠서 움직이는" 듯 동적으로 묘사한 점이 특징적이다. 그 색속에서 시인은 자기 장인의 "꿈과 환상"을 보는데, 마치 조금 전 제작을 마친 것처럼 장인의 손가락이 사라져가는 장면을 눈에 보는 듯 묘사하고 있다.

3연의 첫 두 행 "청자 도공의 손에 철철 넘쳐/ 청자 굽는 뜨거운 불 속에 녹았으리"에서 "녹았으리"의 주어는 문면에 등장하지 않는다. 그러나 1연의 2행에서 "철철 넘치는"의 주어가 "녹색"이었다는 점을 감안하면, 3연의 이 부분의 주어 역시 "녹색"이며, 이 부분역시 1~2연과 마찬가지로 주로 고려청자의 비취색에 대한 묘사임을 알 수 있다. 잘 구워진 청자의 표면이 비취색으로 빛나는 형상을이 시에서는 "별들이 반짝반짝"이는 것에 비유하고 있다. 마지막행에서 사토 기요시는 고려청자의 비취색에서 그런 자기의 색깔을 밑받침했다고 상상하는 고려의 하늘을 보고 있다.

위에서 살펴본 「고려의 하늘」은 예술품에서 자연을 상상하는 구

---

22 『碧靈集』, 29~30쪽.

조로 되어 있는데, 사토 기요시의 상상 속에서 예술은 결코 그것이 발원한 자연과 괴리되어 나타날 수 없는 것이다. 또 예술적 지각 속에서는 예술가가 마주하는 대상은 그것이 비록 자연물일지라도 예술적 관념 속에서 지각되는 경우가 있는데, 이는 모든 것을 심미화해서 이해하게 되는 예술지상주의 혹은 심미주의의 결과일 것이다. 「창」은 이런 측면에서 「고려의 하늘」과 발상 면에서 정반대의 양상을 보여주고 있다.

> 서쪽 창유리가
> 한쪽이 얼어붙는 날이 계속된다.
> 오늘도, 오후에는,
> 조금 밝아졌다고 하지만,
> 뒤덮인 얼음은 미동도 않는다.
> 민둥산과, 독 표면과,
> 이파리도 없는 고목과, 굴뚝 등,
> 보이지 않는 게 나은 지도 모른다.
> 8장으로 나뉜 유리로,
> 외경을 막아 만든
> 멋진 내경-
> 고자의 젖빛 음각이다.
> 오른쪽 아래 두 면의 유리에는,
> 작은 고사리의 그림 무늬,
> 왼쪽 밑 두 면의 유리에는,

작약 이파리와 줄기의 그림 무늬,

좌우 위의 네 면 유리에는,

봉황, 포도, 사자, 모란

은빛 부조다, 그러나, 이미

환상은 풀려, 풀려 갔다.

미친 듯이 비추는 햇빛에,

차가운 꿈은 조금씩, 조금씩,

엷어져, 사라져, 무너져 간다,

물에 흘러가는 얼음 조각처럼.

「창」 전문[23]

위의 작품은 어느 추운 겨울날 하루를 실내에서 지내며 관찰한 자연 현상을 심미적으로 파악한 결과이다. 한겨울의 매서운 추위가 며칠 동안 계속되면서 시적 화자가 머무는 집의 서쪽 유리창이 얼어붙어 있다고 한다. 요즘과는 달리 깨지기 쉬운 유리 재질로 인해 전통 가옥의 창이 얼어붙는 것은 그 당시로서는 흔한 일이었다. 집 밖의 "민둥산"이나 "장독", "고목", "굴뚝" 등은 시적 화자가 느끼는 겨울날의 추위와 그에 따른 황량함 같은 다소 소극적이고 침체된 느낌을 불러일으키는 사물이다. 그래서 시적 화자는 차라리 그런 것들을 언 유리가 가려주는 게 나을 지도 모르겠다고 스스로를 위로하고 있다.

그런데 시적 화자의 계절적 황량함을 반전시키는 묘사들이 곧바

---

23 『碧靈集』, 36~38쪽.

로 등장한다. 얼어서 바깥 경치를 차단한 유리창이 멋진 내경을 만들어내고 있는 것이다. 총 여덟 장의 유리창으로 구분되어 있는 서쪽 유리창은 "멋진 내경"을 창출하고 있는 것인데, 시적 화자는 각각 고유한 얼음 문양을 만들어내고 있는 여덟 장의 유리창에서 백자를 연상해내고 있다. 이는 바깥의 풍경을 집안에서 상시적으로 관찰한다는 유리창의 일상적 기능이 차단될 때 새로운 차원의 가능성이 열리는 순간을 사토 기요시가 시인다운 재치로 발견해 내고 있는 것이다. 시인은 아래쪽 네 장의 유리에서 고사리, 작약, 위쪽 네 장의 유리에서 봉황, 포도, 사자, 모란 문양을 보고 있다. 위에서 시인이 거론한 문양은 조선백자에서 흔히 사용되던 문양이다. 이런 상상은 자기라는 예술 작품의 아름다움에 심취한 유미주의적 시선의 산물이다.

시인은 현실의 유리창에서 환상의 백자를 본 것인데, 이는 지극히 짧은 순간 속에서만 가능한 일이다. 시적 화자는 햇볕과 함께 조금씩 사라져가는 환상의 문양들에서 가벼운 애상을 느끼는 듯하다. 이처럼 사토 기요시의 시에서 전통예술은 찰나적인 아름다움의 느낌을 가지고 묘사되며, 그것과 마주치는 순간의 희열과 그 순간의 짧음에서 오는 아쉬움을 주 정서로 하고 있다. 이런 아쉬움이 가장 강렬하게 묘사되는 작품이 「현재」이다.

묵 갈기를 마친 현재는
조그만 붓을 소중하게 쥐고,
한지에 어떤 형체를 그리기 시작했다.

-버드나무가 나부끼고,

배가 묶여 있다.

낚싯대가 떠내려가고,

처진 콧수염의 노인이

큰대자로

뱃전에서 자고 있다.-


도톨도톨 많은

묵적도 손쉽게,

쓰자 현재는

담배를 태우기 시작했다,

자신도 졸린 것처럼.


경성의 가게 앞에서 내가 본 그림이여,

그리고 그것뿐 자취를 감춘 그림이여,

쓰고, 쓰고, 써나간

아무런 근심도 없고 가난한 정신-.

이것에 끌리지 않을 자 누군가.

명성이여, 예술의 신부여,

너는 백 년 동안

시집 갈 배우자를 잊고 있었다.

「현재」 전문[24]

24 『碧靈集』, 10~12쪽.

「현재」는 어떤 화가의 그림을 소재로 하고 있다. 이전에 검토한 사토 기요시의 작품들과는 달리 이 시의 소재가 된 작품은 경성의 어느 골동품 가게에서 본 것이라는 점에서 장소의 차이만 있을 뿐이다. 이 시의 주인공 격인 현재가 시적 화자가 본 그림을 그리는 장면을 상상적으로 재현하는 데 이 작품의 핵심이 있다.

1연 1~3행에서는 화가가 그림을 그리기 위해 먹을 갈고 붓으로 한지에 수묵화를 그리는 장면을 묘사하고 있다. 4행 이하에서는 화가가 그리고 있는 내용을 묘사하고 있다. 그 그림 속에는 버드나무가 있고, 강가에는 배가 묶여 있다. 그리고 배에는 낚싯대가 드리워져 있는데 정작 낚싯대의 주인인 노인은 자고 있다. 이와 같은 묘사로 볼 때 시적 화자가 본 그림은 조선시대 산수화의 전형적인 모습이라고 하겠다. 시 속의 묘사만으로는 작품의 계절감을 확실히 하기 어렵지만 버드나무가 그려진 것으로 보아 늦봄이나 초여름의 풍경이 아닌가 생각된다.

사토 기요시는 앞에서 도자기를 묘사할 때처럼 어떤 예술작품을 보고 그것의 제작과정을 상상하여 재현하는 방식을 여기서도 취하고 있다. "도툴도툴"한 "묵적"이라는 표현은 아마도 미점준米 點皴의 방법으로 표현된 산수 대상을 지칭하는 것일 것이다. 2연은 작품을 완성한 현재가 예술적 긴장을 가누면서 담배를 태우는 모습을 상상하고 있다. 시인은 그림 속의 노인처럼 현재 역시 "졸린" 것처럼 보인다고 표현함으로써 산수화로 대표되는 전통예술에서 화가와 그림이 일체화된 관계를 표현하고자 한다. 이와 같은 예술적 직관은 그런 풍경을 시라는 방법을 통해 연출한 사토 기요시 자신이 지향하는 예술 세계를 암시하는 것이라고 볼 수 있을 것이다.

3연에서 시인은 현재의 그림에서 "아무런 근심도 없고 가난한 정신"을 읽어내고 있다. 근심이 없다는 것은 예술 이외에는 돌아보지 않고 예술 작품의 완성에만 집중하는 예술가의 순수한 마음 상태를 지칭하는 것으로, 그런 상태의 마음은 필연적으로 물질적으로 가난할 수밖에 없는 것이다. 이와 같은 소박한 마음에서 우러나온 작품에서 예술의 진정한 경지를 보게 된 체험은 시인으로 하여금 "예술의 신부"인 "명성"이 "시집"갈 "배우자"인 현재의 그림을 잊고 있었다고, 즉 다시 말하자면 현재의 이 작품의 진가를 이해하지 못했다고 비판하고 있다.

그렇다면 사토가 이 작품에서 소재로 삼고 있는 것은 무엇일까. 현재玄齋라는 제목에 근거를 둔다면 현재가 조선시대 대표적 화가 중 한 사람인 심사정沈師正이라는 사실을 알 수 있다.[25] 그는 여러 가지 화제畵題를 두루 그린 바 있지만 주로 산수화에 주력한 문인화가였다. 지금까지 알려진 산수화만 해도 200여점이 넘을 만큼 많은 산수화를 그렸다.[26] 그런데 흥미로운 점은 사토 기요시가 감상하고 찬탄한 예의 그림이 과연 어떤 작품인지는 명확하게 알 수 없다는 사실이다. 사토의 작품 속에서도 드러나듯이 그가 현재의 그림을 감상한 것은 미술관이 아니라 경성의 어느 가게, 즉 골동품 가게였

25  사희영은 이 작품에서 소재로 하고 있는 화가가 장승업(張承業)이거나 실존했던 누군가일 것이라고 추측한 바 있다. 사희영, 앞의 논문, 116쪽.

26  이예성, 『현대 심사정 연구』, 일지사, 2000, 64쪽.

■ 그림 4 심사정의 「강상야박도」

던 듯하다. 그는 어느 날 가게에 걸려 있던 그림을 한 번 본 후 그 후로 볼 수 없었다고 말하고 있다. 아마도 어떤 수집가에게 팔려나간 것일 게다.

사토 기요시가 묘사한 그림의 분위기로 보아 그가 본 그림은 아마도 산수화의 세부 시제 중 하나인 「사시팔경도四時八景圖」 중의 하나가 아닌가 생각된다. 사시팔경도는 계절의 변화를 자연 풍경의 변화를 통해서 묘사하는 그림으로, 보통 초봄, 늦봄, 초여름, 늦여름, 초가을, 늦가을, 초겨울, 늦겨울 이처럼 여덟 폭으로 그려진다.[27] 위에서도 잠시 언급했듯이 버드나무가 나부낀다는 묘사를 통해 사시팔경도라면 늦봄이나 초여름을 그린 그림일 가능성이 있다. 또 배, 낚싯대, 대자로 뻗어서 자는 노인 등의 소재도 고려할 필요가 있다. 그러나 현전하는 심사정의 사시팔경도에는 이런 류의 산수화가 없다. 사토 기요시의 시에서 묘사된 것과 가장 유사해 보이는 그림으로 국립중앙박물관이 소장하고 있는 「강상야박도江上夜泊圖」를 꼽을 수 있지만 이 그림에는 노인이 잠을 자고 있지 않다는 점, 이 그림이 개인 소장이 아닌 국립중앙박물관 소장이라는 점, 그리고 이 그림의 재질이 한지가 아니라 비단이라는 점[28] 등을 고려할 때 사토 기요시의 시제가 된 심사정의 산수화는 개인 소장의 미공개작일 가능성이 높다.

27  고연희, 『조선시대 산수화』, 돌베개, 2007, 77~78쪽.
28  이예성, 앞의 책, 100~101쪽 참조.

## 4. 일제강점 말기 시인들에 대한 영향 관계

위에서 살펴본 것처럼 사토 기요시는 일제강점 말기 식민지 조선의 전통예술의 아름다움을 형상화하는 작품을 주로 그려내었다. 그러한 세계를 표현하고 있는 『벽령집』은 "조선적인 것"으로 지칭되는 식민지 조선의 전통예술의 위상을 부각시키는 계기가 되었다. 그동안 누구도 시제로 삼지 않았던 "조선적인 것"에 대한 일본인 시인의 찬탄은 일제강점 말기 문학의 신체제화가 추진되던 시기에 시적 방향성을 고민하던 식민지 조선 시인들에게 적지 않은 시사를 주었을 것으로 판단된다. 물론 사토 기요시가 일제강점 말기 최재서의 『국민문학』에 동참하지 않았다면 사토 기요시의 시작들이 조선의 시인들에게 별다른 영향을 미치지 못했을 것이다. 그러나 『국민문학』을 통해서 시나 시론을 왕성하게 발표하고 『벽령집』이라는 일견 대단히 "조선적인" 시집까지 내면서 그는 일약 시단의 좌장격을 위상을 갖게 되었다.

이러한 상황에서 사토 기요시는 일본 시인들뿐만 아니라 식민지 조선 시인들에게도 영향력을 행사하게 되는데 그 대상이 되는 인물로는 임학수, 김종한, 서정주 등을 꼽을 수 있다.

임학수는 앞에서도 언급한 바 있듯 경성제국대학 영문과 출신으로 1930년대 중반 이후 활발한 시작 활동을 펼친 바 있다. 1939년 황군위문문사사절단皇軍慰問文士使節團 일원으로 북중국 일대를 여행한 것을 제외하면 시종일관 영문학자이자 시인으로서 왕성한 창작 활동을 보였다. 1938년 발간한 『팔도풍물시집』은 식민지 조선에

산재한 고적지를 기행한 경험을 바탕으로 쓴 작품들을 모은 것이다. 이 시집의 발간에 사토 기요시가 관여한 흔적은 명시적으로 보이지 않는다. 그러나 임학수가 사토 기요시의『절로집』에 대해 쓴 서평에서 알 수 있듯이 조선 시인으로서는 그가 본격적으로 시도한 풍물시의 아이디어가 사토 기요시의 일련의 조선 풍물시에서 암시된 것임을 알 수 있다.[29]

앞에서 살펴본 것처럼 예술작품을 소재로 한 사토 기요시의 풍물시는 시간의 거리를 초월한 과거와 현재의 융화라는 다분히 낭만적인 의식에 기반한 것이다. 그런데 사라진 시대의 영화榮華를 고적지 답사를 통해서 회감하는 임학수의 풍물시는 그 대상의 차이는 있을지언정 그 속에 사토 기요시 류의 낭만적 태도가 내재해 있다고 할 것이다.

김종한金鍾漢은 정지용에 의해『문장文章』추천으로 등단한 시인이자, 최재서와 협력하여『국민문학』을 이끌어 간 편집자였다. 최재서가 총괄적인 입장에 있었다면 김종한은 시 부문을 책임지는 위치에 있었다. 이와 같은 관계상 김종한은 사토 기요시와 밀접한 관계를 가지고 있었다.『국민문학』에 공식적인 등단 제도는 없었지만 많은 수의 신진 시인이 시를 발표하게 되는데 이 과정을 주관함에 있어서 이 두 사람은 긴밀한 협력자 관계를 유지하고 있었다. 김종한이 친일적인 색채가 노골적으로 드러나는『수유근지가垂乳根

---

29 사토 기요시의 풍물시는『벽령집』에 집대성되어 있는데 이 시집에 수록된 작품들 은 그가 식민지 조선에 부임한 때부터 써온 것이다. 이런 점을 감안하면, 표면적으로 풍물시 분야에서 임학수가 사토에 앞서 보이지만, 실은 사토가 이 분야에서 선구자적인 위치를 점하고 있다고 할 수 있다.

■ 그림 5 김종한

之歌』라는 시집을 1943년 발간하자 사토 기요시는 이 시집에 대한 서평을 발표하기도 했다.[30] 이 글에서 사토 기요시는 김종한의 이 시집이 "국어(일본어: 필자)를 소중히 취급하고" "국어의 음악성을 살리려고 노력하고 있다"는 점을 긍정적으로 평가하는 등 김종한의 시를 전반적으로 상찬한 바 있다. 이때를 계기로 해서 이 두 사람의 시 창작에는 전쟁을 찬양하는 색채가 짙어지는데 여기에는 협력자 상호 간의 부추김이 작용했을 것이다. 김종한이 사토 기요시에 비해 보다 노골적인 면모를 보여주었음은 현재 남아 있는 이후의 시들을 통해서 확인 가능하다.

사토 기요시의 영향을 가장 많이 받은 조선 시인은 아마도 서정주일 것이다. 서정주는 최재서와 가까워진 뒤 그의 소개로 사토 기요시를 알게 된 것으로 보인다. 그가 처음 사토 기요시를 만난 것은

---

30 佐藤淸, 「金鍾漢詩集『たらちねのうた』評」, 『國民文學』, 1943.8, 58~59쪽.

『벽령집』 출판회장이었다. 해방 후 발표된 그의 회고록에서 그 당시를 회고하는 대목을 잠시 살펴보기로 하자.

> 마침 『벽령집』이라는 그의 시집이 발행되어서 무슨 식당에서 그의 시집 출판 기념회를 가졌는데, 나더러도 그 테이블 스피치라는 것을 한마디 하래서 그걸 비교적 남보다 자세히 했더니, 그것은 그의 마음에 들었던 모양이다.
>
> 이 『벽령집』이라는 시집은 한국만이 갖는 것이라고 사토가 생각한 이곳 겨울 하늘의 그 새파랗게 차가운 영적인 공기를 찬양해서 써낸 것들이었다. 이런 것은 이때의 내 기호와도 맞는 데가 있어 칭찬해 주었던 것이다. 우리나라를 좋아하던 일본인으로 유종열柳宗悅이 있지만 사토도 그만 못지않게 우리나라의 자연과 예술과 청담한 기풍을 좋아하던 사람인 걸 『벽령집』은 보여주고 있다.[31]

『벽령집』의 출간이 1942년 10월의 일이므로 서정주가 사토 기요시를 만난 것도 그 어간이라고 할 것이다. 위의 회고록에 따르면, 서정주는 시집 출간 기념회 석상에서 사토 기요시의 시 세계를 상찬하는 식사를 한 것으로 보인다. 의례적인 차원을 넘어서 비교적 자세하게 식사式辭를 했던 것은 사토 기요시의 시에서 서정주 자신의 기호와 맞아떨어지는 부분이 많았기 때문이라는 것이다. 그는 사토 기요시가 야나기 무네요시 못지않게 식민지 조선의 자연과 예술을 사랑했던 사람이라고 평가하고 있다.

31 『미당자서전2』, 161쪽.

위의 진술에 의존한다면, 서정주는 사토 기요시를 만나기 이전부터 비슷한 시적 취향을 가지고 있었다고 할 수 있다. 사토 기요시 못지않게 서정주 역시 일제강점 말기 이조백자를 정열적으로 수집하고 있었고[32], 자기의 아름다움에서 영감을 얻은 시들을 창작하고 있었던 것이다. 「꽃」이나 「瘧疾 다섯 직 끝에 본 李朝白磁의 빛」같은 시들이 바로 그것이다. 그러나 회고록의 다른 부분에서 "이조백자를 조금씩 모으던 1943년 가을에 된 것이 「꽃」"이라고 진술[33]한 점을 미루어 보면, 그가 『벽령집』에서 적지 않은 영향을 입은 것이라고 할 것이다.

## 5. 결론

이 글은 일제강점기 재조 일본인이 타자의 세계인 식민지 조선을 어떻게 표상하고 있었던가 하는 관심에서 출발하였다. 문학을 비롯한 문화예술, 일상생활 등 일제강점기 문화를 정확하게 검토하는 데 있어서 식민지 조선의 자발적, 비자발적 거주자였던 일본인들의 시선과 의식에 대한 이해는 불가피하다.

그러나 적어도 일제강점기 문학 연구에 있어서만큼은 이처럼 정

---

32 서정주의 회고록에서 백자 관련 진술 대목을 인용한다. 이 부분을 보면 일제강점 말기 그가 자기 수집이 단순한 취미 수준을 넘어서 있음을 알 수 있다. "나는 이조백자의 세숫대야 모양의 그릇 속에 세숫물을 담아서 세수도 해보고, 어린놈과 함께 산골로 돌아다니며 풀꽃들을 꺾어다가는 백자의 항아리에 담아보기도 하고……" 앞의 책, 135쪽.
33 위의 책, 134쪽.

당한 논리가 현실화되지 못했던 것이 사실이다. 여기에는 본격적인 의미에서의 일제강점 말기 문학 연구가 한창 진행 단계라는 시간적 한계도 작용하겠지만 일본인의 문학 활동을 굳이 우리가 검토할 필요가 있겠느냐는 일국주의적 의식도 개재되어 있다고 할수 있다. 그러나 일제강점 말기 문학 장이 일본인과 식민지 조선인 사이의 각종 타협이 일어나는 혼종의 공간이라는 점, 그리고 문학이 의식적, 무의식적 영향 관계의 수수 하에서 진행된다는 점을 감안하면, 우리 입장에서는 타자라고 할 수 있는 일본인의 시선을 이해할 필요가 있다.

위와 같은 문제의식 하에서 이 글에서는 일제강점 말기 시단에서 큰 영향력을 가지고 있었던 사토 기요시의 작품 세계를 그의 대표 시집 『벽령집』을 중심으로 검토해보았다. 그의 시들은 여러 가지 상황으로 외면 받던 "조선적인 것"에 대한 문단의 관심을 제고시키는 계기가 되었다는 점에 주목할 필요가 있다. 식민 주체의 일 구성원이 식민지의 문화를 긍정적으로 평가한다고 할 때, 탈식민주의적 시각에 익숙한 연구자들은 그런 상황을 결코 곧이곧대로 바라보지는 않을 것이다.

그러나 이와 같은 비판적 시각을 충분히 염두에 둔다고 하더라도 사토 기요시의 조선 표상 작업은 그 나름대로 순수한 면을 가지고 있다고 할 수 있다. 식민지 문화에 대한 접근이 군국주의적인 색채에 침윤되지 않았던 점에서 사토 기요시의 시는 야나기 무네요시의 조선예술론을 잇는 시적 조선예술론이라고 평가할 수 있을 것이다. 그리고 사토 기요시의 시 세계가 서정주의 소위 영원주의

永遠主義 미학 형성에 어느 정도 영향을 주었다는 점에서 사토 기요시의 시는 해방 후 한국 현대시의 전통주의 미학 형성 과정을 살피는 데 중요한 자료라고 할 수 있을 것이다. 이 점에 관해서는 이 글에서 미처 본격적인 논급이 이루어지지 못했는데, 이는 향후 연구 과제로 삼고자 한다.

# 5장

## 오시마 나기사大島渚 영화와
## 한국의 관련 양상

## 1. 서론

오시마 나기사大島渚, 1932-2013는 1960년대 일본영화의 전위적인 흐름을 대표적으로 보여주는 감독으로 잘 알려져 있다. 그는 일본의 전통적 문화가 살아 있는 교토 출신으로 교토대학 법학부 재학 당시 교토부학련위원장京都府学連委員長으로 활동했던 좌파 성향의 감독이다. 그의 회고에 따르면 그가 영화계에 뛰어들 게 된 것은 순전히 우연이었다. 그는 대학 재학 시절 창조좌創造座라는 이름의 교내 극단을 창설해서 주재했지만, 영화에는 그다지 관심이 없었다. 졸업을 앞두고 취직자리를 찾던 그는 우연히 쇼치쿠 조감독 시험을 보게 되었는데, 우수한 성적으로 합격하자 영화의 길로 들어섰다.[1]

---

1  오시마 나기사의 감독 데뷔까지의 이력은 四方田犬彦,『大島渚と日本』, 東京: 筑

<sup></sup> 그림 1 오시마 나기사

　오시마는 비교적 이른 시점에 감독으로 승진하여 데뷔작인 「사
랑과 희망의 거리愛と希望の街. 1959」를 발표하게 되는데, 이후 그의 영
화들은 그가 나고 자란 교토의 전통적인 분위기와는 사뭇 다른 현
대적인 분위기를 풍기고 있다.[2] 도쿄라는 대도시를 배경으로 패전

　　摩書房, 2010, 285쪽 참고.
　2　오시마가 조감독으로 쇼치쿠에 입사하던 1950년대는 미조구치 겐지(溝口健二,
　　1898~1956)나 오즈 야스지로(小津安二郎, 1903~1963)로 대표되는 멜로드라마
　　가 일본영화의 유구한 전통으로 굳건히 자리를 차지하고 있던 시점이었다. 특히
　　도쿄 출신인 미조구치는 수십 년간 교토를 배경으로 가부키(歌舞伎), 노(能), 일
　　본무용, 분라쿠(文樂), 작극술, 연기술 등 전통 예술의 세계를 멜로드라마적인
　　터치로 그려내고 있었는데, 그의 대표작들은 대부분 교토를 배경으로 한 것들이
　　었다.(佐藤忠男, 『溝口健二の世界』, 東京: 平凡社, 2006, 8쪽.) 그런데 정작 교토 출
　　신인 오시마는 이런 세계의 반대편에서 현대 사회의 문제점을 해부하는 영화를
　　만들었다. 이런 측면에서 미조구치의 죽음과 오시마의 데뷔는 일본 현대영화사
　　의 새로운 시기가 도래했음을 알리는 사건이라고 할 수 있다.

■ 그림 2 왼쪽이 영화감독 이장호. 오른쪽은 소설가 최인호

을 딛고 일어서는 전후 일본의 각종 병리 현상들을 조명하는 영화들이 만들어지는 가운데 그의 영화는 권력과 이데올로기의 문제를 성이나 범죄를 매개로 고강도로 비판하는 사회비판적인 성향을 강하게 내비치게 된다.

오시마가 1960년대에 발표한 영화들 중에 한국인의 관점에서 눈여겨 볼만한 대목은 그의 영화에 한국과 관련된 이미지가 지속적으로 표상되고 있다는 점이다. 일본의 감독들 중 재일 조선인 출신이 아닌 순수 일본인으로서 그만큼 한국에 지속적으로 관심을 표출한 경우는 드물다고 생각된다. 그가 이처럼 한국에 관심을 가지게 된 데는 여러 가지 상황이 작용한 것으로 보이는데, 이 점에 관해서는 그가 영화감독 이장호李長鎬, 1945~와 가진 인터뷰 내용을 참조할 만하다.

그는 어린 시절 그의 조부로부터 조선에 관한 이야기를 많이 들었다고 한다. 그러나 이보다 직접적인 원인은 그가 참여한 일련의 영화 제작 활동이라고 할 수 있다. 1960년대 초반 그는 '쇼치쿠 누벨바그'라는 일련의 조어를 만들어낼 정도로 주목을 받다가 쇼치쿠와의 알력으로 쇼치쿠를 퇴사하게 된다. 그가 한동안 쉬고 있을 때 모 TV방송국의 의뢰로 「잊혀진 황군忘れられた皇軍, 1963」이라는 다큐멘터리영화를 제작하게 되었다. 그는 취재 과정에서 구 일본군 출신 재일 조선인 상이군인들의 비참한 사정을 알게 되면서 커다란 충격을 받고 한국인 문제에 관심을 가지게 되었다고 한다.[3] 이것이 아마도 그가 한국을 자신의 뇌리에 강하게 각인하게 되는 직접적인 계기로 작용하게 되었을 것이다. 그는 이 과정에서 재일 조선인이 근대 이후 일본의 자의식과 자기 표상에 필수불가결한 일부분임을 강하게 의식하게 된 것이다.

이처럼 오시마에게 재일 조선인이나 한국인이 과연 어떤 의미를 가지고 있기에 그의 영화에 지속적으로 그런 이미지가 표상되는가 하는 점은 그의 영화를 논하는 데 있어서, 그리고 전후 일본의 정치와 문화를 이해하는 데 있어서 매우 중요한 문제라고 할 수 있다. 이 점에 관해서는 이미 일본의 영화평론가들이 그의 영화를 논할 때 부분적으로나마 언급한 바 있다.[4] 그리고 한국인 연구자 중에서는 신하경이 이 문제를 집중적으로 검토한 바 있다.[5] 신하경의 논문

---

3  사토 다다오 저, 문화학교 서울 역, 『오시마의 세계』, 문화학교 서울, 2003, 394쪽.
4  이와 관련한 일본 측 연구자들의 언급은 이후 논의 과정에서 부분적 참고하고자 한다.
5  신하경, 「1960년대 오시마(大島渚) 영화 속의 재일 조선인 표상」, 『日本文化學報』

은 오시마의 한국 체류 경험을 기점으로 그전을 '조선의 재발견'이라는 관점에서, 그후를 '당사자 의식'이라는 관점에서 조명하고 있다. 전자에는 「잊혀진 황군」과 「윤복이의 일기ユンボギの日記, 1965」가, 후자에는 「일본춘가고日本春歌考, 1967」, 「교사형絞死刑, 1968」, 「돌아온 주정뱅이帰って来たヨッパライ, 1968」가 논의 대상이 되고 있다. 신하경의 이 논문은 오시마의 한국 인식의 성장 과정을 정밀하게 분석하고 있는데, 기본적으로 일본이나 일본영화의 문맥에서 그의 영화를 바라보고 있다.

그런데 그 당시 오시마는 이미 한국에도 어느 정도 인지도를 형성하고 있다는 점을 당대 신문 기사 등을 통해서 확인할 수 있다. 그는 한국에 일본의 촉망받는 신진 감독으로 주목의 대상이 되고 있었던 것이다. 따라서 이 글에서는 일본이나 일본영화가 아니라 한국이나 한국영화로 그 시선을 돌려서 그와 그의 영화가 1960년대 한일 관계에서 가지는 의미를 당대 한국 언론의 보도 내용을 통해서 보다 포괄적으로 검토하고자 한다. 이런 작업은 1950년대 음성적으로 진행되어 온 한일 간 문화 교류가 한일협정을 계기로 본격화되는 1960년대 한국 사회 문화 영역의 특성을 살피는 데 중요한 의미를 갖는다고 생각된다.

45. 한국일본문화학회, 2010.5, 187~212쪽.

# 2. 청춘영화 속의 재일 조선인 이미지

오시마가 한국 언론에 처음 등장한 것은 1960년 12월이다. 1959년 「사랑과 희망의 거리」로 데뷔한 이래 그는 1960년 한 해에만도 「청춘 잔혹 이야기青春残酷物語. 1960」, 「태양의 묘지太陽の墓場. 1960」, 「일본의 밤과 안개日本の夜と霧. 1960」 등 무려 세 편이나 연달아 발표함으로써 신진 감독으로서의 정력을 과시하였다. 그런데 이 중에서 「태양의 묘지」를 문제 삼는 글이 한국 언론에 발표되면서 그는 한국에 공식적으로 알려지게 되었다. 이 글은 그 당시 영화평론가이자 시나리오 작가로 활동하고 있던 유한철劉漢徹. 1917~1980이 쓴 것으로, 「일본의 누벨 버그 영화작가에게 경고한다」는 제목을 달고 있다. 이 글은 그 당시 '쇼치쿠 누벨바그' 영화감독으로 알려진 오시마의 「태양의 묘지」와 시노다 마사히로篠田正浩. 1931~의 「말라붙은 호수乾いた湖. 1960」라는 영화를 다루고 있는데 시종일관 비판적인 논조를 보이고 있다.

「태양의 묘지」의 경우 유한철이 문제 삼은 것은 영화 속에 등장하는 재일 조선인의 부정적 이미지이다. 그는 이 영화의 주인공이 아니라 부수적 인물로 등장하는 재일 조선인이 '밀주密酒집 밑바닥 생활 속에 조그마한 감상조차 안 느끼는 파렴치한'으로 묘사된 것에 대해 비판하고 있다. 그는 이 영화에서 이런 인물은 작품 구성상의 필요가 아니라 한국인을 모욕하기 위한 설정이라고 보고, 이것이 '국제 예의'에 어긋날 뿐만 아니라 그 당시 전개되고 있던 한일 회담에도 부정적 영향을 미칠 것이라고 비판한 것이다.[6]

※ 그림 3 「태양의 묘지」 포스터

177

그러나 「태양의 묘지」라는 영화는 오시마가 재일 조선인을 부정적으로 묘사하려는 목적을 가지고 만든 것은 아니다. 이 영화는 그 당시 일본영화계의 유행이었던 태양족영화에 대한 오시마적인 응답[7]으로서 만들어진 것일 뿐이다.[8] 이 영화에 등장하는 오사카 하층 청년들 중 일부가 재일 조선인이기는 하지만 그가 주인공은 아니다. 유한철이 문제 삼은 재일 조선인 등장인물은 일본 하층민으로부터 일본 호적을 싼값에 사서 한국인 밀항자들에게 팔아 이득을 취하는 행태를 보이는데 이 인물은 오사카 하층민들이 보여줄 수 있는 부정적 행태의 일부분일 뿐이다. 따라서 예의 비판은 영화의 전체적인 맥락이 아니라 국부적인 부분에 치우친 판단이라고 할 수 있다. 또한 오시마의 경우 그 당시 한일회담을 통한 양국 간의 이해와 친선을 바라는 쪽이었기 때문에 특별히 자신의 영화에서 재일 조선인만을 부정적으로 묘사할 이유는 없었다.

이와 같이 상당히 편파적인 판단이 나오게 된 데에는 보다 근본적인 이유가 있어 보인다. 유한철이 「태양의 묘지」를 직접 관람하고 영화평을 쓴 것이 아닐 것이라는 점이다. 왜냐하면 그 당시 한국에는 일본영화가 일절 수입되지 않았기 때문이다. 아마도 일본영

---

6  劉漢徹, 「日本의 누벨 버그 映畵作家에게 警告한다/國際禮義에 어긋난 짓은 삼가라」, 『京鄕新聞』, 1960.12.4.

7  모린 투림(Maureen Cheryn Turim)은 이 영화를 니콜라스 레이(Nicholas Ray) 감독의 「이유 없는 반항(Rebel Without a Cause, 1955)」이나 그 당시 유행하던 태양족영화의 폭력적 서사에 대한 패러디로 평가하고 있다. 그 이유는 「이유 없는 반항」이 젊은이들의 방탕을 사회적이거나 정신분석적으로 설명하면서 폭력을 낭만적으로 미화하는 데 반해 「태양의 묘지」는 폭력을 냉정한 시선으로 묘사하기 때문이다. Maureen Cheryn Turim, *Films of Oshima Nagisa-Images of a Japanese Iconoclast*, Univ of California Pr, 1999, p.50.

8  막스 테시에 저, 최은미 역, 『일본영화사』, 동문선, 2000, 89쪽.

화계의 소식을 전하는 영화 잡지를 통해서 알게 된 사실을 바탕으로 기사를 썼을 가능성이 높아 보이는데, 이런 조건 때문에 그는 이 영화를 객관적으로 평가할 수 있는 조건을 가질 수 없었던 것이다.

## 3. 한국 체류 경험과 다큐멘터리영화들

1964년 8월 21일에는 오시마 일행이 공보부 초청으로 한국을 방문하게 된다. 이들은 NTV에서 제작 예정이었던 「한국이 본 평화선」이라는 다큐멘터리영화를 촬영할 목적으로 방한했던 것이다.[9]

평화선은 이승만이 한국전쟁 당시인 1952년 1월 18일 기존의 맥아더라인보다 좀 더 일본 측에 근접한 해역에 일방적으로 영해선을 선포한 것이다. 한국 측은 이 영해선을 평화선이라고 불렀지만 일본 측은 '이李라인'이라고 불렀다. 표면적인 이유는 국방과 어업 자원의 보호 필요성이었지만, 심층에는 한일예비회담에서 미국의 지원을 기대할 수 없게 된 한국이 그에 맞먹는 교섭 재료를 확보하기 위한 포석이 깔려 있는 것으로 볼 수 있다. 이로 인해 한국전쟁 후에도 일본 어선의 나포로 인해 한일 양국 간에는 끊임없는 분쟁이 이어졌다.[10]

오시마는 일본의 입장이 아니라 한국의 입장에서 이 문제를 바라보고 한일 상호 간 이해의 폭을 넓히기 위해서 이 영화를 촬영하

9 「日本 前衛作家 大島渚氏 訪韓」,『京郷新聞』, 1964.8.29.
10 다카사키 소지 저, 김영진 역,『검증 한일회담』,청수서원, 1998, 33~34쪽.

고자 한 것이다. 1개월간의 체류 예정으로 방한한 그는 50여일 가량 한국에 머물렀던 것으로 보인다. 그런데 요모타 이누히코四方田 犬彦. 1953는 이 계획이 오시마가 한국 연안 어민의 실정을 알게 되었을 때 폐기되었다고 말할 뿐[11], 그 이유는 자세히 설명하지 않고 있다.

여하튼 이때 오시마는 촬영 작업을 하면서도 한국 영화인들이나 언론인들과의 만나면서 한국영화에 대한 자신의 견해를 피력했다. 특히 그는 추석 당일 영화관을 찾아서 영화관들이 성황을 이루는 장면을 목격하면서 조만간 한국영화도 일본영화처럼 쇠퇴의 길을 걷지 않을까 하는 우려를 표명한 바 있다. 그가 방한할 무렵 일본영화는 이미 쇠퇴의 길을 걷고 있었다. 1958년 연간 11억 2천 7백만 명이던 관객 수가 1963년에는 5억 1천 1백만 명으로 반 토막이 나 있었다.[12] 영화 관객 감소의 원인에는 여행, 스포츠, 기타 오락 부문의 확장 등의 요인을 꼽을 수 있지만, 무엇보다도 텔레비전의 보급을 가장 큰 요인으로 꼽을 수 있다.[13] 물론 한국의 경우 텔레비전의 보급이 아직 급박한 현실로 다가오지는 않았지만, 방한 당시 부흥기에 있던 한국영화 역시 조만간 이런 사태를 맞을 것이라고 오시마는 생각했던 것이다.

오시마는 한국영화가 사는 길은 "국제적으로 통용하는 힘" 여부에 있다는 점을 강조하고 이를 위해서는 영화에 대한 검열 제도가

---

11  四方田犬彦, 앞의 책, 149쪽.
12  사토 다다오 저, 유현목 역, 『일본영화 이야기』, 다보문화, 1993, 349쪽.
13  田中純一郎, 『日本映畫發達史Ⅳ』, 東京:.中央公論社, 1980, 272쪽.

없어져야 한다는 점을 주장했다.[14] 유현목俞賢穆, 1925~2009의「오발탄1961」, 이만희李晩熙, 1931~1975의「7인의 여포로1965」, 조긍하趙肯夏, 1919~1981의「잘 돼 갑니다1968」가 정치적인 이유로, 유현목의「춘몽1965」, 박종호朴宗鎬, 1928~의「벽속의 여자1969」등이 윤리적인 이유로 검열 처분을 받는 등 1960년대 내내 검열의 파고가 드세지는 상황이었다.[15] 이런 상황을 알고 있었을 그의 발언은 그가 영화 제작 초기부터 일본영화계에 지속적으로 주장한 영화 검열의 폐지 주장의 연장선에 있는 것이었다.[16]

이 당시 한국 체류 과정에서 오시마는 이후 두 편의 영화로 구성되는 필름을 촬영하게 된다. 한 편은 1964년 11월 15일 NTV를 통해서「청춘의 비青春の碑, 1964」라는 제목으로 방영된 것으로, 4·19혁명에 참여했다가 불구가 된 어느 소녀의 후일담을 다룬 것이다. 이 소녀는 정부로부터 공로훈장을 받기도 했지만 생활고로 인해 매춘부가 될 수밖에 없었는데 이 사실을 안 어느 사회사업가가 그녀를 자신이 운영하는 시설에서 맡고자 하지만 이 소녀는 가정을 돌봐야 된다는 생각에 보호시설에서 나와 가족에게로 돌아간다는 이야기이다.[17] 사토 다다오佐藤忠男, 1930~에 의하면, 이 영화는 다큐멘터리

---

14 大島渚,「日本의 前衛派 監督 大島渚氏의 韓國映畵 및 俳優論/뛰어난 演技力/너무 많은 비오는 場面…千篇一律的/聲優들 代理錄音으로 잡쳐버려」,『朝鮮日報』, 1964.10.6.
15 이영일,『한국영화전사』, 소도, 2004, 321쪽.
16 오시마는 1960년대 이후 민간의 자율적 영화 심의기구인 영륜(映倫, 映畵倫理規程管理委員會의 약칭.)이 영화감독에게 있어서 타율적인 규제 장치로 작동하고 있다는 점을 주장하면서 영화 검열에 저항했다. 표현의 자유에 대한 옹호는 일본을 넘어서 소련, 한국으로 확장되는 양상을 보였다. 1970년대 발표한 영화「감각의 제국」은 그 정점에 있다고 할 수 있다. 표현의 자유에 대한 그의 주장은 大島渚,「表現の自由」,『体験的戦後映像論』, 東京: 朝日新聞社, 1975, 184~199쪽 참고.
17 이 영화의 줄거리는 사토 다다오 저, 문화학교 서울 역,『오시마의 세계』, 문화학

영화임에도 불구하고 극영화라는 착각이 들 정도로 치밀하게 샷이 구성되어 있는 작품으로, 원래 이 영화는 소녀를 중심으로 구성될 계획이었으나 방송국의 요구에 따라 한 사회사업가의 미담 형식을 취할 수밖에 없었다고 한다.[18]

또 다른 한편은 그 당시 한국에서도 화제가 되었던 베스트셀러 「저 하늘에도 슬픔이1964」를 소재로 한 다큐멘터리영화였다. 소년 가장 이윤복의 실화담 「저 하늘에도 슬픔이」는 그 당시 이미 일본에서도 번역 출판되고, NHK에서도 라디오 전파를 탈 정도로 유명했다. 오시마는 1965년 여름 이 책을 읽고 감동을 받은 것이 계기가 되어 이 이야기를 영화화할 결심을 하게 된다. 그러나 일본에서도 한국에서도 촬영이 불가능한 상황이어서 1년 전인 1964년 여름 한국에 취재 차 갔을 때 찍어 둔 아이들 사진을 소재로 사용할 수밖에 없었다.[19] 그가 이 영화를 만들기 1년 전 이미 한국에서는 김수용金洙容, 1929~ 감독에 의해 「저 하늘에도 슬픔이1965」라는 휴먼드라마 터치의 영화가 만들어져 전국민적인 화제가 된 바가 있다.[20]

---

교 서울, 2003, 97~99쪽 참고.

18  위의 책, 100~101쪽.

19  村山匡一郎, 「「ユンボギの日記; スチールアニメーション」, 田中千世子 編, 『大島渚』, 東京: キネマ旬報社, 1999.12, 109쪽.

20  한일 양국 사이에 동일한 아동 작문을 영화화한 사례는 이 작품 이전에도 존재한다. 1950년대 중반 일본에서 재일교포 소녀 야스모토 스에코(安本末子)의 수기 「니안짱(にあんちゃん, 1958)」이 발표되어 일본 사회의 화제가 된 적이 있는데, 이 작품을 한일 양국에서 비슷한 시점에 영화화하였다. 한국에서 먼저 유현목에 의해 「구름은 흘러도(1959)」라는 제목으로 영화화되었고, 이듬해 일본에서는 이마무라 쇼헤이(今村昌平, 1926~2006)의 감독으로 「니안짱(にあんちゃん, 1960)」이라는 제목으로 영화화되었다. 이 경우 원작은 일본에서 출판되어 한국에 번역 · 소개되어 한국 사회에서도 화제가 되었는데, 소재 자체가 재일 조선인의 현실이었기 때문에 한국에서 먼저 영화화된 것이다. 한일협정 체결 이전

■ 그림 4 「윤복이의 일기」의 한 장면

오시마의 다큐멘터리영화 「윤복이의 일기」는 이윤복의 원작과
는 무관하게, 총 250장 정도의 사진에 내레이션을 삽입하여 그 당
시로서는 생소한 스틸 애니메이션 기법을 활용한 「윤복이의 일기」
라는 한 편의 영화로 완성했다. 영화 속에는 남대문, 파고다공원의
독립기념 조각상, 해방촌의 풍경이 담겨 있다.

이 영화에는 윤복 소년으로 설정된 소년의 사진이 등장하지만

문화 교류가 차단된 상태에서 비록 간접적이나마 한일 양국이 과거의 역사적 상
흔과 반목에서 벗어나 심정적 공감을 형성하는 데 있어서 영화, 그것도 아동 작
문을 소재로 한 영화가 일정한 기여를 하고 있다는 점은 현대 한일 관계를 점검
하는 데 있어서 반드시 고려되어야 할 부분이다. 「니안짱」의 사회적 파장과 영
화화 과정에 대해서는 김승구, 「아동 작문의 영화화와 한·일 문화 교섭」, 『한국
학연구』 41. 고려대학교 한국학연구소, 2012.6, 147~156쪽 참고.

이 소년은 동일 인물이 아니라 비슷한 모습의 다른 한국 소년이다. 첫 부분에 등장하는 이 소년의 이미지는 이후 이 영화의 사건들을 바라보는 중심 시점을 형성하게 된다. 이 소년은 불안에 가득 찬 표정으로 집 밖을 바라보고 있고, 배경에는 물병이 보인다. 이 사진은 이후 배율의 변주를 통해서 이 영화에서 12번 등장한다.[21] 이 소년은 선로 옆에서 노는 영양 부족 상태의 아이들, 시장에서 물건을 팔고 있는 아이를 업은 여자들, 영화관 앞에서 껌을 파는 여자의 영상 전후에 배치되어 마치 이 소년이 한국의 풍경을 바라보면서 이야기하는 듯한 효과를 준다. 이 영화에서 이 소년은 한국 사회를 바라보고 비평하는 주체인 셈이다.[22]

또 이 영화에는 원작과는 무관하게 한국현대사의 여러 가지 사건들에 대한 언급이 부가되어 있다. 예를 들면 4·19혁명으로 이승만 정권을 무너뜨린 학생 혁명과 거기에 참가한 학생들에 대한 내레이션이 나오기도 하는데, 이때 화면에는 거리에서 경찰과 충돌하는 학생들의 모습이 비치기도 한다.

이 영화는 비록 25분 정도 길이에다가 16미리 필름을 사용한 단편영화[23]에 지나지 않지만, 오시마로서는 그가 간접적으로만 체험했던 한국의 실상에 좀 더 확실히 다가간 결과라는 측면에서 그 의의가 적지 않다고 할 것이다. 「윤복이의 일기」는 등단작 「사랑과 희망의 거리」에서 그가 보여준 가난한 소년에 대한 관심이 확장된 결

---

21  四方田犬彦, 『大島渚と日本』, 東京: 筑摩書房, 2010, 144~145쪽.
22  위의 책, 145쪽.
23  「日本서도 映畵化/潤福군의 「저 하늘에도 슬픔이」」, 『韓國日報』, 1965.10.30.

과라고 할 수 있다. 이후 그는 「윤복이의 일기」의 일본판이라고 할수 있는 「소년少年, 1969」을 만들기도 하였다.[24]

그러나 「윤복이의 일기」에 대해서 적지 않은 관심과 호의를 보이던 한국 언론은 이후 이 영화에 대한 관심을 거두어들였다. 그 이유는 이 영화가 일본에서 조총련의 악선전의 도구가 되고 있다는 소식이 들려왔기 때문이다. 공보부의 보고에 의하면, 이 영화는 조총련에 의해 이윤복의 비참한 생활이 한국의 보편적인 상황을 반영하고 있다고 '악선전'되고 있었던 것이다. 그 당시 남한이 북한에 비해 경제적으로 열세였다는 점을 감안하면 한국 언론의 반응은 이러한 열등감에서 기인한 자연스러운 결과라고 할 수 있다.

그러나 이 보도[25]에서 "일본의 좌익 영화감독 오시마 나기사로 하여금 영화를 만들게 하여 상영시킬 계획이라고 발표했다."는 부분은 북한에 대한 열등감에서 비롯된 사실 왜곡이다. 공보부의 주장처럼 그가 조총련의 조종을 받아서 이 영화를 만들었던 것은 아니다. 그는 이 영화의 제작에 들어간 자금을 자비로 충당했다. 이런 사실을 무시한 공보부의 '좌익 영화감독' 운운은 1960년대 박정희 정권의 반공주의가 만들어 낸 허위 사실이라고 할 것이다. 그가 1960년대 일본 영화계의 급진적인 경향을 대변한 것은 사실이지만 그는 일본 공산당의 주류 노선에 반기를 들었을 뿐 특정한 어떤 정치적 흐름을 대변한 것은 아니었다.

---

24  막스 테시에, 「오시마 또는 일그러진 욕망의 에너지」, 아서 놀레티・데이비드 데서 편, 편장완・정수완 역, 『일본영화 다시 보기』, 시공사, 2001, 123쪽.
25  「日本서도 映畫化/潤福군의 「저 하늘에도 슬픔이」」, 『韓國日報』, 1965.10.30.

## 4. 심화된 한국 인식과 1960년대 후반 극영화들

오시마가 「윤복이의 일기」를 만든 배경에는 과거 일본이 한국에 저지른 죄에 대한 가책과 한국인에 대한 연민이 놓여 있었다. 이런 배경 하에서 그는 1960년대 내내 재일 조선인이나 한국인과 관련 된 요소들을 영화 제작의 중심이나 주변에 배치하곤 했다. 1968년 에 발표한 「교사형」은 그러한 관심을 대변하는 문제작 중의 하나 라고 할 수 있다. 이 영화는 1958년 도쿄 고마츠가와小松川에서 발생 한 여성 연쇄살인 사건을 소재로 발표된 다양한 소설이나 영화중 의 한 편이다.[26]

그런데 「교사형」은 사건의 경과를 추적하는 일반적인 방식을 취 하지 않는다. 비록 예산 문제 때문에 전체 장면 중 상당수를 사형장 세트 장면으로 처리하기는 했지만 오시마가 이 영화에서 초점을 맞춘 것은 이진우李珍宇. 1942~1962의 사형을 통해 바라본 사형제도의 문제점과 재일 조선인에 대한 차별 문제였다. 이 영화는 이진우가 사형장의 이슬이 된 1962년부터 오시마에 의해 영화화가 기획되었 던 것으로 사형제도 자체에 대한 비판보다 그가 더 역점을 둔 것은 이 제도의 희생자가 된 이진우로 표상되는 재일 조선인의 위치에 대한 확인과 일본의 가해자로서의 역사에 대한 고발이다. 이 사건 당시 이진우가 사건의 범인이라는 사실에 대해서는 명확한 판단이 내려진 상태가 아니었다. 그래서 사실 관계에 대한 명확한 정리 없

---

26 이 사건을 소재로 그 당시 발표된 작품 목록은 서경식의 글에서 확인할 수 있다. 서경식, 『난민과 국민 사이』, 돌베개, 2006, 84~85쪽.

그림 5 「교사형」의 실제 모델 이진우

이 이루어진 사형에 대해서 한국과 일본에서 그의 구명운동이 일어나기도 했지만 사형은 판결대로 집행되었다.

　오시마는 설령 이 사건의 범인이 이진우라 할지라도 그의 범행의 원천에 일본이 재일 조선인에 가한 역사적 고통이 놓여있다는 사실을 들어 일본의 가해 행위에 대해 비판하고 있다. 이 영화의 주인공 이진우 역을 맡은 배우는 그 당시 20대 초반의 윤륭도尹隆道라는 재일 조선인이었는데, 한국 언론은 그의 인터뷰 내용을 소개하기도 했다. 그 역시 이진우의 상황에 대해 동정하면서 이 사건이 "일본 정부의 재일교포에 대한 압박의 표현"이라고 보고 이진우의 억울한 심정에 동감을 표했다.[27] 윤륭도의 인터뷰 내용이 이 기사를 읽었을 당대 한국인 독자에게 어떤 파장을 미쳤을지는 정확하

27　「在日僑胞 李珍宇군/「絞首刑」映畵化」, 『大韓日報』, 1967.12.9.

187

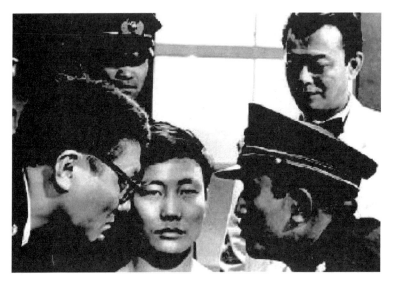

■ 그림 6 「교사형」의 한 장면. 화면 중앙은 이진우 역을 맡은 윤룡도.

게 파악할 수는 없다. 그러나 형장의 이슬로 사라진 이진우라는 실
제 인물의 침묵과 영화 속에서 그를 연기한 윤룡도라는 재일 조선
인 배우의 호소는 묘한 긴장을 유발하며 1960년대 한국인들에게
오시마라는 인물의 존재를 부각시키는 결정적 계기가 되었을 것
이다.

　오시마가 이처럼 한국 문제에 깊은 관심을 가지게 된 결정적인
계기는 앞에서 언급한 1964년의 한국 체류 경험이었다. 그는 1964
년 12월 2일자 『아사히신문朝日新聞』에 「내가 본 한국」이라는 글을
통해서 한국 체류 소감을 밝힌 바 있다. 그는 이 글에서 한국인이
강한 국가 의식과 대일 감정을 가지고 있다는 점과 그와는 별개로
개인적으로 한국이나 한국인에게 친밀감을 느꼈다는 사실을 고백

하고 있다.[28] 그가 처음 본 수도 서울에 대한 첫인상은 그가 「태양의 묘지」에서 그려낸 오사카의 조선부락[29] 가마가사키釜が崎의 인상과 흡사하다는 것이었다. 서울 거리는 마치 전후 3~4년쯤의 일본과 비슷한 상태라고 봤다. 그가 만난 사람들은 모두 자존심이 강하고 한국의 가난상이 알려지는 것에 대해서도 신경질적이었다.[30]

「내가 본 한국」은 전반적으로 한국에 대해 동정적인 시선을 표하고 있어, 1960년대 당시 오시마의 남달랐던 한국 이해를 엿보게 한다. 그는 한국인이 일본을 전적으로 부정하는 것이 아니라 일본과 가까워지기를 희망한다는 사실을 말하고 한일 간의 우호가 싹트기 위해서는 일본이 먼저 과거의 잘못을 반성해야 한다고 주장하고 있다.

오시마는 한국 체류 당시, 한국의 정치적, 사회적 상황도 민감하게 살폈지만 영화인인 그는 한국의 영화인들과 교류하고 한국영화를 감상하는 일로도 분주했다. 그는 한국 체류 당시 정진우鄭鎮宇. 1938~ 감독과의 만남을 가졌는데, 아마도 정진우가 자신보다 젊은 세대의 참신한 감독이라는 점에 끌린 듯하다. 오시마는 남북 분단의 아픔을 그린 정진우의 「國境 아닌 國境線1964」을 인상 깊게 보았다고 한다. 이는 그가 단지 일본 내의 재일 조선인 문제뿐만 아니라

---

28  「스케치」,『東亞日報』, 1964.12.10.

29  조선부락은 재일 조선인들의 집단 주거 지역을 일컫는 표현으로, 주로 일본인들이 저지대에 지은 임대용 주택들이나 천변이나 국유지에 지은 소형 주택들로 이루어졌다. 열악한 생활환경 속에서도 민족적 정체성을 유지하는 데 있어 조선부락은 큰 역할을 했다. 1960년대 일본 경제의 고도성장 붐에 따라 재일 조선인의 취업 확대와 천변 개수 사업으로 인해 조선부락은 조금씩 자취를 감추게 되었다. 金贊汀,『韓國併合百年と「在日」』, 東京: 新潮社, 2010, 223~224쪽 참고.

30  四方田犬彦 編,『大島渚著作集 第二卷』, 東京: 現代思潮新社, 2009, 96~97쪽.

* 그림 7 영화감독 정진우

한반도의 분단 상황에 대해서도 관심을 가지고 있었던 탓으로 보
인다. 그리고 일본영화가 전혀 수입되지 않았음에도 불구하고 한
국 영화인들이 잡지나 책을 통해서 일본영화계의 흐름에 정통하다
는 사실에 놀라기도 했다.[31]

다큐멘터리영화의 영역에서 재일 조선인의 문제를 다루던 오시
마는 그 범위를 확장하여 「일본춘가고」, 「돌아온 주정뱅이」 등의
극영화의 세계로 뛰어듦으로써 재일 조선인이나 한국인을 가급적
배제하려는 경향이 강했던 전후 일본영화의 금기를 깨뜨렸다.[32]

31  四方田犬彦 編, 앞의 책, 115~116쪽.

「일본춘가고」의 경우 태평양전쟁 당시 만주에서 조선인 종군위안
부들이 불렀던 춘가[33]를 둘러싼 정치의식과 성 의식의 갈등을 소재
로 하고 있는데[34], 이를 통해 오시마는 일제의 식민지 지배로 인한
식민지 조선의 피해를 간접적으로 조명하고 일본의 뿌리로서의 조
선의 위치에 대한 인식을 보여주고 있다.

「돌아온 주정뱅이」는 오시마의 여타 작품들에 비해 긍정적 평가
를 받지 못하고 있다. 사토 다다오는 이 작품에 대해 다음과 같이
평가를 내리고 있다.

이 영화는 한국에서 온 밀항자가 기타큐슈 인근 해안에 상륙해 도
쿄로 향하는 일종의 로드무비인데, 기성 영화문법에 대한 파괴의 장
렬함과 부분적으로 발작적인 유머가 느껴지는 것 외에는 별로 흥미
를 끄는 요소가 없다. 베트남전쟁과 관련된 이미지가 그다지 스토리

---

32  요모타 이누히코 저, 박전열 역, 『일본 영화의 이해』, 현암사, 2001, 190쪽. 일본
영화에서 재일 조선인이나 한국인이 등장하는 것이 금기시되기는 했지만 그런
경우가 전혀 없었던 것은 아니다. 구체적인 검증에 한계는 있지만 이미 1920년대
일본영화에도 조선인이 등장했다는 설이 있다. 현재 우리가 쉽게 확인할 수 있는
예로는 일제강점 말기 이마이 타다시(今井正, 1912~1991)의 『望樓の決死隊(1943)』
를 들 수 있다. 그 후 1960년대 초반 우라야마 기리오(浦山桐郎, 1930~1985)의
『キューポラのある街(1962)』에 이르기까지 일본영화는 종종 재일 조선인의 이
미지를 그려왔다. 四方田犬彦, 『大島渚と日本』, 東京: 筑摩書房, 2001, 129~131쪽
참고.
33  이 영화에서 불리는 춘가의 가사는 다음과 같다. "가랑비 부슬부슬 내리는 밤에/
유리 창문 너머로 엿보고 있네/만주 철도 금단추 바보 같은 놈/만지는 건 50전 보
는 건 공짜/3엔 50전만 내게 준다면/수탉이 울기까지 놀아드리죠" 이 노래는 태
평양전쟁 당시 유행했던 『귀여운 스짱』이라는 노래를 개사한 곡으로, 만주 사창
가에서 남만주철도주식회사 사원을 상대로 몸을 파는 정경을 노래한 것으로, 작
자는 알려져 있지 않으나 조선인을 멸시하는 일본인이 만든 것으로 추정된다.
사토 다다오 저, 문화학교 서울 역, 『오시마의 세계』, 2003, 157쪽.
34  구견서, 『일본영화와 시대성』, 제이앤씨, 2007, 476쪽.

와 관계없이 끼어 들어가 있기도 해서 일견, 평화로운 현대 일본이 실은 아시아의 불안정과 희생 위에 있다는 사실을 암시하고 있는 것처럼 여겨지기도 하지만, 그렇다고 해도 이 영화 자체는 한 편의 영상적 농담의 나열에 불과한 것처럼 보이는 나약함이 있음을 부정할 수 없다.[35]

이 영화는 베트남전쟁에 대해 미국을 지지하는 입장에 있던 일본 정부와 박정희 정권을 비판하는 메시지를 담고 있다. 베트남전쟁 당시 어느 베트남 병사가 포로인 베트콩의 머리에 사격을 가해서, 포로의 얼굴이 깨지는 순간을 포착한 사진의 장면을 주인공들이 우스꽝스럽게 흉내 내며 노는 장면에서 우리는 오시마의 비판 의지를 단적으로 읽을 수 있다. 이 영화 이전 그가 제작에 참여한 베트남전쟁 관련 다큐멘터리영화 3부작 「남베트남해병대전기南ベトナム海兵隊戰記, 1965」가 방영 금지된 사건이 있는데[36], 「돌아온 주정뱅이」는 일종의 소극笑劇 형식을 취함으로써 검열망을 피하려는 의도를 보여주고 있다.

---

35  사토 다다오, 앞의 책, 196~197쪽.
36  오시마는 이전부터 작업을 같이 해 온 방송국 다큐멘터리영화 제작자인 NTV의 우시야마 준이치(牛山純一, 1930~1997)와 베트남전쟁 관련 다큐멘터리 영화 취재차 베트남을 방문한 후 이 결과를 3부작 형식으로 묶어 방송에 내보낼 예정이었다. 1부는 우시야마, 2부와 3부는 오시마의 감독으로 제작된 이 영화는 1부가 1965년 5월 9일 방영되었으나 정치가들의 압력으로 2, 3부의 방영이 중지되었다. 이 영화에서 문제가 된 것은 베트남인의 머리를 자르는 장면인데, 잘린 머리를 늘어뜨리며 걸어가는 장면이 너무 직접적이고 잔혹하다는 것이었다. 그러나 그 심부에는 미국의 베트남 개입을 지지하는 일본 정부의 정당성을 근저부터 흔드는 묘사들이 이 영화에 있어서 정치인들의 심기를 불편하게 만들었다는 사실이 있다. 是枝裕和, 「大島渚とテレビドキュメンタリー」, 東京:『Switch』, 2010, 264쪽.

이 영화는 기타큐슈 어느 해변에서 놀고 있는 세 명의 일본 청년이 벗어놓은 옷을 베트남전쟁에 징집되는 것을 피해서 밀항한 한국군 병사 이종일과 일본에서 유학하기 위해서 밀항한 마산고교 학생 김화가 탈취하면서 시작된다. 이들에게 일본 옷은 자신의 신분을 세탁하기 위해서 필수적인 것이었다. 옷을 탈취당한 일본 청년들은 이종일과 김화가 벗어놓은 군복과 교복을 입을 수밖에 없고 이들은 곧 한국인 밀항자로 오인 받게 된다.

이후 이들은 자신의 옷을 찾기 위해 노력하지만 오히려 한국인 밀항자들에 의해 추격당하게 된다. 이들 세 명의 청년들을 살려두면 자신의 신분이 탄로 날 것이 분명하기 때문이다. 그런데 이 과정에서 세 명의 청년이 밀항자로 오인 받아서 일본 경찰에 체포된다. 이들은 오오무라大村수용소에 수용되었다가 현해탄을 건너서 부산항에 도착하게 된다. 한국 관헌들에 의해 이들은 곧 베트남 전선으로 보내진다. 이들은 동중국해를 거쳐서 베트남에 도착한 후 미군사령부의 명령으로 최전선에 보내져 적의 포격에 쓰러진다. 이 장면들은 실제로는 모두 도쿄 우에노上野공원에서 촬영되었다. 동물원을 오오무라수용소로, 시노바즈이케不忍池를 현해탄으로, 그리고 시노바즈이케 언덕을 부산항으로, 우에노공원 근처의 공사장을 베트남 전선으로 설정하고 있다. 이는 오시마 영화로는 보기 드물게 희극적인 면모라고 할 것이다.[37] 이와 같은 서사 구성은 그 당시 베트남전쟁과 일정한 거리를 두면서 미국의 개입을 지지하던 일본 정부와 국민에 대한 풍자라고 할 수 있다. 평화롭게 일상을 영위하

---

37  四方田犬彦, 앞의 책, 177쪽.

던 일본 청년이 아이러니하게도 베트남전쟁의 희생자가 되기 때문
이다.

이후 세 명의 청년은 이전 부분과의 인과성 없이 다시 기타큐슈
로 돌아와 한국인 밀항자로부터 도주의 길을 떠나고 한국인 밀항
자들은 이들은 추적한다. 이후 이 영화는 매우 복잡한 구성을 보여
주고 있는데, 전반부의 장면들이 반복됨으로써 관객으로 하여금
편집의 오류가 아닌가 하는 착각을 하게 한다. 이 영화는 한국인 밀
항자들이 베트남전쟁 당시의 유명한 사진의 장면이 그려진 벽화
밑에서 사형 당하는 장면에서 세 명의 청년들이 "이종일은 나다.",
"김은 나다."라고 절규하면서 끝이 난다.

이는 베트남전쟁에 직간접적으로 개입하고 있었던 박정희 정권
과 일본 정부에 대한 비판을 의도한 것으로 볼 수 있는데, 일본 관
객이 그러했던 것처럼 한국 관객에게도 이 영화는 베트남전쟁에
직접적으로 개입하여 수많은 군인의 희생을 초래했던 박정희 정
권에 대한 비판으로 읽을 수 있다. 물론 미국 주도로 움직여가는
일본 사회의 부정적 측면을 꼬집고자 하는 의지가 일차적이겠지
만 그가 1960년대 내내 한국과 관련된 메시지를 끊임없이 생산해
왔다는 측면을 고려하면 국가가 민중을 폭력적으로 지배하며 희
생자를 양산해온 군국주의 일본에 대한 비판의 연장선상에 있다
고 할 것이다. 그리고 이는 엄격한 정치적 검열로 사회비판적 영화
생산이 철저히 차단당한 한국영화계에 대한 대리보충으로 볼 여
지도 있다.

# 5. 국가의 멍에와 지식인의 자의식

1960년대 한국 언론에 소개된 오시마의 이미지는 대체로 긍정적인 편이었다. 그는 일본 영화의 새로운 흐름을 개척하는 전위적인 감독이라는 일본 내의 평가가 한국에 그대로 통용되었고, 한국에 대해서 대체로 동정적이거나 우호적인 태도를 갖춘 인물로 평가되었다. 물론 「태양의 묘지」나 「윤복이의 일기」처럼 일부 부정적 평가가 내려지기도 하지만 이는 사실에 대한 정확한 정보에 기반을 두지 않은 과장과 왜곡의 혐의가 짙은 부분이다. 「태양의 묘지」에 형상화된 재일 조선인의 이미지가 그리 긍정적이지는 않지만 이것이 유한철의 주장대로 악의를 가진 편파적인 재현이라고 보기는 어려울 것이다. 또 이윤복의 글에 대한 진심어린 공감에서 시작된 영화 「윤복이의 일기」가 조총련 관련 루머 때문에 왜곡된 이미지로 수용된 것은 안타까운 일이었다.

오시마의 진의는 1992년 그가 도쿄에서 열린 전후보상을 요구하는 집회에 참석해서 한 발언을 살펴보아도 이해할 수 있다. 그는 이 집회에서 "일본인 제일의 결함은 우리가 다른 나라의 국민들과 과거 어떤 식으로 교류했는가를 완전히 잊고 살아왔다는 것입니다."라고 발언한 바 있다. 이 말은 그가 1960년대 이후 한국과 맺은 특별한 관계를 이해하는 데 중요한 열쇠가 된다. 그의 영화에 등장하는 재일 조선인이나 한국인은 그 자체를 비하하려는 의도가 아니라 일본인의 현 상황을 드러내기 위한 일종의 거울로 제시하려는 의도를 내포한 것이었다.[38]

38 김성욱, 「서문: 오시마-세대의 고독에 대하여」, 사토 다다오 저, 문화학교 서울

195

1960년대 한국 언론에 가끔씩 등장하던 오시마는 1970년대 들어서는 거의 등장하지 않는다. 이는 그가 1970년대 일본영화계에서 제작 활동을 하지 못한 사정과 연계되어 있다. 흥행 성적이 별로 좋지 못했던 그의 영화를 제작하겠다고 나서는 제작자가 없었던 것이다. 이로 인해서 그는 외국에서 제작비를 충당하는 방식으로 영화 제작을 모색할 수밖에 없었다. 1976년 칸 영화제에 「감각의 제국In The Realm Of The Senses, 1976」이 출품되었다는 소식[39], 「감각의 제국」이 프랑스에서 검열을 받지 않고 일부 극장에서 상영되었다는 소식[40], 「감각의 제국」의 각본과 스틸 사진을 엮어 출판한 단행본이 외설문서 판매 혐의로 도쿄지검에 의해 기소되어 외설 시비에 휩싸였다는 소식[41]이 전해졌을 뿐이다. 이 당시 그는 영화 제작 외에 영화 평론이나 TV용 다큐멘터리영화 제작, TV 프로그램 출연 등 부수적인 활동으로 영화 제작의 공백을 메워가고 있었다. 이처럼 그는 1970년대 일본에서뿐만 아니라 한국에서도 서서히 잊혀져 갔다.

오시마가 한국 언론에 다시 주목받은 것은 1984년 7월경이었다. 한일 지식인 간에 한일 우호를 다짐하는 「현해탄에 새 길이 열린다」라는 제하의 양국 문화인 간의 토론회가 KBS와 아사히TV 공동 주관으로 부관페리 선상에서 개최되었는데, 여기에 그가 일본 측 인사 중 한 명으로 참석하게 되었다. 그런데 이 토론회 과정에서 한국

역, 『오시마의 세계』, 2003, 11쪽.
39 「칸느映畵祭와 韓國映畵의 現實」, 『東亞日報』, 1976.6.1.
40 「외설映畵에 관대한 佛 文化相 지루女史」, 『京鄕新聞』, 1976.10.1.
41 「記錄的인 觀客 모은 映畵 외설 是非 再燃」, 『東亞日報』, 1977.8.20.

측 인사를 향해서 그가 '바카야로!'라는 욕설을 퍼부은 사실이 국내 언론에 대서특필되었다.

당시 사건의 정황은 이러했다. 이 토론의 사회자는 각각 자국민을 상대로 상대방 나라와 국민에 대해 실시한 앙케트 결과를 바탕으로 토론을 이끌고자 했다. 일본 측 한 인사는 일본인이 본 한국인의 이미지로 "무척 부자유스러운 나라", "관심이 없다", "가깝고도 먼 나라"라는 결과를 내놓았고, 한국 측 김영작金榮作 교수는 한국인이 본 일본과 일본인의 이미지로 "경제 대국 제국주의", "간사하고 치사한 민족", "기분 나쁜 나라"라는 결과를 제시했다. 그런데 김영작이 오시마에게 이 결과에 대해서 발언을 요청하자 오시마가 "그따위 조사는 난센스다. 나는 코멘트하기도 싫다."고 화를 내는 돌발 사건이 벌어졌다. 그는 국가적 차원의 이야기를 할 생각이 없었는데, 김영작에게는 이런 발언이 일본 지식인의 책임 회피로 느껴졌던 것 같다. 김영작의 추궁이 이어지자 그가 문제의 발언을 한 것이다.[42] 그는 이 사건 이후 언론 인터뷰를 통해서 자신이 일개인으로서 국가의 책임을 추궁당하는 것이 싫었으며 문제의 욕설을 한 것에 대해서는 인정하지만 자신의 생각이 틀렸다고는 생각하지 않는다는 사실을 명확히 했다.[43] 일견 모순적인 이런 태도는 일본이라는 국적성을 결코 벗어날 수 없으면서도 그것으로부터 이탈해서 개인으로서 존립하려는 일본의 비판적 지식인의 태생적 한계를 보

---

42  사건의 정황은 「玄海灘 위의 어느 失言」, 『京鄉新聞』, 1984.7.27 보도 내용을 재구성한 것이다.

43  「「바카야로」 發言 日 감독 "내 생각엔 틀린 점 없다" 記者회견서 또 妄言」, 『東亞日報』, 1984.7.31.

여주는 것이라고 하겠다. 이런 태도를 수용하기에 한국의 지식인
들은 국가적 정체성에 너무도 강하게 결속되어 있었던 것이다.

여하튼 국내 언론은 오시마의 발언이 함축하고 있는 의미를 엄
밀하게 검증하는 과정은 생략한 채[44] 반일 감정을 부추기기에 바쁜
모습이었다. 1980년대 초 문부성이 일본의 20세기 아시아 침략사
를 미화하는 지침을 내린 사실이 알려져 한국과 중국으로부터 거
센 반발을 산 일본교과서 파동이 일었던 시점임을 생각하면 한국
언론의 이와 같은 보도 태도는 대중의 대일 감정에 편승한 측면이
있다고 할 것이다. 이 날 토론회 내용은 광복절 특집으로 KBS1 TV
를 통해 「해상대토론-현해탄의 새 길」이라는 제목으로 방영되었
다. 물론 오시마의 문제 발언 부분은 삭제된 채였다.[45] 그러나 이와
같은 지적이 깊이 있게 받아들여지기에 당시 한일 관계는 매우 악
화된 상태였다. 이로써 오시마가 그동안 영화를 매개로 해 진행해

---

44  그 당시 심경을 묻는 이장호의 질문에 오시마는 다음과 같이 답변한 바 있다.
"오해를 받아도 할 수 없으나 그 '바카야로'는 당시 같은 자리에 있었던 어떤 사
람에 대한 개인 감정이었지 한국인 전체에 대한 감정이 아니었습니다. 나는 원
래 사람이란 국가나 지역의 구분을 떠나서 좋은 사람도 있고 싫은 사람도 있을
수 있다고 믿고 있습니다. 특히 한국과 일본의 역사적 불행은 개인과 개인 사이
에도 칼로 무 자르듯 일본 사람은 이렇고 한국 사람은 저렇다 식의 선입관으로
쉽게 단정하게 되는 경향이 있는데 그러한 모습이 바로 그 토론이 있었던 배 안
에서도 보인 것 같았습니다." 사토 다다오 저, 문화학교 서울 역, 『오시마의 세
계』, 문화학교 서울, 2003, p. 395.
45  방영 후 문제의 장면을 삭제하고 방영한 사실에 대해서 아쉬움 표하는 의견이
제기되기도 하였다. 방송평론가 신규호는 "'바카야로' 해프닝은 시청자들이
가장 관심을 가진 부분이었는데 그 대목은 방영되지 않고 화가 이우환 씨의 설
명으로 처리되어 사건 전후가 과연 어떤 것이었는지 알 수가 없었다. 바로 이
런 점 때문에 이 프로는 객관성이 결여되어 있었고 편집에 대한 신뢰도가 낮아
진 것 같다."고 비평했다. 「感情만 노출시킨 韓 · 日 船上 토론」, 『東亞日報』,
1984.8.16.

온 작업들은 부정적인 표상으로 착색된 채 한국인의 뇌리에서 서서히 사라져 가게 되었다.

# 6. 결론

1965년 한일 양국이 과거의 역사적 상흔을 뒤로 하고 새로운 관계를 수립하기 위해 한일협정을 체결하고 미래지향적으로 양국 관계를 수립할 것을 선언했다. 그러나 한국 정부의 민족주의적 태도와 일본 정부의 왜곡된 과거사 인식으로 인해 양국 간의 교류는 오랫동안 교착 상태에 빠졌다. 특히 정치와 역사의 장벽을 넘어 양국 간의 이해를 도모하는 데 있어서 중요한 역할을 할 것으로 기대했던 문화 부문의 교류조차 제대로 이루어지지 못했다. 물론 서적이나 출판물은 이미 수입되어 시중에 유통되고 있었으나 영화나 음악 같은 보다 대중적인 영역은 수입 금지 조처에 묶여 이 땅에 선보이지 못했다. 일본 측 역시 일부 영화나 음악을 중심으로 한국의 대중문화 수입을 허용하고 있었으나 전면적인 것은 아니었다. 일본이 한국과는 달리 일부 허용 방침을 취할 수 있었던 것은 경제 강국으로 부상하고 있던 시대의 자신감에 기인한 것이라고 할 수 있다.

이처럼 대중문화 교류가 교착 상태를 보이던 상황에서 상대방국가에 대한 진정한 이해의 노력은 양국 대중문화인들 사이에서 잘 보이지 않았다. 그런데 그 당시 유독 한국에 대해 지속적인 관심과 이해의 노력을 보여준 이가 영화감독 오시마였다. 이 글에서는 그의 영화나 글에 대한 분석을 통해서 그가 한일 간의 대중문화 교류의 역사에서 갖는 선구적인 의의를 평가하고자 하였다.

앞에서 살펴본 것처럼 오시마는 자신의 영화에서 재일 조선인이나 한국인의 문제를 종종 다룬 바 있다. 1960년대 초반 TV용 다큐멘터리영화 제작에서부터 비롯된 이런 흐름은 1960년대 후반 극영화들에까지 이어지는 양상을 보였다. 이 글에서는 한국 언론에 소개된 그의 동정에 관한 기사들에 대한 분석을 밑바탕으로 1960년대 초반부터 1980년대 초반까지 20여년을 시간적 축으로 그의 영화나 글에 나타난 재일 조선인이나 한국인에 관련된 내용을 검토하였다.

오시마는 때로는 한국인의 우호적인 관심의 대상이 되기도 했고 때로는 영화 제작이나 발언의 진의가 한국인에게 오해되기도 했다. 그러나 그의 영화나 글의 내용을 종합적으로 검토해 볼 때, 그는 비단 영화계뿐만 아니라 대중문화계 전반을 통해 1960년대 가장 적극적으로 한국에 관심을 가진 인물이었다. 물론 그러한 관심이 일차적으로 일본의 비판적 지식인으로서의 관심에서 비롯된 측면이 강한 것이 사실이다. 그러나 결과적으로 그의 작업 내용이 한국 언론을 통해서 수시로 보도될 정도로 한국의 영화감독이나 국민들에게 일정한 자극제 역할을 한 사실을 부정하기는 힘들 것이다. 이 글에서는 주로 1960년대 그의 영화들이 한국과 관련하여 갖는 의미를 살펴보았다. 그러나 자료의 제한성으로 인해 그의 작업이 당대 한국의 영화 제작계나 1990년대 관객에게 어떻게 수용되었는가를 충분히 검토하지 못한 아쉬움이 있다. 그러나 1960년대 중반 새로운 관계로 형성되기 시작한 한일 간 문화 교류 양상을 대중문화의 핵심이라고 할 영화라는 프리즘을 통해 검토할 수 있는 초석을 놓았다는 점에 이 글의 의의를 두고자 한다.

한국 영화와
문학 속의
타자의 그림자

# Ⅲ부

# 현대시의 몇 가지 풍경들

한국 영화와
문학 속의
타자의 그림자

# 6장
## 고정희 초기시의
## 음악적 모티프

## 1. 서론

고정희高靜熙. 1948~1991 시에 관한 기존의 연구는 그의 사망 이후 지금껏 다양한 방면에서 연구가 진행되어왔다. 특히 탈식민주의페미니즘을 포함한 페미니즘 관련 연구는 기존 연구의 주류를 이루어오다시피 하였고, 기독교적, 민중신학적 관점의 연구들이 병행되었다. 1980년대 이후 한국 사회의 사회문화적 변동과 가장 깊은 지점에서 맞닿아 있는 고정희 시에 대한 연구는 수많은 연구자들의 관심 속에서 지금도 현재진행형으로 활발하게 이루어지고 있다.

그러나 고정희가 남긴 11권의 시집들 중에서 후기의 페미니즘적 성향의 시집들에 관심이 집중되면서 고정희 시의 다양한 면모가 폭넓게 조명되지는 못한 아쉬움이 있다. 고정희가 페미니즘과 접속하면서 창작한 시들이 한국현대시사뿐만 아니라 한국 사회에 남긴 영향력이 뚜렷한 것이긴 하지만 이들 시편들에 내포된 이념의 선명성이 뚜렷해짐과 더불어 시적 상상력이나 시적 어법이 경화됨으로써 미적 긴장이 약화되고 있는 것이 사실이다. 따라서 이와 같은 측면에 대한 재평가와 함께 기존 연구들에서는 상대적으로 조명이 덜 된 초기 시집들에 대한 충분한 검토가 이루어져야 할 것이다.

이와 같은 문제의식 하에서 고정희 시들을 새로운 관점에서 검토하여 그의 시들이 가진 풍부하고 다채로운 면모를 드러내는 데 이 글의 목적이 있다. 고정희 시를 새롭게 읽어내는 한 방법으로 여기서 제안하는 방법은 고정희 시에서 음악적 모티프가 어떻게 활용되고 있는가를 살펴보는 것이다.

고정희 시 전반에 걸쳐서 두드러진 한 가지 특징을 꼽을 때 우리는 그의 시가 시적 리듬을 잘 활용하고 있음을 지적할 수 있다. 서사적인 내용을 가진 시에서도 서두에 제시된 리듬은 시상에 전개와 더불어서 일정한 변화를 동반한 반복을 통해서 단조로운 정형을 벗어나 미묘한 변형의 묘를 얻고 있다. 이는 마치 음악에서 일정한 주제들이 제시되고 난 후 여기에 일정한 변형을 가하면서 전개되고 다시 기존 주제들이 재현되면서 최종점에 도달하는 소나타 형식sonata form[1]과 구조적으로 유사한 측면이라고 할 수 있다. 기존

---

1 소나타 형식에 대해서는 이성삼, 『클라식 명곡대사전』, 세광음악출판사, 1992, 54쪽; 도날드 J. 그라우트 외 공저, 전정임 외 공역, 『그라우트의 서양음악사~상』, 이앤비플러스, 2009, 551쪽; H. M. Miller 저, 편집국 역, 『서양음악사』, 세광음악출판사, 1989, 146~147쪽 참조.

연구에서 고정희 시에 나타나는 리듬 의식에 대한 연구가 미비한데, 이와 같은 리듬 형식에 대해서 기존 연구자들도 어렴풋하게나마 인지하고 있었으리라고 생각된다. 이처럼 고정희 시는 형식 그 자체로 이미 음악적 특징을 다분히 포함한 음악적 시라고 할 수 있을 것이다.

이러한 리듬적 차원의 특징[2] 외에도 고정희 시에서 우리는 음악적 모티프라고 할 만한 특성을 추출할 수 있다. 고정희의 첫 시집 『누가 홀로 술틀을 밟고 있는가』에서부터 『지리산의 봄』까지, 즉 그가 페미니즘적 시 창작을 본격적으로 추구하기 전까지의 시집들을 검토해보면 음악이 창작의 모티프[3]가 되고 있는 작품들을 어렵지 않게 볼 수 있다. 이런 특징은 초기 시집들일수록 강한데 이런 측면에 대한 검토는 고정희 초기 시 세계의 특성을 이해할 수 있는 의미 있는 방법의 하나라고 할 수 있다.

고정희 시에는 유독 "~노래"라는 제목을 가진 작품들이 많고[4] 또 음악과 직간접적으로 연관된 작품들이 상당수 존재한다는 사실은 고정희 시를 이해하는 중요한 거점이 음악과의 관련성에 대한 검

---

2 시의 음악성은 기본적으로 리듬적 특성을 지칭하는 것으로 시의 음악적 특성에 관한 연구의 대부분은 이처럼 특정 시의 리듬 양상을 밝히는 것을 주목적으로 한다. 한 예로 이일림의 「정지용 시의 음악적 특성」(『사림어문연구』 24권, 사림어문학회, 2014)는 정지용 시의 음악적 특성을 정형적 리듬과 비정형적 리듬으로 구분하고 음보와 통사의 관점에서 논하고 있다.
3 김병택의 「시의 음악 수용」(『영주어문』 14집, 영주어문학회, 2007)는 본고와 방법론적 측면에서 흡사한 시도를 보여주고 있다. 이 글에서는 시의 '모티프'나 '배경 소재'가 된 음악과 시와의 관련성을 김종삼, 이형기 등의 시를 대상으로 검토하고 있다.
4 이경희에 의하면 제목에 '노래'가 들어간 시가 30편이 넘는다. 이경희, 「고정희 시 연구」, 박사학위논문, 성신여자대학교, 2010, 73쪽 각주 132번 참조.

토에서 마련될 수 있음을 암시하고 있다. 이 글에서는 이와 같은 검토 작업의 하나로서 고정희 초기 시들을 중심으로 음악적 모티프의 활용 양상과 그 의미를 검토해 보고자 한다. 이 초기 시들에 등장하는 음악들은 흔히 서양음악이라 지칭되는 것들이 주류를 이루는데, 이를 대별하면 클래식음악과 기독교음악으로 구분할 수 있다. 따라서 본론에서는 이를 구분해서 살펴보기로 한다.

## 2. 서양음악과 고정희

이 땅에 서양음악이 전래된 것은 개화기 서양 선교사들이 포교를 시작할 때부터였다. 교회와 학교를 중심으로 찬송가와 서양민요를 비롯한 각종 서양음악이 항간에 퍼지게 된 것이다. 그러나 이때 들어온 서양음악은 종류가 지극히 한정된 것이었다. 이뿐만 아니라 향유 계층도 지극히 한정적이었다. 일제강점기 이후 서양식 음악 교육을 받은 음악가가 등장하고 축음기와 레코드를 매개로 한 수용 환경이 조성되면서 서양음악 수용은 한 단계 상승하였다. 일제강점기에는 일본에서 서양음악을 공부한 이들이 귀국하여 성악 독창회나 피아노, 바이올린 독주회 등의 공연을 펼침으로써 이 땅의 서양음악 수용자 층이 본격적으로 형성되었다. 미샤 앨만Misha Elman, 1891~1967같은, 그 당시로서는 일류급 연주자들이 1937년 식민지 조선에서 공연을 펼치기도 했으나[5] 이는 지극히 드문 일이었다.

5 「演藝界 回顧 (4) 音樂界一年」, 『東亞日報』, 1937.12.24.

일제강점기 보통 사람들에게 있어 서양음악은 그 자체로 하이칼라 문화의 일종이었으나, 그것마저도 레코드를 매개로 한 이차적인 차원의 향유에 그치는 것이었다.

해방 이후 서구의 대중음악은 미군 문화의 유입과 더불어 본격적으로 수용되었으나 이에 비해 클래식음악은 여전히 고급 상층 문화로 남아 있었다. 1950년대 말 한 기사에 의하면 집안에 전축을 갖춰놓았느냐 여부가 그 집의 경제적 수준을 가늠하는 한 잣대가 되었다고 한다.[6] 이런 기사는 당대 음악 수용 환경의 일단을 보여주는 것이다. 물론 전축을 갖춰놓았느냐 여부는 클래식음악의 수용과 직접적인 관련이 없다. 다만 그 당시 LP음반의 경우 대중음악 음반보다 클래식음악 음반의 가격이 월등히 비싸서 판매가 지극히 부진했다는 사실을 고려할 필요가 있다. 그래서 일반 가정에서 전축과 LP음반을 갖춰놓고 클래식음악을 감상하는 계층은 지극히 일부에 지나지 않았다. 흔히 1960~1970년대 한국영화에서 부르주아 가정을 설정한 상황에서 전축에서 클래식음악이 흘러나오는 장면을 가끔 목격하게 되는데, 이는 그 당시 클래식음악이 등장인물의 사회적 위치를 선명히 보여주는 지표로 의미 있게 활용될 수 있었음을 암시하는 것이다.

이와 같은 상황에서 클래식음악에 흥미를 가진 대학생 등 젊은 층은 그 당시 유행하던 음악다방이나 고전음악감상실, 혹은 대학 내에 마련된 음악감상실을 활용하여 음악 감상을 하곤 하였다. 1950년대 중반 서울 인사동에 문을 연 고전음악감상실 르네상스는

---

6 「음반에 반영되는 일반의 음악 기호」, 『東亞日報』, 1958.9.13.

■ 그림 1 르네상스 설립자 박용찬

1980년대 이후 테이프, CD 등 새로운 음반 매체가 등장하여 음악
청취의 개인화 현상이 본격화되기까지 집단적인 청취문화를 이끌
었던 대표적인 공간이다. 르네상스의 대표 박용찬은 일제강점기부
터 수집해온 1만 여점의 LP음반을 기반으로 고전음악감상실을 운
영해왔는데[7] 이처럼 공연장이 아닌 곳에서 음악을 집단적으로 감
상하는 방식은 공연문화가 일반화되지 않은 산업화시대의 젊은 계
층이 클래식음악을 접할 수 있는 일반적인 경로라고 할 수 있다.

여타 시인들에 비해서 개인사가 뚜렷하지 않은 고정희[8]가 서울로

---

7 「고전음악 감상실 르네상스」, 『京鄉新聞』, 1983.6.13.

활동 무대를 옮기기 전인 1970년대 초반 광주에서 기자나 YWCA 간사로 활동했을 뿐만 아니라 고전음악감상실 DJ로 활동했다는 시인 조용미의 증언[9]이 있는데, 이 증언을 부정할 만한 특별한 이유는 없어 보인다. 정황상 고정희는 그 당시 대도시 중심가에서는 흔히 볼 수 있었던 고전음악감상실에서 활동했을 것으로 추측된다. 통신강좌를 통해서 중등과정을 이수한 고정희의 경우 일반적인 교육과정에서 형성될만한 음악 지식이 특별히 있었을 것으로 보이지 않기 때문에 그가 이런 활동을 병행하게 된 이유는 알 수 없다. 그리고 구체적으로 어떻게 활동했는지도 알 수 없다. 다만 이런 활동이 바쁜 일과의 일부를 할애하여 이루어진 것이라고 한다면, 이 활동이 그에게 남다른 의미를 가진 것이라고 할 수 있을 듯하다. 그리고 아마도 고정희 시의 음악적 모티프는 여기서부터 서서히 형성되었을 것이다.

1970년대 초반부터 클래식음악을 단순히 감상하는 수준을 넘어서 DJ로 활동했던 고정희의 음악 열정은 시 창작에도 상당한 영향을 준 것으로 보인다. 이 점은 첫 시집『누가 홀로 술틀을 밟고 있는가』를 살펴보면 알 수 있다. 흔히 이 시집은 기독교적 세계관이 주요 동기가 되어 창작되었으며, 여기에는 민중적 시세계로 나아가

---

8  고정희는 생전에 시 외에는 개인사에 관한 글을 거의 남겨놓지 않았다. 최근 이소희는 해남, 광주에서 고정희와 같이 활동했던 지인들의 인터뷰를 통해서 성장에서 1970년대까지의 고정희의 생애사를 재구성한 성과를 발표한 바 있다. 이소희, 「고정희 글쓰기에 나타난 여성주의 창조적 자아의 발전과정 연구」,『여성문학연구』30호, 한국여성문학회, 2013.
9  조용미, 「시인 고정희를 말한다3」,『현대시학』, 1991년 8월호, 141~143쪽, 이경희, 앞의 논문, 39쪽에서 재인용.

기 전 그의 실존적 고뇌가 집중적으로 표현된 것으로 알려져 있다.
물론 이 시집에 실존적 고뇌가 드러나 있지만 그것이 음악적 정신
이라고 할 만한 것에 의해 매개되어 있다는 사실은 잘 알려져 있지
않다.[10] 빈도는 조금씩 낮아지지만 첫 시집 이후에도 고정희는 지
속적으로 음악적 모티프를 가진 작품들을 창작하게 되는데 고정희
초기 시를 이해하는 방편으로 음악적 모티프를 적극적으로 고려한
연구 성과는 미미하다.[11]

## 3. 클래식음악의 모티프

고정희 초기 시에 등장하는 클래식음악은 바로크음악의 대가 요
한 제바스티안 바흐Johann Sebastian Bach, 1685~1750에서 인상주의 음악
가 모리스 라벨Maurice Ravel, 1875~1937에 이르기까지 다양하다. 고정희
는 이들 음악가나 이들의 작품을 자신만의 특별한 맥락 속에서 재
해석하고 있다. 1975년 『현대시학現代詩學』으로 등단한 이후 묶어낸

---

10 『고정희시전집1』, 또하나의문화, 2011, 96쪽(이하『전집1』, 쪽수로 약칭함).
11 박죽심은 고정희 추도식에서 고정희가 평소 좋아했던 바흐의 「무반주 첼로 모
   음곡」이 연주되는 장면을 회상하면서 고정희 시에 첼로를 소재로 한 시들이 여
   러 권의 시집에 고루 등장한다는 사실을 밝힌 바 있다. 또 최근 발표된 논문에서
   박선희 · 김문주는 고정희에게 있어 수유리라는 장소가 갖는 의미를 검토하는
   과정에서 고정희가 클래식음악에 매우 깊은 조예를 가지고 있었다는 점을 지
   나치듯 언급한 바 있다. 이들 언급은 어떤 암시를 주는 데서 더 나아가 구체적인
   분석으로 이어지지 않아 아쉬움을 준다. 박죽심, 「고정희 시의 탈식민성 연구」,
   『어문논집』 31집, 민족어문학회, 2003, 255쪽: 박선희·김문주, 「고정희 시의
   '수유리' 연구」, 『한민족어문학』 66집, 한민족어문학회, 2014, 461쪽 각주 24
   참고.

『누가 홀로 술틀을 밟고 있는가<sub>1979</sub>』, 『실락원 기행<sub>失樂園 紀行, 1981</sub>』에
는 그가 평소 익숙하게 알고 있는 음악들에서 얻은 모티프를 활용
한 작품들이 다수 보인다.

## 3.1. 낭만적 방랑

내 친구 천재순千在純의 아가는 웃고 있었어

예쁜 뺨과 하얀 손가락을 가진

천재순의 아가는 방긋 웃고

따라 웃는 천재순의 거울 속에서

그리운 어머니를 보았지

어머니일 수 없는 나는

어머니인 천재순을 보았어 그것은

나와 천재순의 거리일 수도 있지만

어머니인 자와 어머니일 수 없는 자의

고독일 수도 있어 늘 웃는 자와

웃을 수 없는 자의 아픔일 수도 있어

집이 그리운 자의 눈물일 수도 있어


고향을 오래 떠나 본 자는 알지

어머니 부르며 돌아오는 밤에

무심코 마주치는 이층집 불빛과

여럿이 둘러앉은 저녁밥상의 따스함

213

　　　　홀로 오래 떠도는 젊은이는 알지

　　　　　　　　　　　　　　　「방랑하는 젊은이의 노래」 전문[12]


　이 시는 두 번째 시집 『실락원 기행』에 수록된 작품이다. 제목이
암시하듯이 이 작품은 고향을 떠나 여러 곳을 전전하며 사는 화자
의 그리움을 그려내고 있다. 귀여운 아기를 둔 어머니가 된 친구와
그렇지 못한 자신의 처지를 대조하면서 자신의 고독을 반추하면서
부재하는 그리움의 대상으로서 고향, 어머니를 떠올리고 있다.

　이 작품에 등장하는 천재순은 고정희가 등단한 『현대시학』에 비
슷한 시점에 등장한 여성시인이다. 그에 대한 자세한 정보는 없으
나 특별한 문단적 얽힘이 없었던 고정희로서는 등단 초기 가깝게
지냈던 것으로 보인다. 1980년을 전후한 시점에 씌어졌을 것으로
추정되는 이 작품에서 고정희는 여성으로서의 자신의 삶에 대한
일정한 판단과 지향을 내비치고 있다. 자신을 "어머니일 수 없는
나"라고 지칭함으로써 향후 자신의 삶이 일반적인 여성의 삶과는
다른 위치에서 형성될 것이라는 예감 내지 다짐을 피력하고 있다.
또 "홀로 오래 떠도는 젊은이"라는 표현은 고향 해남을 떠나 광주,
서울, 대구, 안산 등지를 전전하며 살아온 자신을 대변하는 핵심적
인 표현이라고 할 수 있다.

　이 작품은 언뜻 보기에 클래식음악과는 연관성이 없어 보인다.
그러나 「방랑하는 젊은이의 노래」라는 제목은 클래식음악에 대한
기본 지식을 가진 사람이면 금방 연관성을 파악할 수 있게 한다. 이

12 『전집1』, 140쪽.

시 제목은 후기 낭만주의 음악가 구스타프 말러Gustav Mahler, 1860~1911의 가곡집에서 따온 것이기 때문이다. 말러가 1885년에 작곡한 유명한 가곡집 「Lieder eines fahrenden Gesellen」의 제목을 번역하면 이 시의 제목이 된다. 이 가곡은 사랑하는 여인과 헤어져 방랑을 하는 젊은이의 사랑의 고뇌를 노래한 연작 가곡이다.

고정희의 「방랑하는 젊은이의 노래」는 말러의 가곡과 다소 거리가 있어 보인다. 표면적으로 볼 때 말러의 가곡이 실연한 남자의 방랑을 그리고 있는데 반해 고정희 시에는 행복한 모자의 모습만 그려지기 때문이다. 이런 이유로 이 작품에서 고정희의 고독감 토로는 다소 느닷없는 것으로 느껴지는데 실제적으로는 고정희 시의 시적 화자에게 말러 가곡 속의 젊은이가 겪은 것과 유사한 경험이 개재되어 있을 것으로 추측된다. 그런데 고정희는 단지 그 경험을 "어머니일 수 없는 나"라는 암시적인 표현으로 대체하고 있을 뿐이다.

이처럼 고정희의 시 「방랑하는 젊은이의 노래」는 말러의 동명 가곡에서 시적 모티프를 얻은 것이 분명하다.[13] 결과적으로 이 두 작품은 상호연관성 속에서 이해되고 향수될 수 있는 통로를 가진 셈인데, 이처럼 음악에서 모티프를 얻어 창작된 작품들은 고정희 초기 시에 상당수 발견된다.

---

13 말러는 평생 오스트리아 속의 보헤미아인으로, 독일인들 속의 오스트리아인으로, 또 세계 속의 유대인으로 세상으로부터의 소외를 경험한 바 있다. Phil G. Goulding, *Classical Music*, New York: The Random House Publishing Group, 1992, p.284 참조. 고정희가 말러의 가곡에서 특별한 시적 동기를 발견한 데는 작곡자 말러의 디아스포라적 경험에 대한 연민이 작용했을 것으로 추측된다.

**215**

* 그림 2 「방랑하는 젊은이의 노래」 악보.

고정희 초기 시에서 방랑의 이미지는 「방랑하는 젊은이의 노래」 외에도 다수 등장한다. 「순례기 · 5」라는 작품에도 고향을 떠나 어딘가를 정처 없이 방랑하는 시적 화자가 등장한다.

친구

방랑하는 화란인의 바다를 보려나?

유랑자 황혼녘에 발길 멈추는

바그다드 항구[14]의 파도를 보려나?


부리가 붉은 바닷새들이

---

14  바그다드는 내륙 도시이기 때문에 "바그다드 항구"라는 표현은 명백한 지리적 오류이다.

만조에 마지막 발톱을 씻으며
끼욱끼욱 서천으로 날아오르고
엎어지며 일어서며 수만 리 파도
달음박질하는 바다에 닿아
고단한 짐을 벗어 놓았네

지금 막 도착한 어선 한 척이
노을빛깔의 기폭을 고요히 내리네
팔뚝이 불거진 한 무리 수부들이
해저에서 끌어 올린 팽팽한 그물을
거대한 확 속으로 비워 내리네
기우는 햇살에 번쩍이는 고기바늘
친구, 눈부시게 빛나는 고기떼 속으로
젊은날 내 욕망의 한 겹 섞여 내리네

항구 저켠을 보게나
폐선이 잠든 백사장 한쪽
검게 그슬린 갯마을 아이들이
사납게 달려오는 파도를 향하여
큐피드의 화살을 몇 번이고 쏘아날리고

등이 몹시 구부러진 노인이
어망에 널린 고기 이삭을 줍고 있네

황혼에 잠긴 허무의 이삭을 줍고 있네

친구, 보이나?

지상을 덮고 남을 장밋빛 노을이

바다와 살섞어

미친 듯 불을 뿜고 있네

파도를 넘어온 짭짤한 갯바람이

부둣가의 웃음소릴 세차게

말아 올리네


극단까지 가고 싶은 내 수레바퀴

잠시 평화에 멈춰 서 있네

「순례기 · 5」 전문[15]


친구에게 말을 건네는 형식의 화법을 취하고 있는 이 시에서 1연 2행의 "방랑하는 화란[16]인"이라는 구절은 이 시의 모티프가 어디서 왔는가를 바로 보여주고 있다. 이 제목은 흔히 「방랑하는 네덜란드 인Der Fliegende Hollander」으로 잘 알려진 리하르트 바그너Richard Wagner, 1813~1883의 동명 오페라 제목이다.

이 오페라는 항구에 정박하지 못하고 영원히 바다를 떠돌아야 하는 저주에 걸린 유령선 선장의 전설을 소재로 한다. 이 작품에서

---

15 『전집1』, 168~169쪽.
16 1970년대까지 일반적으로 우리나라에서는 네덜란드를 화란(和蘭))으로 지칭 했다.

바그너는 18세기 노르웨이 연안을 배경으로, 방랑하는 네덜란드인 선장이 등장하여 펼치는 사랑과 배신, 죽음과 승화의 서사를 펼쳐내고 있다. 이 작품의 대략의 줄거리는 다음과 같다. 주인공 선장은 노르웨이 선장인 달란트Daland에게 자신을 바다를 영원히 방랑해야 할 운명을 가진 존재이며, 평생을 함께 할 여인을 만나야만 이 저주가 풀린다고 설명하고 달란트의 딸 젠타Senta를 자신에게 허락하도록 요구한다. 그러나 유혹자 에리크Erik와 젠타의 관계를 오해한 주인공이 상심해서 배를 출발시키자 젠타는 절벽에서 뛰어내린다. 대단원에서 젠타의 사랑으로 주인공에게 내려진 방랑의 저주는 풀리고 이들은 승천한다.[17]

물론 방랑하는 네덜란드인의 이야기는 신화나 전설에 관심이 있는 문학가라면 낯설지 않을 이야기이기 때문에 고정희가 반드시 바그너의 작품에서 암시를 얻었을 것이라고 확신하기는 어렵다. 그러나 신화에 대한 특별한 관심을 시사한 적이 없었던 그 당시 고정희가 이 이야기를 알게 된 가장 유력한 계기는 아무래도 바그너의 오페라를 통해서라고 판단하는 것이 가장 설득력 있어 보인다.

고정희는 「순례기 · 5」의 2~5연에서 바다를 방랑하는 자의 시선에 비친 평화로운 항구의 모습을 다면적으로 부조하는 데 신경을 쓰고 있다. 2연에서는 황혼녘 바닷새의 모습을, 3연에는 어부들의 평화롭지만 싱싱한 모습을, 4~5연에서는 아이들과 노인들의 모습을 그려내고 있다. 전반적으로 고정희가 그려내는 갯마을 풍경은 지극히 한국적인 냄새를 풍기고 있다. 이런 풍경은 방랑자로 하여

---

17  이성삼, 앞의 책, 433~434쪽 참조.

금 "잠시 평화에 멈춰 서"고 싶게 하는 향수를 자극하는 힘을 가지고 있다.

이 작품은 언뜻 보면 특정한 음악의 인상을 한국적인 맥락에서 번안하는 데 치중한 듯한 인상을 주는데, 그럼에도 불구하고 「방랑하는 젊은이의 노래」와 주제의식이나 모티프 측면에서는 거의 흡사한 것으로 볼 수 있다.

이상에서 살펴본 것처럼 고정희의 초기 시에는 낭만주의문학에서 흔히 볼 수 있는 방랑의 주제가 기조 정서로 깔려 있다고 할 수 있다. 고정희가 창작 활동을 하던 당대 상황이 고정희 초기 시를 현실에 대한 환멸과 이상향에의 추구로 향하게 만든 근본적인 동기로 작용했으며 이 과정에서 낭만주의음악이 매개체 역할을 한 것으로 보인다.

## 3.2. 암흑의 시대와 디아스포라

고정희가 창작 활동을 시작한 1970년대 중반은 유신독재 시대에 해당한다. 긴급조치로 인해 표현의 자유가 보장되기 어렵던 시절의 문학, 특히 시는 메시지가 외면화되기보다는 내면적으로 감춰질 수밖에 없었다. 시대와 대면할 때 발생하는 부정적인 인식은 고정희의 초기 시에도 상당한 영향을 미친 것으로 보인다. "겨울"이나 "어둠"이라는 표현이 초기 작품들의 주조저음처럼 깔리는 현상은 이와 같은 시대적 상황이 반영된 것이라고 할 수 있다. 그의 시에서 배경은 대체로 "어둠"에 싸여 있거나 "비"가 수시로 내리고

그림 3 「방랑하는 화란인」 바이로이트축제 포스터

221

계절은 종종 "겨울"로 설정된다. 대학시절 안병무1922~1996와 같은 민중신학자의 가르침에 귀 기울이고 한국신학대학의 저항적 기풍 속에서 교육을 받은 고정희에게 이와 같은 시적 분위기는 매우 자연스러워 보인다. 민중신학이라는 추상적이고 낯선 기호와 자신 간의 합일을 이루는 것은 결코 쉬운 일은 아니었을 것이다. 그는 믿음 속에서는 기독교인이었으나 현실 속에서는 군사독재 하에서 신음하는 제3세계의 지식인 시인이었던 것이다. 그 당시 그에게 클래식음악은 그와 같은 분열을 성찰할 수 있는 유력한 매개체 역할을 했다.

> 냉동기 속에 숨진 겨울이 리어카에 실려
> 제빙공장 골목을 빠져나온다
> 차디찬 북풍과 고산식물의 견고한 추위를
> 사랑했던 겨울은 숨겨서 더욱 시퍼런
> 눈을 뜨고 숨겨 더욱 빛나는 눈으로
> 도시를 노려보며
> 흰 눈발의 고향 그리워
> 차마 수정 같은 눈물도 뿌리며 간다
> 신세계 교향곡 2악장 속으로 호론을 불며
> 죽은 겨울들이 일어서 간다
>
> 겨울나라 겨울 백성들아,
> 우리의 겨울을 애도하는가, 지난

겨울을 뉘우치는가, 목마른

바람들 비린내에 엎어지는 어시장

시퍼런 눈을 뜬 겨울은

죽은 고기의 뼈라도 지키고 있다

「얼음」 전문[18]

이 작품은 고정희 자신의 말에 기대면 "데뷔 전후" 즉 1975년을
전후해서 창작된 것이다. 그러므로 우리가 현재 확인할 수 있는 가
장 이른 시기의 작품이라고 할 것이다. 이 시는 각 가정마다 냉장고
보급이 일반화되지 않은 시절에 흔히 보던 도시 풍경을 소재로 하
고 있다. 제빙공장에서 리어카로 실어온 인공 얼음은 한 여름 냉면
이나 빙수, 수박화채 등의 용도로 사용되었다.

「얼음」은 여름이면 흔히 보게 되는 풍경 속에서 고정희는 소재
를 끌어내고 있다. 그는 "얼음"을 "냉동기 속에 숨진 겨울"로 표현
하고 있는데, 시인의 논리대로라면 "얼음"은 "겨울"의 시체인 셈이
다. 우리에게 익숙한 비유적 상상력 속에서 "겨울"이나 "얼음"은
결코 긍정적인 의미를 가지지 않는다. 오히려 이들은 시적 화자가
맞서야 할 고난을 상징하는 경우가 대부분이다. 그런데 한여름에
실려 나온 이 시 속의 "얼음"은 상식을 벗어나 있다. 한여름의 더위
에 녹아 물이 떨어지는 채로 "리어카"에 실려 가고 있는 "얼음"을
시적 화자는 "숨겨서 더욱 시퍼런/ 눈을 뜨고 숨겨 더욱 빛나는 눈
으로/ 도시를 노려보며/ 흰 눈발의 고향 그리워/ 차마 수정 같은 눈

---

18 『전집1』, 80쪽.

물도 뿌리며"처럼 다분히 연민어린 시선으로 바라보고 있다. 시적 화자는 이 "얼음"을 지켜보면서 "죽은 겨울들이 일어서 간다"처럼 "얼음"을 한여름의 무더위, 즉 폭정에 저항하는 존재로 의인화하고 있다. 그리고 시적 화자의 발화 대상인 독자를 "겨울나라 겨울 백성들"이라고 지칭하고 있는데 이로써 "겨울"과 "얼음"의 의미는 보다 뚜렷하게 드러난다. 시적 화자는 "겨울"을 애도하는지, 뉘우치는지를 독자에게 다소 경직된 목소리로 묻고 있다.

이 시는 일상적인 비유체계를 벗어난 참신한 발상이 돋보이는 작품인데, 이 작품에서는 음악적 모티프가 작품 전체를 지배하고 있지는 않다. 음악과 연관된 부분은 1연 9행의 "신세계 교향곡 2악장 속으로 호론을 불며"뿐이다. 고정희가 아무런 맥락적 고려 없이 이런 표현을 붙이지는 않았을 것이다.

「신세계 교향곡」은 체코 작곡가 안토닌 드보르작Antonin Dvorak, 1841~1904의 9번 교향곡 제목이다. 원래 제목은 「신세계에서from the New World」이지만, 보통 신세계 교향곡이라고 불리는 이 교향곡은 프라하음악원 교수로 활동하던 드보르작이 미국 후원자의 요청에 따라 미국 뉴욕음악원장으로 부임하면서 처음 본 미국의 인상을 묘사한 작품이다.[19] 드보르작은 이 자리를 금방 수락하지는 않았다고 한다. 좋은 조건에서 음악적 야심도 충분히 만족시킬 수 있는 자리이기는 했지만 그가 조국을 떠나기에는 조국을 사랑하는 그의 마음이 너무나 컸기 때문이다. 이 교향곡은 드보르작이 뉴욕에 도착한 이듬해인 1893년 완성되어 그해 말 카네기홀에서 초연되

---

19  이성삼, 앞의 책, 571~572쪽 참조.

■ 그림 4 안토닌 드보르작

었다.[20]

총 4악장으로 구성된 「신세계 교향곡」에서 「얼음」 해석과 관련해서 유념해야 할 부분은 제2악장이다. 제2악장의 시작 부분에는 짤막한 서주가 전개된 다음 잉글리시 호른에 의해 유명한 주제 선

20 최은규, 「네이버캐스트 - 클래식ABC - 오케스트라38~관현악의대가드보르자크」(http://navercast.naver.com/contents.nhn?rid=67&contents_id=7745, 검색일 2014.12.9.) 참조.

율이 울려 퍼진다. 이 주제 선율은 이후 「Going Home」이라는 제목의 노래로 만들어지기도 했다. 물론 초연 때는 이런 제목과는 무관하게 선율만 울려 퍼진 것이다. 유럽 이민자가 절대 다수를 구성하고 있는 나라 미국, 그 중에서도 뉴욕에서 울려 퍼진 제2악장의 주제 선율은 체코 출신 청중의 향수를 자극하기에 충분했다.

이런 맥락을 고려하면 고정희가 "겨울"을 떠난 "얼음"을 묘사하면서 "신세계 교향곡"을 접속시킨 것은 그 나름대로 설득력을 가지는 것이라 할 수 있다. "죽은 겨울이" "신세계 교향곡 2악장 속으로 호론을 불며"라는 구절은 향수, 망향의 주제를 단적으로 응축한 것일 텐데, 그렇다면 이 시의 "고향"은 어떤 것일까. 방랑을 주제로 한 작품들 속에서 희구되는 고향과 이 시의 "고향"은 성격을 달리하는 것이라고 할 수 있다. 전자가 개인적이고 실존적이라면 후자는 보다 사회적이고 정치적인 성격을 띤 것이라고 할 것이다. 그것은 인간다움이 정치적 상황에 의해 훼손되지 않은 순결한 상태로서의 조국이라고 명명해도 좋을 것이다. 이와 같은 주제 의식은 「파블로 카잘스에게」라는 시에서도 엿볼 수 있다.

> 그대 떠난 자리 가시 하나 돋아서
> 사랑받지 못한 나 사뭇 아프게 한다
> 그대가 애인과 살 맞대는 동안
> 강 하나가 도도하게 시간을 밀고 흐를 때
> 물결 밑에 투명한 그대를 본다
> 그대는 나를 끌어당긴다

나는 그대를 향해 걸어 나간다

그대는 다시 나를 잡아당기고

내가 전심으로 달려 나갈 때 도처에서

그대는 바람소리를 내며 흩어진다

종말 때문에 울부짖는 내 머리칼 뒤

강은 그대를 아주 감춰 버린다

아아 어둠이 올 때까지 그대 때문에

우는 나 그대 때문에 혼자인

나를 지나며 강은 깊이깊이 문을 닫는다

어제 나와 동침하던 인류가 먼 불빛에서 꺼꾸러진다

「파블로 카잘스에게」 전문[21]

파블로 카잘스Pablo Casals, 1876~1973라는 이름은 이 시의 모티프를 단적으로 암시한다. 카잘스는 스페인 카탈루냐 출신의 세계적인 첼리스트이다. 그는 평소 자신을 스페인인이 아니라 카탈루냐인으로, 스페인식 파블로가 아니라 카탈루냐식 파우Pau로 부르고 불리기를 좋아한, 민족의식이 강한 음악가였다. 그는 음악적 전성기에 파시스트 프랑코 정권이 들어서자 프랑코 스페인은 물론 프랑코 스페인을 승인하는 어떠한 나라에서도 연주회를 열거나 그곳을 방문을 하지 않을 것을 천명할 정도였다. 그러한 신념 탓에 그는 평생 조국을 떠나 이방을 떠도는 '방랑하는 음악인'으로 보내야 했다. 그는 평생 이국을 떠돌다가 망명지 푸에르토 리코에서 사망하고, 프

21  『전집1』, 62쪽.

" 그림 5 파블로(파우) 카잘스

랑코 독재가 종식 된 지 4년 후인 1979년 자신의 고향 카탈루냐에
이장되어 고국에 돌아올 수 있었다.[22]

　「파블로 카잘스에게」는 카잘스의 죽음을 애도하며 평소 시적 화
자가 그에게 가지고 있었던 경의와 애정을 되새기는 작품이다. 이
작품에서 시적 화자가 말을 거는 "그대"는 카잘스다. 그가 죽은 자
리에 돋아난 "가시"는 그가 시적 화자에게 남긴 영향을 암시한다.
시적 화자는 그의 부재로 인해서 상실감에 빠져 있고, 이를 계기로
지난 시간을 반추한다. 그가 시적 화자를 잡아당기면 시적 화자는

22　카잘스 생애에 대해서는 앨버트 칸 저, 김병화 역,『첼리스트 카잘스, 나의 기쁨
　　과 슬픔』, 한길아트, 2003 참조.

그를 향해 걸어가고, 또 좀 더 강한 힘으로 잡아당길 때 시적 화자는 "전심"으로 달려간다. 그러나 그때 그는 "바람소리를 내며 흩어진다" 이와 같은 표현은 카잘스에 대한 애정을 극적으로 표현한 것으로 볼 수 있다. 그의 부재는 시적 화자에게 "종말"처럼 느껴지고 시적 화자에게 울음과 고독을 가져온다. 고정희는 그의 부재가 만들어낸 상처를 "어제 나와 동침하던 인류가 먼 불빛에서 꺼꾸러진다"와 같은 과장적 진술을 동원하여 표현하고 있는데, 여기에는 인본주의의 상징처럼 느껴 온 카잘스의 부재가 주는 커다란 공허감이 담겨 있다.

그렇다면 고정희가 카잘스에게 공명한 부분은 무엇일까. 이 시는 앞에서 살펴본 「얼음」과는 달리 특정한 음악 작품을 거명하지 않았다. 이 시에서는 오로지 한 음악인과의 내적 관계가 암시되고 있다. 음악을 포함하면서 그것을 넘어서 인간적인 차원까지를 암시하는 이 시에서 시적 화자는 "그대"의 의미와 부재의 공허와 슬픔을 표현하고 있다. 이는 카잘스가 연주한 음악 자체와는 직접적으로 연결되지 않으며, 오히려 연주자 카잘스와 직접적인 관계를 가지고 있다고 생각된다.

앞에서 살펴본 것처럼 카잘스는 조국의 민주주의를 염원했고, 그 염원의 대가로 평생 이방에서 방랑하는 신세로 살아야 했던 것이다. 1970년 솔제니친 사건으로 국내 연주활동이 제한되면서 1974년 미국으로 망명한 로스트로포비치[23] 역시 카잘스와 비슷한 맥락에서 고정희에게 수용되었다고 볼 수 있을 것이다. 이들 망명

---

23 本間ひろむ, 『ユダヤ人とクラシック音樂』, 光文社, 2014, 139쪽.

음악가들의 초상은 유신독재 시대에 창작활동을 하기 시작한 고정
희에게는 남다르게 느껴졌을 가능성이 충분하다. 같은 예술인으로
서 독재 하에 신음하는 조국을 부정함에 있어서 이들은 동지였던
것이다. 고정희는 카잘스의 음악을 사랑하는 예술가였지만 "어둠"
과 "겨울"과 같은 막연한 상징으로밖에 현실을 그려낼 수 없는 내
면적 울혈로 괴로워하는 신출내기 시인에 지나지 않았다. 1977년
경에 창작된 것으로 되어 있는 이 시는 카잘스의 죽음을 슬퍼하는
애도시인 셈이다.

　1970년대 유신독재라는 현실에 대한 고정희의 고뇌는 1980년대
초반에도 여전히 음악을 매개로 해서 드러난다. 그러나 1980년대
초반 고정희의 시는 1970년대 시들에 비해 좀 더 외면화된 목소리
를 가지고 있다.

　　　　　다 평안하신지 잠잠한 오월

　　　　　다 무고하신지 적막강산 오월

　　　　　나 또한 단잠으로 살 오른 오월에는

　　　　　왜 이리 고향이 마음에 걸리는지

　　　　　왜 이리 해남이 목젖에 걸리는지

　　　　　다북솔밭 어디서나 철쭉꽃 흐드기고

　　　　　백운대 어디서나 산 목련 어지러운 오월에는

　　　　　서울이 왜 이리 거대한 침묵인지

　　　　　서울이 왜 이리 조그만 술집인지

　　　　　봄비에 젖어 눕는 수유리 숲에서는

나 또한 한 장의 한지로 젖어 누워

안익태의 코리안 판타지를 걸어 놓고

그것을 고향의 함성이라 이름한다

그것을 고향의 부름이라 이름한다

그것을 고향의 눈물이라 불러 본다

그것을 고향의 맥脈이라 불러 본다

「서울 사랑-침묵에 대하여」 부분[24]

1983년에 출간된 시집『이 시대의 아벨』에 수록된 연작시「서울
사랑」 중 한 편이다. 이 연작은 1980년대 초반 서울의 정치적 분위
기가 주는 정신적 억압과 죄의식을 주제로 한 작품들로 구성되어
있다. 인용된 작품은 부제로 "침묵에 대하여"라고 붙여놓았는데 이
는 시인으로서 현실 발언이 원활하지 않은 상황에서 오는 울혈감
의 표현이다. 이 시는 특히 "오월"이라는 시간을 강조하고 있다. 누
구나 짐작하는 대로 "오월"은 광주민주화운동을 지칭하는 것으로
"평안" "무고" "단잠"은 1980년 이후 해마다 5월이 찾아와도 특별
한 일 없이 지나칠 수밖에 없는 상황에 대한 자조적인 비판을 담고
있다. 이 시에서는 광주민주화운동을 직접 거론하지 않고 "오월"을
"고향", "해남"과 연결시켜 시상을 전개시키고 있지만 시인의 의도
는 뚜렷하게 감지된다. 시적 화자는 이런 탄식을 하면서 수유리
숲[25]에서 "안익태의 코리안 판타지"를 감상하고 있다. 그 음악을 들

24 『전집1』, 321쪽.
25 작품 속에서는 "수유리숲"이라고 되어 있는데「서울 사랑-침묵에 대하여」를 쓸

으면서 시적 화자는 그 속에서 "고향"의 "함성", "부름", "눈물", "맥脈"을 느낀다. 따라서 시적 화자에게 있어 음악 감상은 현실 도 피가 아니라 현실 각인의 행위이다. 시적 화자가 듣고 있는 음악은 클래식음악이긴 하지만 우리에게는 애국가 작곡자로 잘 알려진 안 익태1906~1965의 「한국 환상곡Korea Fantasy, ?」이다.

「한국 환상곡」은 독일 후기낭만파 양식의 연주 시간 30분 정도 의 작품으로, 단군의 개국에서 시작해 숱한 외적의 침략을 막아낸 역사를 상기시키고 마지막에는 광복을 이룬다는 줄거리로 일제강 점기에 독립 쟁취 의욕을 고취하려는 의도를 담고 있다고 안익태 자신이 설명한 바 있는데, 이 작품은 한국이 자랑할 수 있는 세계적 음악가로서의 그의 위상을 단적으로 보여주는 예로서 한국사회에 서 통용되었다.

고정희가 1980년대 초반의 엄혹한 정치 상황을 묘사하면서 안익 태의 「한국 환상곡」을 결부시켰던 이유는 무엇일까.[26] 우선 안익태

당시 고정희는 수유리의 어느 주택 지하 1층에서 거주하고 있었던 것으로 보인 다. 그 당시 고정희를 직접 만난 적이 있다는 노창선에 의하면 1980년대 초 고정 희는 기독교문사가 있는 회현동까지 매일 수유리에서 출퇴근했다고 한다. 그런 데 노창선은 고정희가 거주했던 곳을 "문간방"이라고 표현하고 있어 「다시 수 유리에서」의 공간과 같은 곳인지는 명확하지 않다. 고정희는 『눈물꽃』에 수록 된 「다시 수유리에서」에서 스스로 밝혔듯 직장과 가까운 연희동 아파트에 살 수 있는 기회가 있었음에도 불구하고 한국신학대학을 졸업한 후에도 줄곧 수유리 를 벗어나지 못했다. 노창선, 「고정희의 초기 시 연구」, 『인문학지』 20집, 충북대 학교 인문학연구소, 2000, 81쪽 참고.

26 첫 시집 『누가 홀로 술틀을 밟고 있는가』의 제4부에 수록된 「겨울」에 이미 안익 태의 「한국 환상곡」이 등장하고 있다. 「겨울」이 1975년 전후에 창작된 것이라는 점을 감안하면 고정희는 그 당시 반복적으로 「한국 환상곡」을 감상한 것으로 보 인다. 이 작품을 비롯해 바그너, 말러의 작품들이 초기 시에 비중 있게 등장하는 것을 볼 때 고정희가 젊은 시절 후기낭만주의 음악에 호감을 가지고 있었던 것 이 아닌가 생각된다.

■ 그림 6 안익태

가 고정희가 중요시한 조국을 잃고 유랑하는 카잘스와 같은 방랑인의 이미지를 가지고 있었다는 점을 생각해 볼 수 있다. 평양 출신의 안익태는 동경에서 음악 공부를 한 후 미국으로 유학을 갔고 그후 독일, 오스트리아, 헝가리에서 활동했고, 말년에는 스페인에 정착하여 생활하면서 한국을 비롯하여 세계 각지의 교향악단에서 지휘자로서 활동하였다. 안익태의 이런 모습은 조국을 잃고 방랑하는 슬픈 방랑 음악인의 이미지를 재현하는 데 있어서 충분한 조건을 갖추고 있다. 물론 여기에는 친일 행적이 논란이 되기[27] 전 애국자 이미지 일색으로 채색된 그의 대중적인 이미지도 크게 작용하였을 것이다.

안익태의 이와 같은 대중적인 이미지는 고정희에게도 그대로 수용되었을 것이다. 더욱이 우리 민족의 고난의 역사를 더듬고 밝은 미래를 다짐하는 「한국 환상곡」과 조국을 잃은 상태에서도 낙심하지 않고 조국 회복의 염원을 음악적으로 승화시킨 안익태는 고정희에게 커다란 위로의 기제로 작용하였을 것이다.

## 3.3. 음악 형식의 시적 전유

고정희의 초기 시에서 클래식음악의 수용은 주로 음악가나 그의 특정한 작품에서 모티프를 얻어 시상을 전개하는 방식으로 이루어

---

27  일제강점 말기 안익태의 모호한 행적에 대해서 이경분에 의한 조사가 이뤄진 바 있다. 그 결과에 따르면 애국적 음악가 안익태가 「한국 환상곡」을 유럽에서 초연했다는 기존의 이야기는 안익태 자신의 창작일 가능성이 높다. 이에 대한 자세한 내용은 이경분, 『잃어버린 시간 1938~1944』, 휴머니스트, 2007 참조.

졌다. 그런데 이 외 그가 클래식음악을 수용하는 또 하나의 방식은 클래식음악 특유의 음악 기법을 시적으로 전유하거나 특정 악기[28]의 음색을 시적 상징으로 차용하는 것이다.

음악 기법의 차용으로 이루어진 시들로는 「카프리스」 연작을 꼽을 수 있다. 총 4편으로 이루어진 이 연작은 1977년경에 창작된 것으로 알려져 있다. 카프리스는 흔히 이탈리어 카프리치오capriccio로 우리에게 잘 알려진 것으로 기상곡奇想曲으로 번역되어 통용되고 있다. 펠릭스 멘델스존Felix Mendelssohn, 1809~1847, 요하네스 브람스Johannes Brahms, 1833~1897 등 19세기 작곡가에 의해 흔히 사용된 기법으로, 유쾌하고 흥겨운 피아노소곡에 붙여진 것이다.[29] 카프리스는 일정한 형식적 틀을 전제하지 않고 작곡가의 자유로운 기분에 따라 창작된 곡인데, 고정희 시에서 카프리스 형식이 차용된다고 해도 거기서 특정한 어떤 틀이나 형태적 요소를 발견하기는 어려운 게 사실이다.

> 뿌리째 흔들리는 미루나무 밑에서
> 키 작은 것들이 포복 연습을 한다
> 엎어지고 자빠지고 재주 넘는다
> 배 꽃 한 웅큼이 숲으로 잦아들고

---

28 고정희 시에서 피아노 같은 건반악기보다는 바이올린이나 첼로 같은 현악기가, 그 중에서도 첼로가 자주 등장하는 현상을 쉽게 확인할 수 있다. "첼로"라는 시어가 단편적으로 등장하는 시들이 있는데, 「로스트로포비치의 첼로」라는 작품은 고정희에게 있어서 첼로라는 악기가 차지하는 위상을 단적으로 잘 보여준다.

29 『표준음악사전』, 세광음악출판사, 1983, 754쪽.

나비 한 마리 황혼에 쫓긴다

나비 한 마리 황혼에 꽂히고

수유리 길 하나가 거꾸로 쓰러진다

수유리 길 하나가 하늘 밖에 떠밀리고

휙 휙 온숲에 도리깨질 소리

숫제, 귀신되어 돌아온 바람

돌 속에 처박힌 네 혼을 뽑으며

가라, 가라, 바위너설 기어오른다

황혼이 뒷전에서 검게 죽는다

「수유리-카프리스 · 1」 전문[30]

「수유리」라는 제목을 단 첫 번째 작품이다. 이 작품은 고정희에게 익숙한 공간인 수유리를 배경으로 하고 있다. 이 작품에서는 시적 화자가 관찰하는 외적 풍경 위주의 묘사가 지배적이다. "미루나무"가 "뿌리째 흔들리는" 것으로 보아 바람이 몹시 부는 날의 황혼녘 풍경일 것이다. 바람이 불지 않는 평온한 날들과는 달리 수유리의 자연은 거친 바람에 요동치고 있다. "키 작은 것들"로 지칭되는 풀들은 예측 불허의 바람에 따라 사방으로 휘어지고 꺾이고 있다. 그리고 "배 꽃"은 떨어지고 "나비"는 몸을 가누기 위해 부산히 움직인다. 이와 같은 상황에서 시적 화자는 "수유리 길"은 "거꾸로 쓰러"지고 "하늘 밖에 떠밀리"는 듯한 환상까지 느낀다. 바람은 수유리 "숲"을 뒤흔들고, 마침내 수유리 국립묘지에 안장된 "혼"을 일

30 『전집1』, 53쪽.

깨운다. 이 시는 이처럼 바람이 물고 온 수유리의 변화를 격동적이고 환상적으로 묘사하고 있다. 이 시에서의 시상 전개는 마치 카프리스 형식의 음악에서 우리가 발견하는 의외성을 연상시킬 만큼 자유로운 방식으로 이루어지고 있다. 물론 고정희에게 있어 이런 시적 카프리스는 결코 유쾌함이나 흥겨움 같은 카프리스 본연의 목적과는 달리 죄의식에 침윤된 것이라는 점에서 차이를 느낄 수 있다.

「숲」이라는 제목을 단 두 번째 작품 역시 첫 번째 작품과 발상 자체가 매우 유사하다. 여기서도 수유리 숲 정도로 짐작되는 숲을 배경으로 바람이 불러일으키는 시적 화자의 죄의식을 표현하고 있다. 다만 이 작품은 첫 번째 작품과는 달리 변화무쌍한 이미지의 묘사에 치중하기보다는 진술에 의존하다 보니 카프리스적인 인상은 덜한 편이다.

첫 두 작품이 카프리스 형식을 시상 전개의 형식적 기제로 활용한 양상이 두드러지는데 반해 나머지 두 작품은 이런 양상은 두드러지지 않고 특정 음악가를 제목에 제시함으로써 해당 음악가에 대한 관심을 환기시키고 있다.

> 스름스름 넘어지는 파도의 물굽이에
> 스러질 듯 스러질 듯 떠가는 새 한 마리
> 하얗게 짖어대는 물귀신에 쫓기며
> 바다 깊은 곳에 내리는 그림자
> 발톱에 끌고 가는 푸른 어둠의 독기

**237**

온 바다 들쑤시며 일어서는 물귀신아,

푸르게 누운 용 한 마리

오늘 밤에 더욱 엎어지며 죽으리라

물굽이 치렁대는 어둠의 끈으로

「라벨Ravel과 바다-카프리스 · 3」 전문[31]


「카프리스」 연작의 세 번째 작품의 제목은 「라벨Ravel과 바다」로 되어 있다. "파도"에 실려 "바다"를 횡단하는 이름 모를 "새"의 모습을 환상적으로 묘사하고 있다. "바다"는 "새"에게 적대적인 대상처럼 보인다. "새"는 "하얗게 짖어대는 물귀신에 쫓기"고 있고 이 "새"는 "발톱"에 "바다"의 "푸른 어둠의 독기"를 끌고 가고 있다. 시적 화자는 "새"를 위협하는 "물귀신"에 대항해 "새"의 변형체인 "푸르게 누운 용"이 바다의 "어둠"에 대항해 "죽"을 것이라고 예언한다.

「라벨Ravel과 바다-카프리스 · 3」는 시인의 주관 속에서 변형된 내면의 풍경을 "새"와 "바다"라는 낯선 대립 속에서 펼쳐내려는 시도를 보이고 있다. 이런 대립 구도와 "새"의 "용"으로의 변신은 이 시의 카프리스적인 측면이라고 할 수 있을 것이다. 그런데 흥미로운 점은 제목에 "라벨Ravel"이라는 음악가를 명시하고 있다는 사실이다. 20세기 초반 주요 작품을 발표한 프랑스 음악가 모리스 라벨은 바다와 관련된 작품을 발표한 적도 없고 또 카프리스 형식의 곡을 작곡하지도 않았다. 이런 점을 고려할 때 고정희가 이 시의 제목에 굳이 라벨을 제시한 이유는 쉽게 납득이 가지 않는다. 오히려 라

31 『전집1』, 55쪽.

벨과 비슷한 시점에 활동한 클로드 드뷔시Claude Debussy, 1862~1918를
제시했더라면 더 적절했을지도 모른다. 왜냐하면 드뷔시는 인상주
의 음악의 대표작 「바다La mer, 1905」라는 교향악을 작곡한 바 있기
때문이다.[32] 물론 바다에서 받은 외적 인상의 표출이라는 드뷔시의
기도는 묘사적인 특징이 강하기 때문에 순간순간의 변화를 중시한
다는 측면에서 카프리스와 연관성이 있다.[33]

결론적으로 고정희는 드뷔시의 「바다」에서 모티프를 얻었을 가
능성이 높은데 어떤 이유에서인지[34] 라벨과 드뷔시를 혼동함으로
써 부적절한 제목을 달게 된 것으로 생각된다.

> 숫제 혼을 벗기세요
>
> 살갑게 살갑게 벗기세요
>
> 살랑이는 능수버들 정념 한 자락으로
>
> 저 한한 숲을 들쑤시는 밤에야
>
> 벌거벗은 겨울인들 춤 안 출 수 있나요
>
> 정 주는 바람에야 풀잎인들 견디나요
>
> 바드득 조여진 바이올린 G선에
>
> 떠다니는 넋까지 휘감아 버리세요
>
> 그리고 숨숙여[35], 숨죽여 오세요

32  노태현, 「네이버캐스트 ─ 명곡명연주~ 드뷔시 바다」(http://navercast.naver.com/
contents.nhn?rid=66&contents_id=2097, 검색일 2014.12.9.) 참조.

33  물론 드뷔시의 「바다」와 카프리스는 이런 기본적인 측면을 빼면 그 어떤 측면에
서도 비교 불가능하다는 점은 전제되어야 할 것이다.

34  아마도 비슷한 시기에 활동했던 프랑스 음악가라는 사실이 고정희의 혼동을 초
래한 것일지도 모른다.

아버지 물래 자란 나무들이

뿌리까지 흔들며 춤추는 산준령

꿈같이 꿈결같이

톱 바이올린을 켜세요

「브람스 전前-카프리스 · 4」 전문[36]


「카프리스」 연작의 네 번째 작품 역시 앞의 세 작품과 비슷한 분위기를 공유하고 있다. "숲"이 있고 그것을 흔드는 "바람"이 등장하고 그 "바람"은 "혼"이나 "넋"을 자극한다. 이 작품은 연작의 두 번째 작품처럼 묘사보다는 진술에 의존하고 있는 인상이 짙다. 음악과의 연관성은 작품에 "바이올린"이라는 시어가 등장하고 제목에 고전주의 독일 음악가 "브람스"가 제시되어 있다는 점이다. 이 시의 "바람"이 첫 번째 작품에서와는 달리 잔잔하게 부는 "바람"이라는 점에서 "바이올린"과의 연계는 적절해 보인다. 다만 제목에 등장하는 "브람스"와는 관련성은 뚜렷하게 해명하기 어려운 점이 있다. 브람스는 카프리스 형식으로 된 피아노 독주곡을 작곡한 바 있다.[37] 그러나 브람스의 곡이 피아노곡인 점을 감안하면 바이올린 특유의 음색이 주조를 이루는 이 시와 뚜렷한 연결점을 찾기는 어려워 보인다.


35 '숨죽여'의 오식으로 보임. 『고정희시전집』은 기존에 개별적으로 출간된 시집들을 전집으로 묶으면서 개별 시집들의 오류까지 그대로 살려놓은 경우를 종종 발견하게 되는데, 향후 전집 개정 작업 시 텍스트비평이 가해져야 할 것이다.

36 『전집1』, 56쪽.

37 8개의 소곡(1871, 1878), 7개의 환상곡(1879)가 바로 그것이다.

이상에서 살펴본 것처럼 「카프리스」 연작은 음악 형식의 시적 전유라는 낯설고 어려운 시도의 결과물이라고 할 수 있다. 카프리스 형식이 시상 전개에 충분히 수용된 연작의 첫 번째 작품을 제외하면 음악 형식이 시의 내면으로 육화되지 못하거나 부적절한 정보 처리로 인해 소기의 성과를 달성했다고 보기는 어렵다.

## 4. 기독교음악의 모티프

기독교음악이란 가톨릭이나 개신교 등의 종교 활동을 매개로 해 창작된 음악 전체를 지칭하는 것이다. 성악이나 기악으로 대분되는 기독교음악은 기독교의 역사만큼이나 오랜 전통을 가지고 있는데, 바로크시대 음악을 대표하는 요한 제바스티안 바흐나 게오르크 프리드리히 헨델Georg Friedrich Händel, 1685~1759 등의 칸타타, 오라토리오, 수난곡이 대표적인 기독교음악이다.

고정희의 초기 시에는 클래식음악과 더불어 기독교음악 역시 음악적 모티프로 작용하고 있다. 그러나 기독교음악은 종교 활동이라는 특수한 목적을 가지고 있기 때문에 고정희의 초기 시 중에서도 일부 시들에 한정적으로 전유되고 있다.

> 햇볕 녹이는 마태수난곡 한 소절이
> 깊은 숲 잎잎을 문질러 깨운다
> 남은 몇 소절이 떠가는 빈 하늘

241

갈보리 솔밭 언저리에서 갑자기

죽은 언어들이 퍼런 침묵을 힘껏

힘껏 흔든다 바람이 일렬횡대가 되어

푸른 뱀처럼 솔밭을 누빈다

육중한 침묵이 솔밭 위로 쓰러지고

강 하나 사이로 떠보낸 혈흔이

바람에 빨리어 돌아오고 있다

만리밖 하늘이 돌아오고 있다


무덤 돌아보며 떠나는 사람들

검은 수의 속으로

땀 젖은 햇볕이 마구 쓰러진다

수난곡 한 소절이 자취를 감춘 언덕

「성금요일」 전문[38]


첫 시집 『누가 홀로 술틀을 밟고 있는가』의 제4부에 수록된 「성
금요일」은 1975년 전후에 씌어졌을 것으로 짐작된다. "성금요일"
은 예수가 십자가형을 받은 날로, 부활절 이틀 전이기도 하다. 이
날은 전 기독교도들이 기념하는 날인데, 이 시에서 "성금요일"은
실제의 시간적 배경이 아니라 시상을 전개시켜나가기 위해 비유적
으로 설정된 것으로 보인다. 다소 긴 첫 연에 비해서 두 번째 연이
짧게 처리되어 있다. 첫 연은 "바람"에 의해 "침묵"이 깨지고 예수

38 『전집1』, 87쪽.

의 희생의 상징일 "혈흔"이 돌아오는 상징적인 풍경이 묘사되고 있다. 첫 연은 첫 행에 제시된 "마태수난곡"이 암시하듯이 예수의 수난을 압축적 상징으로 묘사하고 있다. 그런데 두 번째 연은 예수의 수난과 부활을 믿지 못하고 "무덤 돌아보며 떠나는 사람들"을 묘사하고 있다. 구원자로서의 예수에 대한 불신은 첫 연을 지배하던 "수난곡"의 부재로 암시된다. 고정희는 이 시를 통해서 기독교적 믿음이 부정당하는 내외적 상황을 그려보려 한 듯하다. 물론 큰 비중을 차지하는 것은 아니지만 이 과정에서 바흐의 「마태 수난곡 Matthäuspassion, 1727」[39]을 인용함으로써 일정한 효과를 노린 것은 분명해 보인다.

　이처럼 시 작품의 창작 모티프를 형성한 것은 분명해 보이지만 작품 속에서 큰 비중을 가지지 않으면서 가볍게 인용된 경우가 종종 있다. 고정희 초기 시 특유의 어둡고 절망적인 분위기를 암시하는 시어들의 조합처럼 느껴지는 「그늘」이라는 작품에서도 작품 중간에 "그 진혼곡 한 소절"이라는 표현이 등장한다. 물론 구체적으로 누구의 "진혼가"인지는 드러나지 않지만 이와 같은 인용은 이 작품의 배경에 주조저음과 같은 분위기를 형성하고 있다. 따라서 이런 시어는 이 시를 어떻게 수용해야 하는지를 지시하는 일종의 음악적 지시어라고 할 수 있다.

---

39 「마태 수난곡」은 「마태복음」 26~27장을 기초로 작곡된 것으로 관현악단과 합창단으로 구성되어 있고 작품 중간 중간에 수십 곡의 아리아가 배치되어 있다. 최은규, 「네이버캐스트 ― 명곡명연주 ― 바흐, 마태 수난곡」(http://navercast.naver.com/contents.nhn?rid=66&contents_id=3547, 검색일:2014.12.9.) 참조. 「성금요일」에서 "수난곡 한 소절"이라는 표현은 수십 곡의 아리아 중 특정한 곡과 연관되어 있음을 암시한다.

『초혼제』에 수록된 「화육제별사」라는 장시는 한국신학대학의
전통적인 축제 화육제의 풍경을 묘사하고 있다. 고정희는 이 작품
에서 자신이 직접 체험한 것뿐만 아니라 전해들은 것까지 종합하
고 있다.[40] 유신정권 수립 이후 날로 가혹해지던 학원 탄압에 맞서
교수 안병무, 문동환1921~이 해직되고 학장 김재준1901~1987이 교기를
면도칼로 긋는 등 1970년대 한국신학대학은 몹시 어수선하고 침울
한 분위기였다. 이런 탓에 종교적 의미가 강조된 화육제는 시국적
영향으로 한층 긴박한 분위기 속에서 치러지게 되었다.

> 친구여 언제나 그랬지
>
> 사월, 고난주간 성금요일 오후에
>
> 수유리의 하늘 아래선
>
> 마태수난곡 혹은 가브리엘 포레의 레퀴엠이
>
> 성난 우리의 맥脈을 가만가만 짚어 내리고
>
> 「1. 성금요일 오후」 일부[41]

---

40  고정희가 이 작품에서 묘사하고 있는 교기 절단 사건은 다수의 증언에 의하면
1973년에 일어났던 사건을 묘사한 것으로, 1975년에 이 학교에 입학한 고정희
가 직접 체험한 것은 아니다. 또 「7. 연좌기도회」에서 기도회 순서에 "12시 4학년
고정희"라고 표시된 것으로 보아 이 연좌기도회는 고정희가 4학년에 재학 중이
던 1978년에 있었던 일이라고 할 수 있다. 최근 발표된 이소희의 논문에서도 작
품 속의 절단 사건이 실제 체험이 아니라 학교에 전해 내려오는 일화를 작품화
한 것이라고 언급하고 있다.(이소희, 앞의 논문, 273쪽 각주 88) 이러한 점들
을 근거로 할 때 「화육제별사」는 1970년대 직간접 체험에 기반을 둔 작품일
것이다.
41  『전집1』, 204쪽.

더 이상의 아무 말도 필요없던 그날

병적인 후련함만이 우리를 제압하던 그날

창밖은 찬란한 봄볕이 내리고

상수리나무와 사이프러스가

언뜻언뜻 흔들려 울던 그날

우리는 함께 일어나 서로를 부축하며

찢어진 깃발과 사내를 묻으러

성금요일 오후의 산으로 향했지

베르디가 낮게낮게 진혼곡을 풀었지


아누스 데이

이제 가라

가거든 오지 마라

인파라디줌

「6. 기旗를 찢으시다」 일부[42]


　1~9로 이어지는 「화육제별사」 중 성금요일 당일의 행사를 묘사
한 1~6까지가 이 작품의 중심부를 차지하고 있다. 위에서 인용한
부분은 그 시작과 끝에 해당하는데 어두운 시대를 배경으로 한 특
별한 의미를 담은 행사인 만큼 예수의 죽음의 뜻을 기리는 이 행사
의 분위기는 상당히 엄숙해 보인다.

　과거 대학시절을 친구와 같이 회상하는 형식으로 시작하는 「성

42 『전집1』, 216쪽.

금요일 오후」를 감싸고 있는 것은 단독 작품 「성금요일」에도 등장
한 바 있는 「마태 수난곡」이나 가브리엘 포레Gabriel Faure, 1845~1924의
「레퀴엠Messe de Requiem, 1888」이다. 그런데 포레의 「레퀴엠」은 부모
를 잃은 슬픔과 추모의 마음을 담아서 쓴 것이다. 비록 종교적 성격
은 약하지만 근대의 명작 레퀴엠의 반열에 올라 있는 포레의 곡은
성금요일 행사를 비롯해서 학내 행사에서 자주 사용되었을 것이
다. 그리고 성금요일 행사가 끝날 무렵에는 또 하나의 레퀴엠 명작
중 하나인 주세페 베르디Giuseppe Verdi, 1813~1901의 레퀴엠이 울려 퍼
지고 있다. 「기旗를 찢으시다」 마지막에 인용된 라틴어 "아누스 데
이Agnus Dei, 신의 어린 양", "인파라디줌In Paradisum, 천국에서"은 레퀴엠에
흔히 포함되는 상용구다.

　이처럼 고정희는 기독교 전통에서 예수의 죽음과 연관된 수난곡
이나 죽은 자의 혼을 위로하는 진혼곡을 시적 이디엄으로 종종 차
용함으로써 신앙적 성찰의 매개로 삼고 있다. 음악을 통한 고정희
의 사자死者 위로는 1980년대『초혼제』,『저 무덤에 푸른 잔디』와 같
은 한국 전래의 씻김굿가락으로 이어진다.

## 5. 결론

　이 글은 고정희 시 연구사 20년을 경과하면서 양적 축적을 넘어
서 연구 폭과 상상력의 확대라는 차원의 문제의식 하에 기존 연구
사에서는 잘 드러나지 않았던 고정희 시의 또 다른 특징을 포착하

고자 하는 의도에서 시작되었다.

　그동안 한국 페미니즘 시의 선구자로서의 위상이 지나치게 강조되면서 주로 후기 시집들 중심으로 고정희 시 논의가 집중되었던 것이 사실이다. 특정한 이념을 전제하고 그것을 최상의 가치로 전제한 논의는 자칫 11권에 걸쳐 역동적인 변화를 보여 준 고정희 시의 외연과 내포를 축소할 우려가 있다는 판단 하에 이 글에서는 고정희 초기 시를 조명하는 한 방법으로 음악적 모티프의 수용이라는 차원에서 논의를 전개하였다. 이와 같은 방향에서 고정희 초기시의 음악적 모티프를 크게 클래식음악과 기독교음악으로 구분하고, 특히 클래식음악은 소주제에 따라 몇 가지로 구분하여 논의를 전개하였다.

　20여 년 간의 연구들을 통해 고정희 시가 한국현대시사에서 차지하는 위상은 이제 뚜렷하게 확립되었다고 할 수 있다. 따라서 앞으로는 보다 차분한 분위기 속에서 폭넓은 관점에서 정밀한 연구들이 축적되어야 할 것이다. 결과적으로 볼 때, 이 글의 논의가 다소 소재주의적인 측면으로 흐른 느낌도 없지 않으나 그동안 간과되어왔던 측면에 대한 논의의 물꼬를 트는 도전적인 시도라는 점에서 그 나름의 의의를 찾을 수 있을 것이다.

한국 영화와
문학 속의
타자의 그림자

# 7장
# 기괴성의 시학

## 1. 거인의 어깨를 올라 탄 난쟁이의 시선

한국 사회 시민혁명의 대명사 87년 6월항쟁이 일어난 지 벌써 30여 년이 되어 간다. 대한민국이라는 뚜렷한 정부가 수립되었음에도 불구하고 87년 이전까지 한국사회는 반공군사독재라는 억압적이고 권위주의적인 체제의 숨통 조이기 때문에 우리가 그토록 꿈꾸어 오던 서구식의 풍요로운 민주주의 꿈은 허덕여왔다. 정신과 육체의 자유와 풍요로운 공동체의 비전을 견지하고 확장하는 데 있어 지난 시절의 한국문학, 그 중에서도 현대시가 일정 부분 기여를 했다는 사실에 대해서는 누구도 부정하지 못할 것이다. 억압과 가난에 대해 고발하고 부정하고 투쟁하는 과정에서 시는 그 어느 때보다도 내핍과 절제의 길을 따라 자신의 상상력을 움직여나갔다.

1980년대가 세계의 참혹상을 자신의 그것과 동일시하고 껴안으려 했던 거인적 주체성의 시대였다면 1990년대는 거인의 어깨를 올라탄 난쟁이적 주체성의 시대라고 할 것이다. 거인의 어깨 위에 올라타지 않을 수 없는 역사적 상황 속에서 탄생한 이 난쟁이들에게 있어서 거인적 주체성은 구시대적이고 불모적이고 생경하기까지 한 느낌으로 다가오는 듯하다. 1990년대 이후의 시들은 엄격한 의미에서 '세계'라고 지칭될 수 없을 만큼 자아의 경계를 뭉고 들어온 세계, 즉 지극히 자아내적 세계에 집착하는 경향이 짙다. 주관적 공간을 세련되게 구축하는 것에 주로 관심을 가지는 최근 시인들에게서 우리가 느끼게 되는 심사를 한 마디로 요약한다면 '기괴함'일 것이다.

기괴함은 바라보는 주체에게 있어 대상이 주는 공격의 느낌이다. 대상의 공격은 주체가 가진 힘을 붕괴시켜 주체를 무력하게 만든다. 대상이 가진 이런 파괴력은 대상 그 자체에서 발생하기보다는 그 대상을 오인한 주체의 이데올로기적 태도에서 비롯되는 것이다. 이런 기괴함을 몇몇 시인들은 자신들의 시에서 드러내면서 이르기를 '불편'이라고 지칭하고 있다.

그러나 이들의 시가 주체의 붕괴라는 사건을 겪어낸 시인의 체험록은 아니다. 오히려 이들 시에 나타난 주체들은 대단히 탄탄한 느낌을 준다. 그들은 기괴함의 세계로 독자들을 유인하는 사람들, 즉 놀이공원이나 영화관의 안내요원같다. 그들은 자신들이 인도하는 '객'들이 무엇을 기대하는지 잘 알고 있는 듯하다. 그들

은 '객'에 의해 '알고 있을 것으로 가정되는 자'의 지위를 얻고 있
다. 그들의 시는 대체로 시인의 바깥세상보다는 자기 안의 세상
에 착목하는 경향이 있으며 자아와 세계의 동일성보다는 그 불화
나 파열의 지점을 드러내는 데 관심을 가지고 있다. 그리고 때때
로 무의식적 환상의 논리를 편애하는 경향이 있다. 그러나 최근
시인들이 한결같이 이런 세계를 가지고 있다고 말할 수는 없다.
언제 어디서나 마찬가지이겠지만 개체들에 대한 집단적 호명은
거짓일 가능성이 짙다. 그러므로 이 글에서는 2000년 이후에 등
단한 시인들 중 몇몇 시인들의 작품들을 대상으로 삼고자 한다.

## 2. 거울의 현상학

초현실주의를 자신의 주요한 시작 방법론으로 내세운 이상 이후
한국의 시들은 더 이상 순진한 동일성의 세계에 안주할 수 없게 되
었다. 이상 이후 근대적 동일성의 세계가 허위와 모순을 봉합한 후
에나 가능한 허상이라는 사실을 어느 정도 알게 되었기 때문이다.
이상의 시들에 등장하는 거울 이미지는 근대적 동일성의 허위성을
고발하는 강력한 매개체로 기능하고 있다. 들여다보는 자와 반사
이미지 사이에서 길항하는 주체의 심리적 드라마를 연출하고 있는
이상의 시들에서 거울은 중요한 시적 이미지로 자리하게 된다.
자기 자신을 들여다본다는 것 자체가 가진 강력한 자의식적 에
너지는 이상 이후의 시인들에게 적지 않은 시작 동기를 마련해 주

■ 그림 1 이은림,
『태양중독자』
랜덤하우스코리아, 2006

었다고 할 것인데 이은림에게서 거울 이미지는 새로운 방식으로 변용된다. 「거울 층계」『태양중독자』, 랜덤하우스. 2006라는 시는 시적 자아가 거울로 된 집의 704호를 찾아가는 조그마한 여정을 소재로 삼고 있다. 집의 모든 것들이 거울로 되어 있고 704호로 올라가는 층계는 "비탈"져 있다. 따라서 그 여정을 진행하는 주체는 항상 자기 자신의 이미지와 마주칠 수밖에 없는 운명에 처하게 된다. 그리고 층계의 경사면 때문에 그가 마주하는 이미지들은 항상 어느 정도 일그러질 수밖에 없다. 즉 진정한 자아 이미지가 아니라 일그러진 이미지와 대면할 운명인 것이다. 704호를 향한 여정에는 선행자들이 있다. 여자는 거울 손잡이를 만지다가 손가락을 베이고, 402호 방문을 두드리던 남자는 거울 문을 깨트린다. 거울이 깨져서 그들은 손을 다치고 그들의 신체에서 흘러나온 핏물은 꽃처럼 "울긋불긋" 바닥을 적신다.

화자의 선행자인 이들이 상처를 입는 이유는 무엇인가. 그것은 그들의 부주의함 때문일 수도 있고 혹은 그들의 오만함 때문일 수도 있다. 그러나 이것은 화자가 보고하는 나선형의 반복적 악몽의 서두에 불과할 뿐이다.

6층과 7층 사이, 층계는 금이 갔다. 금 간 층계를 딛으려는데 두 발이 맨발이다. 신발이 어디 갔을까, 생각하며 핏물이 덕지덕지 붙은 발바닥을 본다. 6층과 7층 사이가 갑자기 멀어진다. 층계 한 단의 높이가 내 키와 같아졌다.

선행자들의 상처에 전전긍긍하던 화자는 다행히 5층을 통과해 목적지인 7층 언저리까지 도착한다. 그러나 목적지 부근에서 화자의 욕망은 연기될 수밖에 없는 운명임을 확인한다. 6층과 7층을 연결하는 층계에 금이 가 있기 때문이다. 설상가상으로 화자의 움직임을 보장해 주던 신발 역시 어디론가 사라져 버렸다. 화자 역시 선행자들과 마찬가지로 목적지 부근에서 상처를 입는다. 금이 간 거울때문에 엉망진창이 되어버린 발바닥을 화자는 '본다'.

여기서 본다는 것의 의미는 중요하다. 본다는 것은 근대적 주체가 자기 동일성을 확보하는 중요한 매체이기 때문이다. 그 봄이 여기서는 욕망의 성취와 연결되지 못하고 욕망의 지연 혹은 좌절로 전도된다. 그 순간 6층과 7층 사이 계단은 순식간에 화자의 키만큼의 높이로 벌어진다. 선행자들과 화자에게 상처를 입한 거울 조각들은 마치 자기 재생력을 갖춘 괴물처럼 응집되면서 층계들을 늘려간다. 화자가 딛고 기대는 바닥과 벽들은 자꾸 균열을 일으킨다. 목적지인 704호 부근에서 일어나는 이와 같은 환상의 장면들은 무엇을 말하는 것인가. 화자는 결국 왜 704호에 가야하는지도 잊어버리고 거울의 균열이 일으킨 금 때문에 세 개의 눈을 가진 괴물이 된 복제 이미지들에 포개진 자신을 발견하게 된다.

이 시는 거울이 가진 속성, 즉 평상시에는 대상을 비추지만 금이 가거나 깨질 때는 대상을 왜곡하거나 파괴할 수 있다는 속성을 상상력의 기반으로 삼고 있다. 거울은 깨지면 유리 조각에 지나지 않기 때문이다. 이 시에서 거울은 깨지면서 화자에게 신체적 고통을 가하고 금이 가면서 생긴 왜곡된 이미지로 주체의 동일성을 붕괴시킨다. 거울로 된 집이라는 장치는 어쩌면 화자가 처하고 있는 현대 사회에 대한 비유일지도 모른다. 그러므로 704호라는 특정한 숫자는 하등의 의미도 가지지 않는다. 그것은 주체의 욕망과 결핍을 현시하는 기호에 지나지 않기 때문이다.

## 3. 마리오네트와 주체의 심연

폴란드의 영화감독 크쥐시토프 키에슬롭스키의 「베로니카의 이중생활1991」은 분신 이미지에 관한 영화이다. 한 날 한 시에 폴란드와 프랑스에서 각기 다른 부모 밑에서 똑같이 생긴 여자 아이가 탄생한다. 둘은 전혀 상대방에 대해 아는 바가 없으면서도 생래적으로 자신의 분신에 대해서 그리워한다. 그러다가 폴란드의 베로니카가 무대 위에서 죽자 프랑스의 베로니카 역시 음악을 중단하고 깊은 슬픔에 빠져든다. 이후 프랑스의 베로니카는 동화작가인 남자와 기이한 운명의 끈에 이끌려 사랑하게 된다.

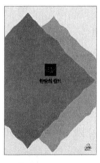

■ 그림 2 김경인,
「한밤의 퀼트」,
랜덤하우스코리아, 2007

이 영화는 기본적으로 운명과 사랑에 관한 영화라고 하겠지만, 또 다른 면에서는 주체 분열과 분신 이미지에 관한 영화라고 할 수 있다. 인간에게 있어 분신 이미지의 현현은 주체의 완고한 틀을 벗어난 좌절과 위기의 경험이다. 거울을 통해 목격하게 되는 것은 폴란드의 베로니카와 같은 분신 이미지이다. 김경인의 「마리오네트의 거울」『한밤의 퀼트』, 랜덤하우스, 2007에서도 화자는 주체 분열의 과정을 경과하고 있다.

　　당신은 시간을 거슬러 거울 앞에 당도한 사람
　　내가 따라온 당신의 뒤통수는 잠긴 자물쇠처럼 무표정했지만,
　　나를 돌아본 당신의 얼굴엔 아주 오래전의 또 다른 당신들이 눈물처럼 얼룩덜룩 달라붙어 있었지
　　우리는 처음으로, 깨어진 조각인 듯 서로를 마주 보았네

　　여러 개의 얼굴 뒤에 숨어
　　살 오른 수탉과 만나러 갈 때면 늙은 엄마를 뒤집어쓰고는 암탉처럼 지저귀었고
　　한 무리의 구름 떼를 영접할 때면 아버지의 아버지를 불러내 공손한 앵무새를 흉내 내느라 이가 몽땅 빠질 지경이었지만,
　　구름들은 너무 먼 이웃, 내 목소리를 금방 잊어버리곤 하였네

　　그런 날이면, 거울에게 물었네
　　-내 얼굴을 돌려주세요.
　　-어떤 얼굴을 갖고 싶으냐?

　　거울이 다정한 목소리로 몇 개의 표정을 꺼내놓고 흥정하였네

　　그를 향해 돌을 던지자, 내 얼굴에 박힌 무수한 표정들이 피처럼
쏟아졌네

　이 시에서 "당신"이라고 지칭되는 존재는 과연 누구인가. 그에
대해서는 "시간을 거슬러 거울 앞에 당도한 사람"이라고 화자는 말
하고 있다. 그는 거울을 매개로 미지의 과거에서 호출된 존재로, 화
자는 그의 뒤통수를 따라왔고, 그의 얼굴에는 그보다 앞선 그의 분
신 이미지들인 "또 다른 당신들"이 들러붙어 있다. 화자는 "당신"
과 "또 다른 당신들"을 아울러 "우리"라는 1인칭 복수대명사로 지
칭하고 있다. 거울 속 이미지들과의 만남은 화자에게 있어 최초의
사건이자 '깨어진 조각'들의 결합처럼 정합적인 완성의 이미지로
표현되고 있다. 그것은 프랑스의 베로니카가 느끼고 있던 류의 근
원적 상실감이 해소되는 사건이다. "여러 개의 얼굴"을 갖게 된 화
자에게 그 얼굴들은 주체의 자유로운 변신을 허락한다. 상황에 따
라 "암탉"과 "앵무새"로 자유롭게 변신할 수는 있지만, 그것은 주
체의 정직한 모습이 아니라 거울이 복제해 낸 가상의 이미지들이
기에 이물감이 느껴지는 불편한 것이다. 그러나 그것은 여성으로
하여금 가면같은 주체성, 수행으로서의 주체성을 가능케 하는 매
개체이다.
　남성이 여성으로부터 느끼는 근원적 공포가 여성이 가진 가면으
로서의, 수행으로서의 주체성에 있다는 논리를 승인할 때, 가면을
요구하는 이 시의 화자는 남성적 주체성을 위기로 몰아넣을 유혹
과 공포의 도구를 욕망하는 여성이다. 그녀는 거울과 함께 그 도구

를 놓고 흥정을 벌인다. 거울은 마치 화자를 조종하는 인형술사와 같은 느낌을 준다. "다정한 얼굴"로 흥정을 걸어오는 거울을 향해 화자는 돌을 던진다. 이런 그녀의 느닷없는 행동은 가면과 수행이 파국을 맞이한 지점에서 여성이 보여주는 광기이다. 이런 광기로 인해 "당신"과의 만남으로 인해 생성된 분신 이미지들은 화자에게서 떨어져 나간다. 그것은 거울의 부정이다. 그러나 거울과의 만남 이전과 똑같은 상태로의 회귀일 수는 없다. 화자는 보다 더 지독한 상실감을 견뎌내야 한다.

이 시가 소재로 삼고 있는 마리오네트는 실로 인형을 매달아 펼치는 극의 일종이다. 그렇다면 "마리오네트의 거울"은 인형극이 펼쳐내는 드라마의 매개자라고 봐도 좋을 것이다. 이 시의 화자는 누군가가 펼치는 마리오네트 속의 인형인 셈이다. 그는 운명을 주관하는 누군가의 손짓에 따라 생을 조종당하는 가엾은 존재에 불과하다. 그는 자신의 분신 이미지들로 자신을 위장하면서 자신의 쾌락을 생산해 내는 유희의 인간이지만 결국 위장의 불가능성에 직면하여 그 거울의 세계를 부정함으로써 자신의 주체성마저 파괴당하는 존재이다. 위에서 언급했다시피 「베로니카의 이중 생활」에서 폴란드의 베로니카와 프랑스의 베로니카는 근원적으로 '깨어진 조각' 같은 존재이다.

그런데 서로에 대한 분신과 같은 두 베로니카를 이어준 것은 알렉상드르라는 동화 작가이다. 그는 동화 작가이자 인형극 연출가이기도 하다. 그는 프랑스의 베로니카와 우연히 사랑하게 된 후 그녀의 이야기를 소재로 인형극화할 결심을 하게 된다. 인형극에 사

**257**

용하기 위해 그는 베로니카 인형을 두 개를 만들게 되는데, 여기서 우리는 이 영화 속에서 알렉상드르라는 이 남자가 차지하는 위상을 확인하게 된다. 그는 두 개의 베로니카 인형을 조종해서 운명의 심연을 드러내는 드라마를 연출해내는 신과 같은 존재인 것이다.

잉마르 베리만의 영화 「마리오네트의 생」에서도 「베로니카의 이중 생활」과 같은 분신 이미지가 등장한다. 결혼 생활에 염증을 느껴 아내를 살해하고픈 충동에 시달리는 주인공이 우연히 아내와 같은 이름의 창녀를 만나 강간하고 살해하는 이 기괴한 영화 역시 마리오네트로서의 여성의 존재론적 위상과 그것과 맞닿아 있는 남성적 주체성의 심연을 보여준다.

김경인의 「마리오네트의 거울」은 이상과 키에슬롭스키, 그리고 베리만이 보여준 문제의식과 연맥되는 상상력의 결과물이다.


## 4. 응시 욕망과 아갈마의 복수

최근 시인들에게 있어 육체는 정신과 이분되는 무의미의 표상이 아니라 치열한 전투가 벌어지는 전장이다. 1990년대 이후 시들에서 육체는 주체성을 대변하는 순전한 영역으로 육체를 매개하지 않은 사유나 상상력은 더 이상 발붙일 곳이 없게 되었다. 탈근대적 상상력이라고 이름 붙여도 좋을 이와 같은 측면에서 육체는 억압적인 이분법에 의해 경시되거나 배제된 것들을 동반하면서 전복적인 상황이나 이미지들을 창출하곤 한다. 육체화된 주체를 시간 속에 흩뿌리거나 특정한 공간과 합체해 더 이상 순일한 육체 그 자체를 부정하는 이런 양상은 기존 시에 익숙한 독자들을 당혹스럽게 하거나 불편하게 만든다.

그런데 마치 이성적 논리를 벗어난 꿈속의 파편화되고 이접된 이미지들을 자동기술법으로 펼쳐놓은 듯한 시들이 대체로 여성 시인들에 의해 씌어진다는 사실은 주목할 만하다. 왜냐하면 여성 시인들은 가부장제적 남성중심주

■ 그림 3 김지혜,
『오, 그자가 입을 벌리면』,
열림원, 2006

의의 질서에 비교적 헐겁게 연계되어 있기 때문이다. 헐겁다는 것은 그들이 그만큼 상징 질서로부터 이탈할 수 있는 자유를 더 많이 가지고 있다는 뜻이기도 하다. 가부장제적 질서가 이분법적 사유의 재생산과 창조를 통해서 유지되는 질서라고 할 때, 그러한 질서의 혁명적 격파 가능성은 '여성적 자리'로부터 생산된다. 이때의 '여성적 자리'가 생물학적 성으로서의 '여성'에게만 전적으로 부여되는 것이 아님에도 불구하고 '여성적 자리'가 대체로 여성 시인의 몫이라는 점을 최근의 시들은 증명해 주고 있다.

김지혜의 「우물에 대하여」『오, 그자가 입을 벌리면』, 열림원, 2006는 결코 현실적인 우물에 관한 시가 아니다. 이 시에서 우물은 일차적으로 여성의 육체에 대한 비유이다. 그러나 한 발 더 나아가자면 우물은 여성의 육체가 남성의 공격에 맞서 구현해 내는 여성적 주체성의 비유라고 할 수 있다. 이 시의 "그대"는 "여자"의 "몸"을 만지고, 이에 맞서 "여자"는 끊임없이 저항한다. 이는 여성이 처한 사회적 조건에 대한 비유로 읽을 수 있다. "아랫도리"를 붙잡힌 "여자"는 남자의 "손아귀를 벗어날 수 없는" 것이다. 그 순간 "여자"의 "아랫도리"는 어두워지고 "여자"는 가라앉는다. 이와 같은 수직적 하강은 일견 패배의 극화된 모습이지만 이내 그러한 상황은 반전된다.

> 음지 깊숙한 곳에 물이 흘러와 고인다 물은 여자가 흐느낀 시간, 시간이 흘러와 고인다 고여 깊어진다 시간은 콜타르를 칠한 벽처럼 말없이 고요하다 그 벽에서 기적처럼 만삭의 달이 둥실 떠오른다 수면 아래서 달이 빙그레 웃는다 달이 숨쉴 때마다 여자가 사과처럼 웃으며 흔들린다

"음지 깊숙한 곳"은 남성적 응시의 욕망이 가닿은 여성 육체의 은밀한 부분을 지칭한다. 남성적 응시가 집요하게 가닿는 여성 육체는 남성적 주체가 자신의 전 존재를 기투하여 찾고자 하는 보물이 매장된 장소이다.

그러나 그가 그토록 발견하기를 원하는 '아갈마'는 추정이나 가정의 대상이지 뚜렷한 실체를 가지고 있지는 않다. 그와 같은 불명료성에 대한 불안이 가중될수록 응시와 접촉을 통한 확인의 욕망은 더욱 더 집요해지는데 "그대"의 "거센 손아귀"가 내보이는 "탐욕"의 강렬함이 바로 그것을 증거한다. 그러한 응시의 욕망에 무력하게 내맡겨진 존재로서의 여성은 "물"을 통해서 자신의 현존을 위무하고 응시에 저항한다.

이때의 "물"은 자아의 슬픔을 토로하는 눈물이자 응시를 매장하

는 저항의 홍수이다. 그 물은 시간의 흐름에 따라 점점 깊어지고, 어느 순간 "기적처럼" 여성적 슬픔과 저항의 우물 속에 달이 떠오른다.

그 달로 인해 여자는 웃게 된다. 이 시에서 달은 가부장제적 질서로 인해 파열된 여성적 주체성의 회복을 이끄는 여성적 풍요의 상징이다. 그런데 이 달은 물 속에 비친 환영, 신기루와 같은 것이다. 그럼에도 불구하고 남성적 응시의 욕망은 이 신기루같은 이미지에게로 향한다. 그 결과는 아래와 같이 참혹하다.

> 그대 손아귀에 쥐어졌던 달이 온데간데없다 달이 사라지자마자 그대의 손이 뼈를 드러내며 타들어간다 여자가 고사목 음색으로 낄낄거린다

남성적 응시의 욕망 대상이 된 달을 잡으려는 "손아귀"의 탐욕은 끝내 무위로 돌아가고 "그대의 손"은 파괴된다. 이것은 주체의 일회적인 실패를 상연하는 드라마에 그치지 않는다. 이 시의 초반부에서 슬퍼하던 여성이 종결부에서는 "낄낄거"리며 웃고 있기 때문이다. 이 웃음은 "그대"의 "손아귀"가 포착하려던 대상이란 애초부터 존재하지 않는다는 사실을 드러내는 '비웃음'이다.

# 5. 괴물같은 진실의 연대

프로이트 이후 무의식의 존재나 위상을 부정하는 사람이 없다. 무의식이야말로 인간의 주재자라는 인식이 갈수록 심화되어왔고, 자크 라캉이나 슬라보예 지젝 이후 우리는 정치, 사회, 문화, 종교 등 현대 사회의 각종 영역이 생각만큼 그렇게 견고한 질서를 가진 것은 아니라는 사실을 알게 되었다. 그리고 견고한 질서의 유지에 그와는 대척점에 있는 불순물들이 필수불가결하게 결합되어 있다는 사실에 놀라기도 한다. 민주주의와 파시즘이, 천사와 사탄이 어떻게 견착되어 있는지, 남성이 어떻게 여성과 '징후적' 관계를 틀고 있는지를 확인하는 것은 놀랍고 고통스러운 경험이다. 그러한 진실의 괴물스러움에 착목하지 않고서는 현대의 진상에 다가갈 수 없다.

최근의 몇몇 시인들은 수많은 독자들의 '불편'과 '외면'을 감수하면서도 그 '진실'에 대해 한 발짝 다가가려는 듯 보인다. 요즘 시들은 대체로 가볍고 자폐적이고 비소통적이고 쓸데없이 과격한 면이 없지 않다. 분명 시도 하나의 의사소통을 지향하는 언어체의 일종이라면 마땅히 소통적이고 상호주관적이어야 할 것이다. 그러나 섣부른 소통보다는 진중한 자폐가 더 낫지 않을까.

1990년대 이후 시들에서 우리는 서정의 형식으로 이루어지는 화해나 초월의 모습들을 많이 보아왔다. 거기에는 일상생활에서 우리가 배제하는 공포나 불편, 심연의 정체가 무엇이고 그것들에 어떻게 맞서야 하는가 하는 보다 근원적인 질문들이 배제되어오지 않았는가 하는 의혹을 느낀다. 최근의 시들이 보여주는 기괴성 혹은 엽기성이 혹 이러한 문제의식에 닿아 있는 것은 아닐까. 그러나 일상적 초월의 불가능성을 현시하는 난쟁이적 주체성의 시대는 이제 막 시작되었을 뿐이다.

한국 영화와
문학 속의
타자의 그림자

# 8장
# 시를 앓는 시인들

신간 시집을 골라 읽는 작업은 새로 지은 아파트를 둘러보는 일처럼 흥분되는 일이다. 시집과 아파트를 동격에 놓고 비교한다는 일은 우습다. 그러나 시집도 시가 들어 사는 '집'의 일종이라고 할진대 그리 어색한 비교도 아닐 듯하다. 외관과 인테리어를 살피고 그 집에 담긴 미학이나 철학을 따져보는 일을 집 구경의 기본이라고 한다면 그러한 구경의 기준은 설계자나 시공사의 입장에서도, 입주자의 입장에서도 가능할 것이다. 다만 설계자의 미학이나 철학과 입주자의 취향이나 기호가 맞아떨어질 때 그 집은 명품 스위트홈이 되지 않겠는가.

# 1. 이승훈, 『이것은 시가 아니다』, 세계사, 2007.

이승훈의 이 시집은 많은 사람들을 당혹케 한다. '이것은 시가 아니다'라는 제목부터가 그렇다. 시가 아니라면 도대체 무어란 말인가. 이러한 당혹스러움을 떨쳐버리기 위해 시집을 뒤적이다 보면 그러한 당돌한 제목의 정체는 이내 밝혀진다. 이 시집의 제목은 분명 미셸 푸코의 잘 알려진 책 제목에서 따온 것이 분명하다. 이러한 추정은 시인이 써놓은 서문을 읽어 보면 한층 뚜렷해진다.

시인은 이와 같은 제목이 근대 부르주아들의 자율성 미학에 대한 비판을 위해 붙여진 것임을 저명한 시론가답게 친절하게 확인해 준다. 리얼리즘에는 항상 무관심해왔던 그였기에 그리고 리얼리즘을 넘어 모더니즘과 포스트모더니즘에 관해 사유하고 창작으로 이어온 시인이기에 자율성 미학의 비판이라는 그의 기획은 한편으로는 그럴 듯하게 여겨지면서 다른 한편으로는 철지난 패션을 과시하는 듯 시대착오적으로(?) 여겨지기도 한다.

그가 부르주아적 오만함이라고 지칭한 시와 인생의 이분법을 향유하는 시인들이란 과연 누구일까. 좀 더 노골적으로 말해주기는 힘들었을까. 그러나 그러한 언급이 1990년대 이후 민중시의 공백을 메워 온 시들이 가진 어떤 안일함에 대한 비판이라고 볼 수는 없을까 하는 생각이 들기도 한다. 여하튼 이승훈은 현역 시인으로서는 가장 치열한 지적 번민 속에서 시를 쓰고 있는 시인 중 한 사람인 것은 분명해 보인다. 그러나 다른 한편으로는 그러한 지적 번민이 이 시집에 와서는 허무주의적 자포자기 쪽으로 떨어지고 있는 것은 아닌가 하는 우려도 느낀다.

이 시집에 수록된 시들의 면면을 보면 이와
같은 우려는 좀 더 깊어진다. 이 시집을 구성하
고 있는 시들은 하나같이 시인의 일상을 특별
한 여과 과정 없이 그대로 드러낸 것들이다. 학
교 연구실이나 집을 둘러싼 각가지 일화들이
시집의 상당 부분을 채우고 있다. 시인의 사소
한 일상사에 대한 고백이나 술회를 엿듣는 심
정으로 읽을 수밖에 없었다. 「잡채밥」에서는

■ 그림 1 이승훈,
『이것은 시가 아니다』,
세계사, 2007

하루도 거르지 않게 20년간을 매일 잡채밥만 주문해서 먹는 이야
기가 등장한다. 어떻게 보면 대단히 초라한 모습이다. 그것은 보통
사람이라면 감추고 싶은 자질구레한 일상의 한 자락인데도, 시인
은 거리낌 없이 자신의 일상을 노출함으로써 한 편의 시를 해치우
고(?) 있다. 이러한 시를 두고 리얼리즘이라고 부르는 것은 그와 더
불어 나 역시 동의하지 않는다. 그렇다고 이것을 부르주아적 고상
함의 오만에 빠지지 않은, 시와 인생이 결합된 이 시대의 아방가르
디즘이라고 부르기도 난처하다.

이런 우려와 곤혹스러움은 다른 시들에서도 마찬가지이다. 현대
사회에서 시와 시인들에 대한 너덜머리에 대한 이승훈의 이와 같
은 자폭을 아랍의 폭탄 테러리즘과 맞먹는 시의 순교라고 부를 것
인가. 제자들과 술을 마시러 간 인사동 어느 술집의 일화를 보여주
고 있는 「모든 게 잘 되어 간다」에서 그려지는 멸치를 구하러 백방
수소문하러 돌아다닌 제자의 편력에서 우리는 시인의 의도대로 시

(정신)와 일상(육체) 사이의 이분법을 해체하는 순교적 글쓰기를 발견할 수도 있으리라.

여하튼 이 시 외에도 이승훈은 자기의 일상을 채우는 아버지로 서, 남편으로서 가지고 있는 역할 속에서 경험했던 일상의 소소한 체험을 바탕으로 한 시들을 보여주고 있다. 정신병에 걸린 제자와 도시락을 싸들고 연구실을 찾은 어느 남자의 일화를 제시한 「이것 은 시가 아니다」라는 표제작과 시에 대한 최근의 심경을 토로한 「서정시」이 두 편은 나머지 시편들을 둘러싸매는 포장지로 기능 하는 것들로, 이승훈 시의 현재와 미래를 가늠하는 데 중요한 시들 이라고 할 수 있다.

「이것은 시가 아니다」에 등장하는 인물들은 모두 시적 화자의 분신과 같은 존재들이다. 대학을 중퇴하고 결혼에 실패한 제자가 철길로 서울을 향해 떠났다는 것, 그리고 전라도 광주의 청년이 도 시락을 싸들고 찾아와 "선생님이 불쌍해요"라는 말을 했다는 것 등 은 시와 일상의 이분법적 행로를 걸어온 이승훈 시의 무의식적 불 안이 엮어낸 꿈의 형상들로 생각된다. 그렇게 볼 때 「서정시」에서 이승훈이 제시하는 시론은 「이것은 시가 아니다」가 내포하고 있는 무의식적 불안과 그로 인한 자기 연민에서 길어올린 성찰의 결과 라고 할 것이다. "순수도 서정도 폭력이다 순수는 불행을 모르고 고통을 모르고 타자를 모르고".

그러나 이런 외침에도 불구하고 이 시집이 불행과 고통과 타자 의 시인 것처럼 보이지는 않는다. 이런 이유로 이승훈의 시가 앞으 로 어떤 길로 나아갈 지 궁금해진다.

## 2. 박성우, 『가뜬한 잠』, 창작과비평사, 2007.

박성우의 시들을 읽으면서 그의 시가 신경림의 시와 김용택의 시 그 어느 중간에 서 있는 것은 아닐까 하는 생각을 하게 된다. 신경림과 김용택이 척박한 농촌의 신산스러운 삶에 대해서 고발하고 연민하면서도 그곳을 삶의 터전으로 살 수밖에 없는 사람들의 한 서린 마음자락들을 펼쳐내던 감동을 기억하는 이들에게 박성우의 시들은 그와 같은 농촌적 서정을 되새기게 한다.

박성우의 시집 『가뜬한 잠』은 근래 들어 새롭게 주목받기 시작한 신인들의 시가 내보이는 서정을 그대로 이어가고 있는 듯한 인상을 준다. 그의 시들은 최근 들어 호평을 받은 젊은 시인들의 훌륭한 자질을 엿보게 한다. 그와 더불어 그의 시가 가진 가장 큰 매력은 그의 시들에 농촌을 삶의 근원으로 인식하는 도시인의 향수를 자극할 만한 추억들과 평화로운 전원적 노동의 세계가 펼쳐진다는 점이다.

미숫가루를 실컷 먹어볼 요량으로 미숫가루를 동네 우물에 부었다가 뺨을 맞았던 유년 시절을 회고하는 시 「삼학년」은 과거 농촌 마을의 물질적 빈곤에 허덕였던 유년기적 기갈을 재미있게 풀어놓은 작품이다. 그러나 이런 유년기적 기갈이 비단 시인만의 사적 추억이라고 불릴 수는 없으리라. 그것은 시인의 유년기였던 1970년대적 유년의 공통 자산이기 때문이다. 그리고 「모내기」에서는 모내기를 하는 농촌의 하루가 마냥 평화롭게 묘사되고 있다. 이앙기로 모를 심는 모내기일지언정 모내기는 여전히 사람의 손을 필요

**그림 2 박성우,
『가뜬한 잠』,
창작과비평사, 2007**

로 하는 농촌의 중요한 노동 행사임에는 분명한데, 이 시의 화자 역시 그 어느 틈에 끼어 일손을 거들고 있다.

어떻게 보면 「삼학년」이나 「모내기」는 누구나 흔히 가졌을 법한 소재를 가져온 데 지나지 않겠지만, 이 시들이 범상한 서술에 그치지 않도록 해주는 것은 마지막 연 구성에 있어 이 시인이 가진 어법의 매력에 있지 않은가 생각된다. 가령 「삼학년」에서 주인공의 행동을 묘사한 이후 연 구분을 한 뒤 마지막에 배치한 한 행으로 된 연 "뺨따귀를 처음 맞았다"는 전후좌우 살피지 않는 소년의 천진함이 맞닥트린 느닷없는 충격의 효과를 압축적으로 드러내고 있다. 전반부의 상대적으로 자세한 서술과 대조되어 마지막 연의 압축적 서술은 일순 독자에게 긴장과 여운을 부여한다. 번잡한 산문적 서술 미학의 범람으로 인해 쇠퇴해 가는 압축과 단절의 미학을 박성우의 시가 어느 정도 복원, 발전시키고 있다고 할 것이다.

그러나 시인에게 있어 고향 마을이 추억과 평화로운 노동의 공간만인 것은 아니다. 그의 시들 중 상당 부분은 추억의 질료가 될 수 없는 사람들에 대한 것들이 차지하고 있다. 그들은 세상의 고통을 산 채로 증거하는 여성들인 경우가 대부분이다. "소금을 파먹고 사는 벌레가 있다"는 표현으로 시작되는 「소금벌레」는 자신의 힘겨운 노동 속에서 한평생을 보낸 노파에 대한 기록이다. '머리에 흰 털 수북한 벌레 한 마리'라는 표현은 머리가 하얗게 센 노파를 은유한 것이다. 늙어서까지 염전을 일구고 있는 이 노파에게서 시인은 벌레의 이미지를 발견하고 있다. '소금벌레'라는 제목이 주는 낯섦은 넝마주이를 고양이에 비유한 「고양이」에 와서 한층 더 강렬해진다. 이는 카프카의 「변신」에서 자신이 벌레로 변한 줄 모르던 그레고르 잠자의 뒤늦은 깨달음이 주는 충격과 흡사한 그 무엇이다. 여하튼 강렬한 태양을 쬐며 소금밭을 일궈온 노파의 쪼글쪼글해진 살갗은 그녀의 신산스런 일평생의 증거이다.

　이 시에서 시인이 소외된 존재에 대한 독자의 연민과 현실 인식을 촉구하기 위한 의도는 보이지 않는다. 그는 그 소금벌레의 땀샘에서 솟아난 땀방울이 만들어 내는 "하얀 소금꽃"에 주목한다. 노파가 흘리는 땀의 결정인 "소금꽃"은 건강한 노동의 결실로 피어나는 꽃이기 때문이다. 소금벌레로 비유된 노파나 "커우친"이라는 악기를 연주하는 중국 "나시족" 여자를 다룬 「피싱따이위에」, 소리 공부를 하기 위해 아버지와 인연을 끊고 뭍으로 나왔다가 아버지 장례식 때 상여소리를 한 여자를 다룬 「장산도 가시내」, 곱사등이로 일평생을 보낸 여자를 다룬 「새모리댁」, 자신의 어머니를 다룬 「보라, 감자꽃」, 「빙판길」 등을 비롯해, 박성우의 시들에는 수많은 여성들이 등장한다. 그러나 이들 여성에 대한 관심이 여성주의나 민중주의와는 무관한 것일지 모르나 쇠락의 일로를 걷고 있는 근대 이후 농촌의 운명과 상응하는 것이라는 점에서 독자들의 아릿한 연민을 자아낸다.

　그러나 보잘 것 없고 소외된 것들, 무심히 잊혀 가는 것들에 대한 시인의 관심이 얼마만큼 서정적 진실성을 담보하고 있는가에 대해

271

서는 의문을 던져준다. 서정 그 자체가 지고지순의 가치가 될 수 없다고 할 때 그러한 서정을 뒷받침해줄 수 있는 것은 그러한 서정의 근원적 자리로서의 현실에 대한 지적 인식이다. 그러한 소외가 때로는 현실적 삶의 논리와는 무관한 자리에서 빚어지는 운명의 결과물일 수도 있는 것이지만 운명이 모든 것들의 해독 열쇠가 될 수는 없는 일이다.

과거 우리 사회가 공유했던 농경적 삶의 형식은 근대 이후 서서히 해체되고 있고, 앞으로는 더욱 가속화될 것이다. 도시화된 삶에 길들여진 대다수 독자들에게 박성우의 시가 보여주는 농촌의 서정적 세계는 우리가 지향해야 할 유토피아처럼 보인다. 유토피아란 말 자체가 그러하듯 그것은 존재하지 않지만, 존재하기를 바라는 환상의 공간에 붙여지는 허구의 일종이다. 환상과 허구는 삶 속에 필수적으로 끼어드는 잉여와 같은 것이다.

박성우의 시는 "가뜬한 잠"처럼 꿈과 현실의 그 중간쯤에 서 있다. 꿈을 벗어나는 것은 두려운 일이지만 꿈을 꾸지 못하는 것도 두려운 힘든 버팅김의 자리에서 그의 시는 길항하고 있는 듯 보인다. 현대인의 환상을 투사하는 막이 되어버린 21세기의 히트 상품, 서정은 우리에게 무엇을 원하는가.

## 3. 김윤배, 『혹독한 기다림 위에 있다』, 문학과지성사, 2007.

김윤배의 『혹독한 기다림 위에 있다』에 수록된 시편들을 뒤적이면서 중견 시인이 쌓아올린 시업의 광휘를 맛보게 된다. 시로 명명된 무수한 언어의 더미들이 홍수처럼 쏟아지는 요즘 들어서 시가 과연 무엇인가 하는 의문을 종종 갖게 되는데, 이런 회의나 절망을 극복하게 만드는 시들을 접하게 될 기회는 그다지 많지 않은 듯하다. 자기 내면의 세계로 침작해서 망집의 성을 쌓는 시인들을 볼 때 세계와의 건강한 소통이 완연했던 우리 시의 오랜 전통이 이렇게 무너져 가는가 하는 아쉬움을 준다.

■ 그림 3 김윤배,
『혹독한 기다림 위에
있다』, 문학과지성사,
2007

소통의 부재가 오늘의 시가 앓고 있는 몸살의 정체라는 생각을 하는 이즈음 김윤배의 시들은 자기류의 내면 침잠도 탈세계적인 서정지상주의도 벗어버린 그런 세계를 선사해 준다. 총 4부로 구성된 이 시집에서 가장 두드러지는 것은 부의 구성에 상관없이 이 세상을 떠돌면서 마주친 장소와 사람에 대한 이야기가 주류를 이룬다는 점이다. 그의 시가 포괄하는 편력의 행로는 국내뿐만 아니라 고비사막에 걸쳐 있을 정도로 폭넓다. 고비사막 체험이 특별한 목적을 가진 여행의 일종이라는 점을 염두에 둔다면 고비사막 체험을 시화한 작품들에서 엿보게 되는 사유는 의외로 폭이 좁아 보인다. 그의 시집에 발간되기 직전에 나온 최승호의『고비』라는 시집에 등장하는 시편들과 별로 차이날 것이 없어 보인다. 따라서 고비사막 체험의 시편들은 그만의 특별한 세계라고 보기는 힘들 것같다.

김윤배가 주목하고 관심을 보이는 사람들은 흔히 타자라고 지칭될 만한 존재들이다. 따라서  우리의 일상에서 전형적으로 만날 수 있는 사람들이기보다는 특별한 탐구의 시선을 투여하지 않으면 부각될 수 없는 존재들이다. 가령 조선족 출신 노동자, 사북사태 당시 어용노조위원장의 부인, 봉화군 봉성면 여자, 어도 여자, 이라크의 소년 테러리스트같은 이들이다. 이러한 목록의 열거를 통해 짐작할 수 있듯이 이들은 우리 사회의 밝은 일상 속에 가려진 어둔 기억이나 끔찍한 악몽의 소재들이다. 열일곱의 나이에 시외버스 운전기사와 눈이 맞아 살림을 차렸다가 남편의 바람기를 잠재울 수 없어 이혼한 여자의 사연을 다룬「봉화군 봉성면 달맞이꽃」이나 남편을 바다에 잃어버린 여자의 사연을 다룬「어도 여자」는 무엇으로도 설명하기 어려운 운명적 삶을 영위해 온 여성들의 고통을 조명하고 있다.

이들의 삶은 어찌 보면 그네들의 삶의 터전이기도 한 산과 바다라는 자연과 일체화된 운명의 양상을 보여줌에 반해 사북사태 당시의 상황이나 조선족 출신 노동자의 죽음을 다룬「아내의 늦은 만가」와「오래된 삽화」는 우리의 현재와 과거의 어떤 부정적 측면을 조명하는 시들이다.「아내의 늦은 만가」는 현재 우리가 당면하고 있는 조선족 문제를 다시 한 번 생각하게 만드는 작품이다. 불법 체류자 신분을 무릅쓰고 고생 끝에 숨어든 조국에서 일당 몇 만 원에

목뼈가 부러지고 쇠파이프의 폭력에도 변변한 저항 한번 하지 못하다가 결국에는 공사판에서 사고로 죽은 남자는 우리 사회가 가진 가장 뼈아픈 문제를 상기시키는 뜨거운 상징이다. 희망을 찾아 고난을 감내하며 견뎌온 삶, 그 무거운 삶의 무게가 한 줌의 가루로 가벼워진 그 "누더기" 앞에 떨어뜨려지는 아내의 눈물은 그의 삶에 바치는 한 잔 "커우베이주"처럼 차고 뜨겁다.

김윤배 시인의 떠돎은 이처럼 세상에 흩뿌려진 삶의 고통을 떠안기 위해 떠나는 구도자의 순례처럼 치열하다. 그는 차갑게 가라앉은 세상의 표면을 벗겨 그 표면이 감추고 있는 상처의 면면들을 확인하고 뜨겁게 껴안는다. 나는 그러한 순례들이 가진 의미를 되새긴다. 1970~80년대 우리 시인들의 거처였던 그늘진 구석의 상상력이 어느새 자취도 없이 사라져버린 1990년대 이후 우리 시들은 끊임없는 방황들 앞에서 열린 시선을 거둬들이며 자기 모색의 길을 오랫동안 걸어왔다. 그런 과정에서 시는 자기 부침과 퇴조의 길을 걸어왔고 독자들의 뜨거운 소통 욕망을 충족시키지 못했다.

그러나 김윤배의 시들에서 그런 자기 방황의 여정이 드디어 종막을 끝내고 새로운 여정을 향해 출발하고 있음을 느끼게 된다. 그역시 그러한 방황과 기다림을 시간을 무수히 견뎌냈을 것이다. 「혹독한 기다림 위에 있다」는 그동안의 시인의 역정과 고뇌의 편린들을 담고 있다. "소금밭으로 변한 호수"는 그가 겪어내야 할 상황의 극악한 면을 상기시킨다. 기나긴 한발의 시간 속에서 고뇌의 땀으로 조금씩 졸아드는 호수의 시간들을 시인은 묵묵히 견딘다. 그 견딤의 기나긴 시간들은 "순장의 수수만년"처럼 길고 긴 시간이다.

275

그 갈증의 견딤 앞에서 호수는 사라졌지만, 그 호수는 완전한 소멸이 아니라 "수정"으로 부활한다. 그 "혹독한 기다림"의 시간을 견디고 있는 시인에게 "네게로 가는 길"이 열리고 있는 것이다. 그러한 "혹독한 기다림"의 시간 동안 시인은 "시통"을 앓았다. 「시인과 발레리나」에서 나는 그러한 고통의 역정을 본다. "자줏빛 피멍의 말들"을 쏟아내면서 눈물과 비명을 지르기도 했던 시인의 "시통"은 이 시집에서 그가 보여준 시업의 광휘가 안이한 삶에서 그냥 불거져 나온 것이 아님을 확신케 한다. 시인이 겪어낸 그 "시통"으로 오히려 환해지는 세상을 경험할 수 있다는 것이 시의 독자들에게는 얼마나 큰 위안이 되는가. 그렇다면 "혹독한 기다림"은 비단 시인만이 아니라 진정 시의 광휘로 전율하고자 애태우는 독자들도 같이 겪어야 할 그 무엇이 아니던가.

## 1. 이재무, 『저녁 6시』, 창작과비평사, 2007.

시는 과연 진보하는가? 이런 물음처럼 무용한 것은 없을 지도 모른다. 시는 애초부터 시로서 존재해왔을 뿐, 시 아닌 것들과의 몸 섞음에 대해서는 초연해왔기 때문이다. 시는 오로지 말의 더미로서 존재할 뿐, 그것이 만들어내는 효과는 허상에 지나지 않는 것이다. 우리가 시에 대해서 근대성의 잣대를 들이대면서 풀고 맺을 수 없는 것도 그런 이유일 터이다. 시는 끊임없이 만들고 허무는 모래성 쌓기, 일견 무용한 말의 성사를 지으면서 되풀이하는 인생의 길 찾기일 지도 모르겠다. 특히 서정시라는 것에 값하는 시들에서, 특히 어느 정도 연배에 이른 시인들이 쓰는 시들에서 그런 느낌을 많이 갖게 되고, 그러한 말의 성사에서 일종의 쓸쓸함이나 허무함, 혹

**그림 1 이재무,
『저녁 6시』, 창비,
2007**

은 비애를 느끼게까지 된다.

이재무의 『저녁 6시』에서는 글쓰기와 더불어 깊어지는 시인의 인생관을 엿보게 되면서, 다른 한편으로 그 이면을 채우고 있는 묵직한 비애나 고독마저 감지하게 된다. 그런 감정들의 근원을 파헤쳐보면 그것들은 여러 갈래의 길을 가진 것이라는 생각이 든다. 시인 자신이 이 시들을 쓸 때가 50 가까운 나이에 이르게 되었다는 생물학적 연령의 문제가 가장 큰 요인이 되지 않았나 생각된다. 그리고 그와 더불어 시작 인생이 20년 이상 지속되면서 내적으로 느끼는 글쓰기에 대한 염증이나 불안도 만만치 않은 요인일 것이다. 그러나 이상 열거한 사항들은 비단 그만의 것으로 보기에는 지극히 평범한 것일지도 모른다. 나이를 먹으면서 갖게 되는 이러저러한 상념들이야 굳이 이재무만의 것이라고 하기는 어렵다. 이러한 요인들과 겹쳐 있는 또 하나의 요인을 찾아내라면 아마도 그것은 내가 이 글의 서두에서 꺼낸 진보와 같은 열정이나 신념의 문제가 아닐까 생각된다. 갈수록 거대해지고 갈피를 잡을 수 없게 그 형체와 성격을 가리고 덤벼드는 자본주의적 일상의 기제들 앞에서 넋 놓고 말려들 수도, 그렇다고 그것들과 싸울 수도 없는 진퇴양난의 상태가 시인들의 정신에 무거운 추를 드리우고 있다.

그것은 비단 시인들만의 테마가 아닐 것이다. 이 시대를 살아가는 많은 사람들에게도 그것은 삶의 본질적인 테마이다. 자본주의 앞에서 우리는 누구나 무력함을 느끼게 마련일 터이다. 중요한 것은 그 무력함을 자신 앞에 선명하게 드러내놓을 정도로 맑고 순수한 정신을 환기시킬 수 있는 기제를 대부분의 사람들이 가지고 있지 못하다는 사실이다. 그 기제 중 유력한 것이 글쓰기 아니던가. 그 중에서도 시 쓰기야말로 순전히 자기 자신을 낯선 객체로 드러내놓을 수 있는 기제라고 할 때, 이재무가 이 시집에서 드러내 놓고 있는 삶의 울혈은 소중한 것이다. 누구나 아프면서도 아프다고 하지 않는 시대, 무각감증이야말로 시대를 현명하게 건너는 길이라고 넉살좋게 떠벌이는 시대, 서정시마저도 온라인 쇼핑몰의 화려한 포장지에 포장된 순수와 서정을 파는 시대이기에 울혈은 죽음과 소멸의 기호이기를 부정할 수 있는 것이다.

　이재무의 시들은 이런 맥락들에서 쓰인 것으로 보인다. 이 시집에서 가장 많이 눈에 띄는 것은 자신의 인생이 이제는 어떤 절정을 벗어나 있고 절정에서 가속도를 내며 아득한 그 어딘가로 쏠려 내려가고 있는 것은 아닌가 하는 두려움과 불안이다. 「깊은 눈」은 마을회관 한 귀퉁이에 놓여 있는 농기구들을 소재로 한 작품이다. 한때 대장장이의 담금질을 받아 태어난 쟁기는 이제 자기에게 주어진 소임을 마친 후 고물상이 수거해갈 시간만을 기다린 채 버려져 있다. 그런데 이 쟁기가 어느 순간 시인의 눈에 포착된 것이다. 이 쟁기는 한때 "무논 젖은 흙들"을 환희에 젖게 만들었던 뜨거운 시간을 그 어느 한 구석에 담고 있을 것이다. 그럼에도 불구하고 이제는 소임을 마친 채 조용히 휴식을 취하고 있다. 그리고 시인은 경운기에서도 쟁기에서와 같은 비슷한 상념에 젖는다. 그 경운기에서도 시인은 그 경운기가 거쳐 온 생의 다양한 현장들을 상상한다. 힘

든 일과 슬픈 일을 마다 않고 거쳐 온 그 시간들은 끊임없는 자기희
생의 시간이기도 한 것이다. 단단한 몸으로 태어나 "파란만장한 노
동의, 그 오랜 시간"을 견디어 온, 이제는 "검붉은 살비듬"을 쏟아
내고 있는 쇠들의 운명에서 시인은 자신이 지나온 시간들을 반추
할 계기를 얻은 것이다.

> 생각해보면 몸의 기관들 거듭 갈아끼우며
> 오늘까지 연명해온 목숨 아닌가
> 올봄 마지막으로 그가 갈아 만든 논에
> 실하게 뿌리내린 벼이삭들 달디단 가을 볕
> 족족 빨아 마시며 불어오는 바람 출렁, 그네 타는데
> 때늦게 찾아온 불안한 안식에 좌불안석인 그를
> 하늘의 깊은 눈이 내려다보고 있다.
>
> 「깊은 눈」 부분

시인은 삶을 위해 자신의 몸을 아끼지 않고 헌신한 기관들이 이
룩한 생산의 현장을 생각하며 쇠들의 운명에서 자신의 생이 놓여
있는 현주소를 읽는다. 그의 생은 현재 안식에 가까운 상태에 놓여
있지만 그에게 현재의 생은 왠지 불안하다. 그래서 그는 모처럼 찾
아온 생의 안식을 마음껏 즐길 수 없는 것이다. 그것은 왜일까. 그
는 농기구처럼 생각 없이 무엇인가에 종속되어 소모될 수 없는 존
재임을 알기 때문이다. 그는 소모되면서도 그 소모가 무엇을 위한
것인가를 끊임없이 되물어야 하는 시인이기 때문이다. 그러한 상

태를 지속하게 되는 궁극적인 원인을 이 시에서는 "하늘"에서 찾고 있다. 이 마지막의 "하늘"은 이 시의 화자를 심판대에 올리는 근원적인 주체로서 기능하고 있다. 하늘은 "깊은 눈"을 가진 윤리적 주체와 같은 존재이다. 화자는 이 "하늘"과 마주할 수 없다. "하늘"을 쳐다볼 때 화자는 눈알이 파여서 화자의 시선에 응답을 보내주는 시선을 마주할 수 없는 것이다. 이처럼 "하늘"은 화자가 쳐다볼 때는 볼 수 없지만 화자가 항상 등 뒤에서 따갑게 쏘는 시선을 응시하면서 살아가야 하는, 불안과 강박을 주는 무서운 존재인 것이다. 자신의 소임을 다한 농기구에서 무력했던 자신의 생애를 반추하면서도 결코 그러한 존재로 소모되고 싶지 않다는 간절한 소망과 그러한 소모를 향한 자포자기와 나른한 욕망에 타협하지 말 것을 주문하는 하늘의 "깊은 눈"은 이 시가 얼마나 상징적인 면모를 가진 시인가를 다시금 생각하게 한다.

"검붉은 살비듬"이라는 시어를 통해 자신의 현재 상황을 비유한 시인은 「전문가」에서는 매일 매일 조금씩 비어가는 쌀자루를 보면서 자신의 생이 소모되고 있음을 표현하기도 한다. "날마다 빈 자루들 늘어가지만/ 신이 정해놓은 길 바꿀 수 있는/ 삶의 전문가는 없다"같은 표현에서 단적으로 표현되듯 그러한 사태를 마주하는 시인은 "결코 편하지는 않아 보이는" 순응과 체념의 태도를 드러내기까지 한다. 이러한 태도는 시인의 일상마저도 편안하게 만든다. 새로 산 신발을 잃어버린 구두를 소재로 한 「신발을 잃다」는 지극히 소시민적인 감정에 휩싸여 있다가 생의 본질을 감득한 후 느끼게 되는 마음의 평화에 대해서 이야기하고 있다.

281

그리고 생의 논리에 무력했던 아버지와 생의 논리를 모르는 자식 사이에 놓인 자신의 현재가 주는 깨달음과 두려움을 동시에 포착하고 있는 「아버지 너머는 없다」에서는 시인이 느끼는 불안과 두려움의 세계가 보다 선명하게 드러나고 있다. 이 시에서 시인은 거대한 세계와의 싸움에서 돌아와 시간의 순환적 흐름 속에서 자신을 인지하고 있다. 그것은 "울음이 없는 개"가 되어 버린 자신의 현재적 삶을 솔직하게 긍정하는 인식의 고통을 드러내고 있다.

지금껏 시인은 "출처 불분명한 밥"을 먹지 않으려는 고집을 가지고서 "불온하고 궁핍한 시간"을 견뎌왔다. 그런 이유로 그는 자신이 가져왔을 지도 모르는 지적 허위를 반성하기도 하고(「말과 권력」), 고달픈 우리 주변 사람들의 일상을 연민 어린 시선으로 바라보기도 한다(「심청전」, 「날카로운 각」) 그리고 자본주의가 가려버린 어두운 구석을 응시하며 비판하기도 한다(「관상용 대나무」, 「가난에 대하여」).

그럼에도 불구하고 시인은 결국 그 싸움에서 졌다고 생각한다. 그는 목에 "제도의 줄"이 채워진 채 체제가 요구하는 삶의 테두리를 벗어나지 않은 채 길들여져 온 것이다.(「울음이 없는 개」) 성대를 거세당한 개의 처지로 자신을 표현한 시인의 수사법에서 우리는 21세기의 현재 삶을 겸허하게 되돌아보는 완전히 늙지도, 그렇다고 젊지도 않은 서정시인의 통절한 고뇌를 느끼게 된다.

그러나 시인이 현재의 생을 순순히 방기하며 체념하지 않는다. 시인의 내면에는 시간의 결을 거슬러 올라가고자 하는 순하지 않은 욕망이 잠재해 있다. 「푸른 늑대를 찾아서」는 생의 불꽃이 연소

되기 전에 "방랑과 유목의 부족"을 찾아가 늑대처럼 살고 싶다고 말한다. 늑대란 존재는 얼마나 자유로운가. 또 얼마나 거칠고 야만적인가. 늑대가 되고자 하는 욕망은 정주定住 생활에서 비롯된 일상을 부정하는 의식에서 비롯된 것이다. 그러한 부정은 너무나 과격해 보인다. 정주 생활이야말로 문명의 토대가 되기 때문이다. 그러나 푸른 늑대에의 욕망이 이 시인에게는 꽤나 깊어 보인다.

> 딴뜻 있어 달리는 것은 아니지
> 달리고 또 달리다 보면 맨발에 달라붙는 진흙 같은
> 잡념 따위 바람 앞에 검불로 흩어지고
> 걸핏하면 찾아와 몸과 마음 물어뜯던
> 까닭 없고 대상 없던 우울과 초조,
> 울분이며 분노 따위 햇살 만난 눈처럼 사라지겠지
>
> 「푸른 늑대를 찾아서」 부분

늑대 되기의 욕망은 이처럼 현실의 생에서 시인을 괴롭히던 무수한 감정의 덫에서 벗어나고픈 갈망을 담고 있다. 시인은 바람을 가르며 맹목적으로 돌진하는 야생의 순수한 삶을 추구한다. 인생을 살다보면 때때로 우리를 괴롭히는 무수한 상념들이 있다. 그러한 상념들은 지나간 시간 속에서 우리가 얼마나 제대로 된 삶을 살아왔는가 하는 질문으로 수렴되기 마련인데, 많은 경우 우리는 긍정적인 답변을 스스로에게 주기보다는 그 시간을 제대로 살지 못했다는 자책으로 우리 스스로를 감정의 수렁으로 밀어 넣는다. 우

**283**

울이 지나보낸 시간에 대한 상념이라면 초조는 과거와 미래의 틈 바구니에 낀 '지금-이곳'의 상념이다. 사태를 더욱 복잡하게 만드는 것은 그러한 우울과 초조가 반드시 스스로의 잘못 때문만은 아닐 뿐더러 그 원인을 돌릴 대상마저 명확하지 않기 때문이다.

어쩌면 이러한 상념은 인생의 성적표와는 무관하게 찾아오는 시간의 짐이 만들어내는 것인지도 모른다. 인간은 누구나 결핍을 느끼는 존재이기 때문이다. 그런데 결핍이란 누구나 말하듯이 욕망의 크기나 세기와 비례하는 것이라는 점을 생각하면 시인이 느끼는 결핍은 오히려 현재 시인이 느끼고 있는 생에의 욕망을 반증하는 것일 수도 있는 것이다. 그 생에의 욕망이란 한 마디로 늙고 싶지 않다는 것, 생에 봄의 훈향을 언제까지라도 가득 지니고 살고 싶다는 것에 다름 아닌 것 같다.

시인은 마을회관 창고에 부려진 녹슨 농기구들에서 자신의 늙음을 보면서, 다른 한편으로는 그 녹들이 만들어 낸 자연의 생명들에서 자신의 생을 충전시킬 수 있는 것들을 발견하기도 한다.

> 누가 빨아 헹군 이불호청
> 들판이며 하늘 가득 펼쳐놓았나
>
> 반짝, 반짝이는 것들 눈 시리게 하고
> 울컥, 먹은 것 올라올 듯 멀미가 인다
>
> 한바탕 몸살 앓는 사월은 와서

죽은 자들 탯줄 묻은 자리로 되돌아가고
뻘 뱉어내는 조개처럼 천천히
산 것들 제 안에 감춘 맨살 아프게 내미는구나


생의 한 매듭 닫히고 열리는 계절
삶 여위고 꿈은 살찌는
봄을 잉태한 자 영원히 늙지 않을 것이다.

「현」 부분


 이 시는 이 시집에 수록된 시들 중에서 가장 덜 우울하고 덜 무거운 작품이라고 할 수 있다. 이 작품에서 시인이 펼쳐놓는 것은 봄을 맞이하여 펼쳐지는 자연의 생동감 서린 모습들이다. 들판이며 하늘은 눈이 시릴 정도로 반짝이며 겨울 동안 죽은 것같아 보였던 것들이 여린 싹들을 내밀고 있다. 그 모습들을 시인은 널어놓은 "이불호청"이 가득 펼쳐진 것같다고 표현하고 있다. 그 느낌은 팽팽하게 묶여 탄력감을 갖춘 악기의 "현絃"에 비유하고 있다. 이 시에서 시인은 봄을 자신의 삶 가득이 받아들이고 있음을 알 수 있다. 봄을 "삶 여위고 꿈은 살찌는" 계절이라고 한 데 우리가 주목해볼 필요가 있다. 봄을 꿈과 연관시키는 것은 자연스럽지만 봄을 삶이 여위는 계절이라고 보는 것은 일반적이지 않기 때문이다. 이러한 표현과 인식에서 우리가 알 수 있는 것은 시인이 자신의 늙어감 즉 삶의 여윔이라는 물리적 변화를 긍정적으로 수용할 수 있게 되었다는 사실이다. 그에게 중요한 것은 삶의 살찜이 아니라 꿈의 살찜인 것

285

이다. 꿈의 살찜이야말로 영원한 청춘의 기호일 것이기 때문이다. 그의 청춘이 시 쓰기와 함께 지속될 것임을 믿어 의심치 않는다.

「부드러운 복수」에서 시인은 그동안의 시 쓰기에 대한 반성을 하고 있다. 그가 시를 써 오면서 가졌던 갖가지 상념들은 진실한 것일 수도 허위나 과장일 수도 있다. 그러나 그것들을 언표화해 놓고 있는 마당에 그것이 어떻게 비춰질 것인가를 생각하는 것은 부질없어 보인다. 다만 시 쓰기가 절박한 생의 놀이임을 믿고 나아가는 것만이 그에게 구원이 될 것이기 때문이다.

## 2. 안도현, 『간절하게 참 철없이』, 창작과비평사, 2008.

안도현의 시집을 2년 남짓 만에 다시 만나게 되었다. 얼마나 새로운 모습을 보게 될까 하는 궁금증을 가지고 시집을 넘겨보았다. 그러나 기대만큼 별로 달라진 것같지 않다는 것이 솔직한 심정이다. 한 시인의 시세계가 시집마다 달라져야 한다는 생각 자체가 어쩌면 잘못된 것일 수도 있다. 시인은 소설가와는 달리 이야기를 꾸며내는 사람이 아니라 자기 자신에 대해서 이야기하는 사람이기 때문이다. 사람이 쉽게 달라질 수 없는 법이고 오히려 자신의 좋은 모습을 계속 지켜가는 것이 사람 된 자의 미덕임을 상기해보면 시인 안도현은 자신이 견지하고 있는 세계를 적절히 잘 지켜가는 시인이라고 할 수 있다.

그렇다면 시인으로서 안도현이 지켜가고 있
는 자기만의 세계란 어떤 것일까. 안도현은 지
금껏 그래왔듯이 민중시인으로 통용되면서도
한 번도 세상을 거칠게 부정하는 시를 쓰지 않
았다. 오히려 그의 시 중 좋은 시들은 세상의 고
통을 이해하면서도 그 고통의 담지자가 가진 따
뜻한 인정의 세계를 조명해왔다. 안도현이 세상
을 바라보는 시선에서 느껴지는 따뜻함은 그가

■ 그림 2 안도현,
『간절하게 참 철없이』,
창작과비평사, 2008

견지하고 있는 삶의 자세에서 비롯된 것이라고 할 수 있는데, 그가
시에서 드러내는 삶에 대한 태도는 세상의 고통은 연민과 사랑으
로 보듬어 안는 행위를 통해서만 극복될 수 있다는 삶에 대한 웅숭
깊은 모습이다. 그러한 폭 넓음은 인간 세상을 넘어서 자연 사물까
지도 포괄할 수 있는 시야를 가져오게 된다. 이런 시야에서 비롯되
는 따뜻함이야말로 안도현의 시가 가진 매력임에는 분명하다.

그러나 예전의 시에서 주조저음으로 깔리던 슬픔이 조금씩 사라
지더니 요즘의 시에는 오히려 재치와 결합된 유머 감각이 대신하
는 듯한 느낌을 갖게 된다. 그리고 또 한 가지 요즘 시에서 발견하
게 되는 것은 자아의 세계가 시인의 공간 중심으로 좁아진 듯한 양
상이다. 그의 시에 자기 주변의 인물들이 등장한다는 사실에는 변
함이 없으나 그들은 대체로 현재의 자아 주변에 있는 인물이기보
다는 추억 속의 인물로 한정되고 있다는 사실이다. 현재의 자아 곁
에 인물이 잘 보이지 않는다는 것은 안도현의 시들이 시를 쓰는 현
재적 삶의 계기에서 조금씩 멀어지는 반면 그에 반비례하여 추억

287

의 시학, 혹은 과거의 시학이라고 할 만한 계기에 주로 의존해서 씌어지고 있다는 것을 말한다.

이러한 면모를 보여주는 가장 대표적인 작품이 「명자꽃」이라고 할 수 있다. 이 시는 과거 시인의 소년 시절 옆집에 살던 명자 누나라는 인물과 명자꽃에 얽힌 추억을 상술한 작품으로, 마치 김용택의 연시를 읽는 듯한 감흥을 준다. 이 시는 명자 누나라는 인물보다는 그 인물을 사랑했던 화자 자신의 감정에 치중하는 면모를 보여주고 있다. 시인에게 있어서 명자 누나는 명자꽃이라는 자연 사물로 인해서 연상된 대상에 지나지 않는다. 이 시에서 명자 누나는 현재적 삶의 계기와는 무관한 채 봄꽃에 얽힌 화자의 지나간 연애 감정을 되새김하는 매개에 지나지 않는다.

이런 특성은 구체적인 인물이 등장하는 여타의 시들에서도 드러난다. 조성오 할아버지에 대한 추억과 문상을 못한 미안함을 소재로 한 「조문」이라는 시에서 조성오 할아버지의 죽음은 화자와 시간적으로 근접한 사건이다. 그렇기는 하지만 화자가 조성오 할아버지를 생각하게 된 계기가 그의 죽음이라는 점에서 이 시 역시 추억의 시학에 기반한 것이라는 사실에는 별반 차이가 없다.

이처럼 안도현의 이번 시집에서 시인과 대상과의 사이에는 일정한 거리가 형성되어 있다. 시인은 그 대상들을 시적 소재로 삼아서 그들을 그리움을 가득 담아 표현하고 있다. 작품 한 편 한 편을 놓고 보면 각각이 시로서 나름대로 완성된 것들이고 일정 수준 이상의 시적 감흥을 느끼게 하는 것들임에 분명하다. 그럼에도 불구하고 이들 시를 읽어가면서 모종의 답답함을 필자만이 느끼게 되는 것인지 의문이 든다. 물론 이런 답답함은 비단 안도현의 시 때문만은 아닐 것이다.

2000년 이후 우리 시단에서 서정성을 무기로 한 시들 전반이 가지고 있는 어떤 특성 때문일 수도 있을 것이다. 최근의 시에서 서정성이 하나의 고정관념으로 되어가고 있는 것같다. 요즘 서정성 짙은 좋은 시로 거론되는 시들은 하나같이 전통적 서정성의 테두리 안에 갇혀 있는 경우가 많다.

이들 시에서 시의 배경은 대체로 도시이기보다는 농촌인 경우가 많다. 그리고 농촌에서의 삶의 경험을 가진 화자가 농촌의 삶과 풍경들에서 자기 나름의 인식을 섬세하게 표현한다. 전통적으로 인정받은 서정성의 범주에서 보면 표현은 한층 더 섬세해진 면모를 보인다. 그러나 이들 시에서 주체와 객체와의 순간적 동일성은 특별한 어려움 없이 너무 자주 표현된다. 그리고 그들 화자의 시선은 삶의 현실적 계기에서 투철해 보이지도 않는다. 비슷한 세계를 가진 서정시인들이 범람하고 있는 듯한 요즘의 세태는 서정성이 범람하고 있다는 표현을 사용해도 그리 과장은 아닐 것같은 느낌을 준다. 이런 사태는 모더니즘이나 리얼리즘과 같은 근대성의 포로였던 한국시의 지성화에 대한 반작용처럼 생각되기도 한다.

여하튼 이런 현상을 놓고 볼 때 안도현의 시들 역시 이런 시들의 전형과 같은 요소를 모두 갖추고 있다고 할 수 있을 것이고, 어떻게 보면 그러한 서정시들의 토양과 같은 역할을 해왔다고까지 이야기 할 수 있지 않을까. 한국의 최근 서정시들이 자아 고립적이고 내면적인 면모를 보이는 것은 서정시로서는 매우 당연한 것이긴 하지

289

만 한쪽으로 치우친 서정이 사회로부터 자발적으로 유폐되어 독자로부터 정당한 공명을 얻기 어려운 쪽으로 사사화私事化되어 가는 것은 아닐까 하는 우려를 갖게 한다.

안도현의 이번 시집에서 가장 두드러지는 것은 제2부라고 할 수 있다. 여기에 수록된 시들은 대체로 백석의 시법을 연상케 하는 것들이다. 시인이 예전부터 백석 시의 계승자였다는 사실은 잘 알려져 있었거니와 이번 시집에서는 음식 관련 시들에서 이러한 점이 명백하게 드러나고 있다.

> 외할머니가 살점을 납작납작하게 썰어 말리고 있다
> 내 입에 넣어 씹어먹기 좋을 만큼 가지런해서 슬프다
> 가을볕이 살점 위에 감미료를 편편片片 뿌리고 있다
>
> 몸에 남은 물기를 꼭 짜버리고
> 이레 만에 외할머니는 꼬들꼬들해졌다
>
> 그해 가을 나는 외갓집 고방에서 귀뚜라미가 되어 글썽글썽 울었다.
> 「무말랭이」 전문

이 시는 무말랭이에서 연상되는 외할머니에 대한 기억을 다룬 작품이다. 1연에서는 외할머니가 만드시던 무말랭이의 모습과 거기서 느꼈던 슬픔에 대해서 이야기하고 있다. 외할머니와 무말랭이는 누가 주체고 객체라고 말할 수 없을 정도로 그 이미지가 혼합

되어 있다. 화자는 가을볕을 받아서 가늘게 말라가는 무말랭이에서 자연스레 외할머니를 연상하게 된다. 2연에서는 외할머니가 무말랭이처럼 말라가며 생을 소진하는 과정이 담박하게 서술되고 있다. 외할머니가 돌아가시던 그 가을, 화자는 자신이 외할머니의 죽음을 슬퍼하던 기억을 되새긴다. 이 시는 우리가 일상적으로 접하는 반찬의 일종인 무말랭이에서 촉발된 연상이 과거 유년기의 사건과 매개되어 아득한 슬픔의 정서를 유발하는 작품이다.

백석 시에서 음식이 풍성했던 기억과 단절된 현재의 상황을 표현하였던 것처럼 안도현의 이 시에서도 음식은 이제 과거의 따뜻한 기억과 단절된 현재의 고립감을 표현하는 매개로 작용하고 있다. 과거 농촌의 궁핍했던 기억을 시래기죽을 매개로 해 표현한 「갱죽」역시 아득한 슬픔을 느끼게 한다. 안도현은 지역의 구분 없이 먹었던 음식과 더불어 자신이 살던 지역에서만 먹었던 특수한 음식에 대한 기억도 시로 표현해 놓고 있다. 국어사전에도 없다는 "명태선"에 대한 기호를 표현하고 있는 「북방北方」을 비롯해 「건진 국수」, 「예천 태평추」 등에서 우리는 경북지방의 독특한 음식문화를 체험하게 된다.

그러나 이런 음식들은 여전히 생명이 끊이지 않은 것들이라는 점 때문인지는 몰라도 화자의 정서가 그렇게 격렬하지는 않아 보인다. 이는 백석 시와는 달리 안도현 시에서 화자가 방랑자이기보다는 정주자라는 느낌이 강하기 때문이다. 안도현의 시가 그만한 절실함을 주지 못하는 것은 사실이다. 이번 시집 중 특히 음식을 다룬 시들에서 시인은 백석 특유의 어법까지 활용함으로써 백석 시

291

의 아우라를 추구하고 있으면서도 그것이 안도현만의 것으로 살아
나지 못한다는 인상을 주는데, 이는 다소 아쉬운 부분이다.

　서정시에서 진보를 찾는다는 것이 가능하지도, 또 필요하지 않
을 수도 있다. 그러나 시는 항상 자신에게 주어진 모종의 곤경을 타
개하려는 위기의식을 깔고서 만들어질 때, 그 이전과는 다른 새로
움을 보여줄 수 있는 것이 아닐까.

# 참고문헌

## 1. 국내논저

「「바카야로」發言 日 감독 "내 생각엔 틀린 점 없다" 記者회견서 또 妄言」, 『東亞日報』, 1984.7.31.
「感情만 노출시킨 韓·日 船上 토론」, 『東亞日報』, 1984.8.16.
「고전음악감상실 르네상스」, 『京鄕新聞』, 1983.6.13.
「劇映畵 르네 크레르의 第四回 作品 巴里祭 全篇 三十一日부터 六日間 中央館」, 『每日申報』, 1933.5.27.
「今春 問題映畵: 佛蘭西 토비스映畵 미모자館: 映畵 解說」, 『朝光』, 1936.3.
「記錄的인 觀客 모은 映畵 외설 是非 再燃」, 『東亞日報』, 1977.8.20.
「누구에게나 감격의 영화일 久遠의 母性을 취천함」, 『東亞日報』, 1934.12.28.
「東西 名畵 鑑賞會. 市內 府民館 大講堂에서. 上映名畵 「우리 同志」 쥴리앙 뒤비비에 監督, 「熱烈한 結婚 勝負」 新興 作品, 「兒童의 그라프」 朝日新聞社 製作. 主催 朝鮮日報社 事業部」, 『朝鮮日報』, 1939.4.28.
「루나르 原作 紅髮 뒤비비에 監督」, 『東亞日報』, 1934.9.28.
「明治座 十七日부터 二週間 佛 아놀드 作品 鐵窓 없는 牢獄」, 『東亞日報』, 1940.3.19.
「文士가 말하는 名 映畵」, 『三千里』, 1938.8.
「佛國 映畵界의 3名物. 眞摯한 드라마틔스트. 미모자館 監督 페데군」, 『朝鮮日報』, 1936.2.29.
「佛國通信」, 『東亞日報』, 1927.11.15.
「사랑이 없이는 하로도 살 수 없다」, 『東亞日報』, 1934.12.28.
「純白한 處女地」, 『中央』, 1936.4.
「쉬바리에의 流行兒」, 『東亞日報』, 1937.8.19.
「스케치」, 『東亞日報』, 1964.12.10.
「新 映畵 舞蹈會의 手帖」, 『東亞日報』, 1938.11.1.
「新映畵 골고다의 언덕」, 『每日申報』, 1936.11.14.
「新映畵 빤데라 監督 뒤비비에 主演 아나 베라 佛 S.N.C 作」, 『每日申報』, 1936.11.5.

「新映畵 紹介 우리들의 동무 佛 아리스 作品」,『每日申報』, 1937.6.15.
「演藝界 回顧 (4) 音樂界一年」,『東亞日報』, 1937.12.24.
「映畵 紹介欄 外人部隊 三映社 提供」,『每日申報』, 1936.4.15.
「映畵 展望臺」,『三千里』, 1938.11.
「墺國 뷔이다필림회사의 특작품「面影」을 高麗映畵製作所에서 수입. 쥴 로멘
　　　원작 작 페데 감독 알푸렛드 마두새두 주연」,『朝鮮日報』, 1927.8.17.
「외설映畵에 관대한 佛 文化相 지루女史」,『京鄕新聞』, 1976.10.1.
「우리들의 同僚」,『東亞日報』, 1937.6.17.
「음반에 반영되는 일반의 음악 기호」,『東亞日報』, 1958.9.13.
「日本 前衛作家 大島渚氏 訪韓」,『京鄕新聞』, 1964.8.29.
「日本서도 映畵化/潤福군의「저 하늘에도 슬픔이」」,『韓國日報』, 1965.10.30.
「在日僑胞 李珍宇군/「絞首刑」映畵化」,『大韓日報』, 1967.12.9.
「칸느映畵祭와 韓國映畵의 現實」,『東亞日報』, 1976.6.1.
「페데 映畵의 性格 續」,『東亞日報』, 1940.5.12; 5.19.
「玄海灘 위의 어느 失言」,『京鄕新聞』, 1984.7.27.
「華想譜(47)」,『東亞日報』, 1940.1.25.
Miller, H. M. 저, 편집국 역,『서양음악사』, 세광음악출판사, 1989.
고연희,『조선시대 산수화』, 돌베개, 2007.
구경서,『일본영화와 시대성』, 제이앤씨, 2007.
구인모,「근대기 한국의 대중서사 기호(嗜好)와 향유방식의 한 단면: 영화
　　　「명금(The Broken Coin)」(1915)을 중심으로」,『정신문화연구』 36
　　　(3), 한국학중앙연구원, 2013.9.
그라우트, 도날드 J. 외 공저, 전정임 외 공역,『그라우트의 서양음악사~상』,
　　　이앤비플러스, 2009.
김경인,『한밤의 퀼트』, 랜덤하우스, 2007.
김계자 편,『일본어잡지로 보는 식민지 영화1~3』, 문, 2012.
김금동,「일제강점기 한국에서의 초기 독일영화 수용양상 - 1910년대를 중
　　　심으로」,『독일문학』 117, 한국독어독문학회, 2011.
김병택,「시의 음악 수용」,『영주어문』 14집, 영주어문학회, 2007.
김외곤,「김남천의 프랑스 시적 리얼리즘 영화 수용 연구:「페페 르 모코」와
　　　「이리」의 관련성을 중심으로」,『한국문학이론과 비평』 11(3), 한국
　　　문학이론과 비평학회, 2007.9.
김윤배,『혹독한 기다림 위에 있다』, 문학과지성사, 2007.
김윤식,『최재서의『국민문학』과 사토 기요시 교수』, 역락, 2009.

김지혜,『오, 그자가 입을 벌리면』, 열림원, 2006.

노창선, 「고정희의 초기 시 연구」,『인문학지』20집, 충북대학교 인문학연구소, 2000.

다카사키 소지 저, 김영진 역,『검증 한일회담』, 청수서원, 1998.

_____ 저, 문화학교 서울 역,『오시마의 세계』, 문화학교 서울, 2003.

大島渚, 「日本의 前衛派 監督 大島渚氏의 韓國映畵 및 俳優論/뛰어난 演技力/너무 많은 비오는 場面…千篇一律的/聲優들 代理錄音으로 잡쳐버려」,『朝鮮日報』, 1964.10.6.

박선영, 「잡후린(囃侯麟)과 애활가(愛活家): 조선극장가의 찰리 채플린 수용과 그 의미: 1920~30년대 경성 조선인 극장을 중심으로」,『대중서사연구』30, 대중서사학회, 2013.12.

박선희 · 김문주, 「고정희 시의 '수유리' 연구」,『한민족어문학』66집, 한민족어문학회, 2014.

박성우,『가뜬한 잠』, 창작과비평사, 2007.

박죽심, 「고정희 시의 탈식민성 연구」,『어문논집』31집, 민족어문학회, 2003.

박진숙, 「식민지 근대의 심상지리와『문장』파 기행문학의 조선표상」, 민족문학사연구소 기초학문연구단,『'조선적인 것'의 형성과 근대문화담론』, 소명출판, 2007.

朴泰遠, 「探求의 一日」,『東亞日報』, 1940.4.20.

사토 다다오 저 유현목 역,『일본영화 이야기』, 다보문화, 1993.

사희영, 「國民文學에 투영된 한일 작가의 시대인식 硏究」, 전남대학교 박사학위논문, 2001.

서경식,『난민과 국민 사이』, 돌베개, 2006.

徐光霽, 「文藝作品과 映畵 反오리지낼 씨나리오 問題 (二)」,『東亞日報』, 1938.10.30.

_____, 「朝鮮映畵界의 一年 映畵의 리알리즘 下」,『東亞日報』, 1935.12.24.

서동수, 「아동영화「집 없는 천사」와 형이상학적 신체의 기획」,『동화와번역』18집, 건국대학교 동화와번역연구소, 2009.12.

신하경, 「1960년대 오시마(大島渚) 영화 속의 재일 조선인 표상」,『日本文化學報』45, 한국일본문화학회, 2010.5.

안도현,『간절하게 참 철없이』, 창작과비평사, 2008.

延傳 鄭和民, 「작크 페데의 갑옷 업는 騎士」,『每日申報』, 1938.3.20.

요모타 이누히코 저, 박전열 역,『일본 영화의 이해』, 현암사, 2001.

유선영, 「식민지의 할리우드 멜로드라마, 「東道」의 전복적 전유와 징후적 영화경험」, 『미디어, 젠더&문화』 26, 한국여성커뮤니케이션학회, 2013.6.

劉漢徹, 「日本의 누벨 버그 映畵作家에게 警告한다/國際禮儀에 어긋난 짓은 삼가라」, 『京鄕新聞』, 1960.12.4.

이경분, 『잃어버린 시간 1938~1944』, 휴머니스트, 2007.

李慶孫, 「칼멘의 試寫를 보고」, 『東亞日報』, 1928.3.14.

이경희, 「고정희 시 연구」, 성신여자대학교 박사학위논문, 2010.

이성삼, 『클라식 명곡대사전』, 세광음악출판사, 1992.

이소희, 「고정희 글쓰기에 나타난 여성주의 창조적 자아의 발전과정 연구」, 『여성문학연구』 30호, 한국여성문학회, 2013.

이승훈, 『이것은 시가 아니다』, 세계사, 2007.

이승희, 「극예술연구회의 성립: 해외문학파의 욕망과 문화정치」, 『한국극예술연구』 25, 한국극예술학회, 2007.4.

이영일, 『한국영화전사』, 소도, 2004.

이예성, 『현대 심사정 연구』, 일지사, 2000.

李王職 編, 『李王家美術館要覽』, 1938.

이은림, 『태양중독자』, 랜덤하우스, 2006.

이일림, 「정지용 시의 음악적 특성」, 『사림어문연구』 24권, 사림어문학회, 2014.

이재무, 『저녁 6시』, 창작과비평사, 2007.

이행선, 이영미, 「일제말·해방기 우생학과 소년수(少年囚)를 통해 본 '착한/불량국가'」, 『국제어문학회 학술대회 자료집』, 국제어문학회, 2012.12.

李軒求, 「映畵의 佛蘭西的 性格」, 『人文評論』, 1939.11.

이효인, 「「집 없는 천사」와 「미가헤리의 탑(みかへりの塔)」의 비교 연구」, 『영화연구』 44호, 한국영화학회, 2010.

임학수, 佐藤淸氏 折蘆集」, 『人文評論』, 1940.6.

장우진, 「최인규 영화의 불균질성」, 『영화연구』 44호, 한국영화학회, 2010.

주창규, 「'이행적 친일영화'(1940~1943)로서 「집 없는 천사」의 이중 의식에 대한 연구 : 식민지 파시즘의 시각성과 균열을 중심으로」, 『영화연구』 43호, 한국영화학회, 2010.

최재서, 「시인으로서의 사토 기요시 선생」, 『전환기의 조선문학』, 영남대학교출판부, 2006.

칸, 앨버트 저, 김병화 역, 『첼리스트 카잘스, 나의 기쁨과 슬픔』, 한길아트, 2003.

테시에, 막스 저, 최은미 역, 『일본 영화사』, 동문선, 2000.

_____, 「오시마 또는 일그러진 욕망의 에너지」, 아서 놀레티 · 데이비드 데서 편, 편장완 · 정수완 역, 『일본영화 다시 보기』, 시공사, 2001.

한국영상자료원 편, 『발굴된 과거』, 아인스엠앤엠, 2007.

한국영상자료원 한국영화사연구소 편, 『일본어 잡지로 본 조선영화1~3』, 한국영상자료원, 2012~2013.

『고정희시전집1』, 또하나의문화, 2011.

『미당자서전2』, 민음사, 1994.

『표준음악사전』, 세광음악출판사, 1983.

『힛트된 望鄕 興行에 1만원」, 『朝鮮日報』, 1939.4.5.


## 2. 국외논저

岡田眞吉, 『映画と国家』, 東京: 生活社, 1943.

金贊汀, 『韓國併合百年と「在日」』, 東京: 新潮社, 2010.

大島渚, 『体験的戦後映像論』, 東京: 朝日新聞社, 1975.

飯島正, 『映畫の本質』, 東京: 第一書房, 1936.

本間 ひろむ, 『ユダヤ人とクラシック音樂』, 東京: 光文社, 2014.

四方田犬彦 編, 『大島渚著作集 第二卷』, 東京: 現代思潮新社, 2008.

_____, 『大島渚と日本』, 東京: 筑摩書房, 2010.

是枝裕和, 「大島渚とテレビドキュメンタリー」, 東京: 『Switch』, 2010.2.

田中純一郎, 『日本映畫發達史Ⅳ』, 東京: 中央公論社, 1980.

佐藤淸, 「金鍾漢詩集『たらちねのうた』評」, 『國民文學』, 1943.8.

_____, 「奧平武彦氏そとのこと」, 『國民文學』, 1943.7.

_____, 『碧靈集』, 京城: 人文社, 1942.

佐藤忠男, 『キネマと砲聲』, 東京: 岩波書店, 2004.

_____, 『溝口健二の世界』, 東京: 平凡社, 2006.

中條省平, 『フランス映畫史の誘惑』, 東京: 集英社, 2003.

村山匡一郎, 「ユンボギの日記; スチールアニメーション」, 田中千世子 編, 『大島渚』, 東京: キネマ旬報社, 1999.12.

荒井信一, 『コロニァリズムと文化財』, 東京: 岩波書店, 2012.
『キネマ旬報ベスト・テン80回全史―1924~2006』, キネマ旬報社, 2007.
『大島渚 DVD BOX 1~3』, 松竹, 2006.

Bachy, Victor, *Jacques Feyder: supplément à Avant~Scène du Cinéma*, Louvain: Librairie universitaire, 1966.

Barrot, Olivier, *René Clair Ou Le Temps Mesuré*, Paris: 5Continents, 1985.

Borger, Lenny, "Notes sur Visages d'enfants", Jean A. Gili et Michel Marie ed., *1895 N° Hors~série Octobre 1998 : Jacques Feyder*, Grenoble: FCAFF, 2002.

Clair, René, *Cinéma d'hier, Cinéma d'aujourd'hui*, Paris: Gallimard, 1970.

Crisp, Colin G., *The Classic French Cinema, 1930~1960*, Indiana Univ Pr, 1997.

Desrichard, Yves, *Julien Duvivier*, Paris: BiFi/Durante Editeur, 2001.

Ford, Charles, *Jacques Feyder*, Paris: Seghers, 1973.

Gili, Jean A, "Pension Mimosas, ou l'absence de hasard dans le jeu des passions", *1895 N° Hors~série Octobre 1998. Jacques Feyder*, (ed. by Jean A. Gili et Michel Marie), Grenoble: FCAFF, 2002.

Goulding, Phil G., *Classical Music*, New York: The Random House Publishing Group, 1992.

Niogret, Hubert, *Julien Duvivier, 50 ans de cinéma*, Bazaar&Co, 2010.

Rubin, Martin, "Movies and the New Deal in Entertainment", Ina Rae Hark ed., *American Cinema of the 1930s*, Rutgers Univ Pr, 2007.

Turim, Maureen Cheryn, *Films of Oshima Nagisa~Images of a Japanese Iconoclast*, Univ of California Pr, 1998.

Williams, Alan Larson, *Republic of Images: A History of French Filmmaking*, Cambridge: Harvard Univ Press, 1992.

# 찾아보기